C·H·Beck
PAPERBACK

Es wäre falsch, eine Geschichte der Sowjetunion nur als Geschichte der Schwäche, der Krise und des Scheiterns zu schreiben. Damit wäre kaum zu erklären, warum die Sowjetunion immerhin mehr als zwei Generationen Bestand hatte, warum sie Jahrzehnte wechselhafter Entwicklungen im Innern und nach Außen, den Bürgerkrieg und den Zweiten Weltkrieg überlebte; warum sie in ihrem Selbstverständnis wie in dem ihrer Gegner zur Weltmacht aufstieg, mit einem militärischen Potential, das der Westen lange Zeit als lebensbedrohend empfand. Wer die einzelnen Phasen der sowjetischen Geschichte verstehen will, findet in Altrichters Buch eine brillant geschriebene und vorzüglich dokumentierte Darstellung.

Helmut Altrichter, geb. 1945, Dr. phil., war von 1990 bis 2012 Universitätsprofessor für osteuropäische Geschichte an der Friedrich-Alexander-Universität Erlangen-Nürnberg. Wichtigste Veröffentlichungen: Konstitutionalismus und Imperialismus. Der Reichstag und die deutsch-russischen Beziehungen 1890–1914, Frankfurt 1977; Staat und Revolution in Sowjetrussland 1917–1922/23, Darmstadt 1981 (2. Aufl. 1996); Die Bauern von Tver. Vom Leben auf dem russischen Dorfe zwischen Revolution und Kollektivierung, München 1984; Russland 1917. Ein Land auf der Suche nach sich selbst, Paderborn 1997; Russland 1989. Der Untergang des sowjetischen Imperiums, München 2009; Quellenbände sowie Aufsätze, Beiträge und Rezensionen zur deutschen, russischen und sowjetischen Geschichte des 19. und 20. Jahrhunderts in Sammelbänden und Fachzeitschriften.

Helmut Altrichter

Kleine Geschichte der Sowjetunion 1917–1991

Verlag C.H.Beck

Mit 36 Abbildungen, 17 Tabellen und 5 Karten

1. Auflage. 1993
2., durchgesehene und erweiterte Auflage. 2001
3. Auflage. 2007
4., aktualisierte und erweiterte Auflage. 2013

5., aktualisierte Auflage. 2022

www.chbeck.de
Umschlagentwurf: malsyteufel, willich
Umschlagabbildung: Stalin-Kult, Foto: Süddeutsche Zeitung Photo
Satz, Druck u. Bindung: Druckerei C.H.Beck, Nördlingen
Printed in Germany
ISBN 978 3 406 79328 8

myclimate

klimaneutral produziert
www.chbeck.de/nachhaltig

Inhalt

Einleitung

Mehr als 30 Jahre ist es her, dass die „Union der Sozialistischen Sowjetrepubliken“ zerfiel, der Warschauer Militärpakt und der Rat für Gegenseitige Wirtschaftshilfe (RGW) sich auflösten, Ost und West sich anschickten, wieder zu bloßen Himmelsrichtungen zu werden. Eine Epoche ging damit zu Ende: die Ära des Kalten Krieges, der Teilung der Welt. Gewiss, es war eine maßlose Übertreibung, wenn der stellvertretende Chef des Planungsstabes im amerikanischen Außenministerium (Francis Fukuyama) Anfang der 90er Jahre in der liberalen westlichen Demokratie den „Endpunkt der ideologischen Evolution der Menschheit“ und in ihrem Sieg über den Kommunismus das „Ende der Geschichte“ schlechthin sehen wollte; entsprechend heftig war die Kritik. Doch dass das Faktum eine tiefe Zäsur, ein Jahrhundertereignis markierte, blieb davon unberührt.

Ende Dezember 1991 war Michail Gorbatschow als sowjetischer Staatspräsident zurückgetreten, nachdem zwei Wochen zuvor drei der wichtigsten Teilrepubliken (Russland, Weißrussland und die Ukraine) den Staat für aufgelöst erklärt und eine neue „Gemeinschaft Unabhängiger Staaten“ (GUS) gegründet hatten. In ihr gab es nicht mehr, was die Sowjetunion – in ihrem Selbstverständnis und dem ihrer Gegner – über Jahrzehnte ausgemacht hatte: Die kommunistische Partei hatte ihr Machtmonopol und ihren Führungsanspruch verloren; in weiten Teilen des Landes war ihr jegliche Aktivität verboten, ihr Vermögen beschlagnahmt und treuhänderischer Verwaltung unterstellt. Mit ihr hatte auch der Marxismus-Leninismus als Staatsideologie ausgedient. Vergessen war, dass der Übergang zur sozialistischen Planwirtschaft einst als Sieg über die „Anarchie des Marktes“ gefeiert worden war. Was Anarchie des Marktes ist, hatte man inzwischen am eigenen Leibe erfahren, und die Situation der Gesamtwirtschaft ließ sich nur als chaotisch bezeichnen. Vergleichbares galt für die Gesellschaft. Die ethnischen Gruppen und Nationalitäten, von denen noch Mitte der 80er Jahre gesagt worden war, dass sie ein einheitliches Volk, „das

Sowjetvolk" bilden, lagen miteinander im Konflikt, und statt wie vorgesehen „brüderliche Freundschaft" zu zeigen, herrschte mancherorts seit dem Ende der 80er Jahre der offene Bürgerkrieg. Was im Zeichen von Aufklärung und Umbau, „glasnost'" und „perestrojka" begonnen worden war, hatte eine unbeherrschbare Eigendynamik entwickelt, endete in Chaos und Auflösung.

Längst war die Krise der Führungsmacht auch zur Krise des Sowjetimperiums geworden. Ihre Symptome waren seit Ende der 80er Jahre unübersehbar. In Ungarn hatte im Mai 1988 der kommunistische Parteichef Kádár seinen Rücktritt erklärt und damit den Weg für tiefgreifende Wirtschafts- und Verfassungsreformen freigemacht, die dem Sozialismus die Vorherrschaft und schließlich den Kommunisten die Macht kosteten. Bei einem Besuch in Moskau Anfang Juli 1988 hatte der ungarische Partei- und Regierungschef Grósz die Zusicherung erhalten, dass sich die Sowjetunion in die inneren Angelegenheiten Ungarns nicht einmischen werde und die sowjetischen Truppen abgezogen würden. In Polen hatten neue Streikwellen im Sommer 1988 zum ersten offiziellen Kontakt zwischen dem Innenminister und dem Führer der (seit 1981) verbotenen Gewerkschaft „Solidarität" geführt. Im Januar 1989 billigte das Zentralkomitee der Polnischen Vereinigten Arbeiterpartei ein Programm des gewerkschaftlichen und politischen Pluralismus. Bei den Parlamentswahlen im Juni 1989 erzielten die oppositionellen Bürgerkomitees der „Solidarität" einen hohen Wahlsieg. Ende August 1989 wurde Tadeusz Mazowiecki mit überwältigender Mehrheit zum (seit mehr als 40 Jahren ersten) nichtkommunistischen Regierungschef Polens gewählt. In Prag forderten Großdemonstrationen im November 1989 die Beendigung der kommunistischen Einparteiherrschaft, die Aufnahme eines echten Dialogs mit der Opposition und demokratische Reformen. Die sich verschärfenden Auseinandersetzungen zwangen Staatspräsident Gustáv Husák, Leitfigur des Regimes seit dem Einmarsch der Warschauer Paktstaaten 1968, zum Rücktritt; Präsident der Bundesversammlung wurde Alexander Dubček, bis zum Einmarsch Parteichef und Symbol des „Prager Frühlings", und Staatsoberhaupt der Schriftsteller Václav Havel, im Februar 1989 noch wegen „Rowdytums" zu einer mehrmonatigen Haftstrafe verurteilt. In die gleiche Zeit und den gleichen Zusammenhang gehörten der Sturz Todor Schiwkows in Bulgarien (am 10. November 1989), die Festnahme und Hinrichtung Nicolae Ceauşescus (am 25. Dezember 1989) in Rumänien und die stürmischen Ereignisse in der DDR, die von Großdemonstrationen im Oktober über den Sturz Erich Honeckers als Staats- und Parteichef zur Öffnung der Berliner Mauer (am 9. November 1989) und zum raschen Ende des SED-Regimes führten. Die anschließenden Zwei-plus-Vier-Gespräche kamen im Herbst 1990 zu einem Abschluss und gaben dem vereinten Deutschland die volle Souveränität zurück.

Im November 1990 paraphierten die Verhandlungsführer der 16 NATO-Mitglieder und der 6 Staaten des Warschauer Vertrages in Wien den Vertrag über konventionelle Abrüstung in Europa, gleichzeitig war auch bei den parallel geführten Verhandlungen der KSZE-Staaten über vertrauens- und sicherheitsbildende Maßnahmen eine Einigung erzielt worden. Sie ebnete den Weg für ein Gipfeltreffen, zu dem sich Ende des Monats die Staats- und Regierungschefs der KSZE-Staaten in Paris versammelten. Sie verabschiedeten die „Charta von Paris", in der sie „das Zeitalter der Konfrontation und der Teilung Europas" für beendet erklärten. Für die meisten ihrer Mitglieder hatten Warschauer Pakt und RGW damit wohl endgültig ihre Bindekraft verloren, selbst wenn sie erst ein halbes Jahr später, im Sommer 1991, offiziell zu Grabe getragen wurden, wovon einleitend bereits die Rede war. Es war ein Begräbnis dritter Klasse: Zur Auflösung des RGW kamen nur noch Beauftragte der Regierungen, nicht (wie noch im Januar geplant) die Regierungschefs nach Budapest, und die Unterzeichnung des knappen Protokolls zur Beendigung des Warschauer Vertrages erfolgte Anfang Juli 1991 in Prag, nachdem in den Wochen zuvor die letzten sowjetischen Truppen die Tschechoslowakei und Ungarn bereits verlassen hatten.

Hatte die bolschewistische Revolution, hatten die Oktobertage des Jahres 1917, wie der amerikanische Journalist John Reed schrieb, „die Welt erschüttert", so waren der Zerfall der Sowjetunion und die Auflösung des Sowjetimperiums kaum weniger welterschütternd. Wenn dies erst allmählich ins Bewusstsein drang, so wohl auch deshalb, weil diese erneute Revolution, zumindest im Zentrum der Macht, weitgehend friedlich verlief und auch die Staaten Osteuropas sich ohne den spektakulären Bruch, gleichsam auf samtenen Pfoten davonmachten. Hatte der Aufstieg der Sowjetunion das 20. Jahrhundert – das „Zeitalter der Extreme"

(Eric Hobsbawm) – entscheidend mitgeprägt, so setzte ihm der Zerfall des Sowjetreiches gleichsam ein vorzeitiges Ende, folgte auf das „lange“ 19. Jahrhundert, das bis zum Ersten Weltkrieg reichte, das „kurze“ 20. Jahrhundert. Aus Krieg und Revolution geboren, wurde es Ende der 80er/Anfang der 90er Jahre sang- und klanglos als „Jahrhundert abgewählt“, wie Timothy Garton Ash mit Blick auf die friedlichen Revolutionen Osteuropas schrieb.

Für den 1997 verstorbenen französischen Historiker François Furet war der Fall des Kommunismus zugleich das „Ende einer Illusion“, einer universellen Faszination, die weite Kreise von Intellektuellen, vor allem auch in West- und Südeuropa, in ihren Bann gezogen hatte. Es war der Fall einer Idee, die sich in den Köpfen länger hielt als in der Realität, im Westen länger als im Osten; denn „als politischer Mythos und als soziale Idee“, so sein Befund, „hat [der Kommunismus] sein Scheitern und seine Verbrechen lange überdauert, vor allem in jenen europäischen Ländern, die dem Druck dieser Herrschaftsform nicht unmittelbar ausgesetzt waren“. Sein Buch, eine Beschreibung dieses Phänomens und eine Abrechnung mit ihm, kletterte, als es Mitte der 90er Jahre erschien, in den französischen Bestsellerlisten rasch auf Platz 1. Noch weiter ging eine Gruppe von französischen Intellektuellen, auch sie meist ehemalige Linke, die in einem „Schwarzbuch des Kommunismus“ eine weltweite Bilanz dieser großen Illusion versuchten, kommunistische „Unterdrückung, Verbrechen und Terror“ beschrieben und sich dabei auch auf Quellenfunde und Untersuchungen stützen konnten, die die neue Öffnung der Archive erst möglich gemacht hatte. Barg schon das Unternehmen selbst genügend politischen Zündstoff, so erst recht das Vorwort des Hauptherausgebers (Stéphane Courtois), der die Ergebnisse provokativ zusammenfasste und die Opferzahlen über die Zeiten und Räume hinweg aufaddierte. Für ihn gehörten die Massenverbrechen kommunistischer Parteien und Regime von Anfang an zum System, geschahen im Namen einer Doktrin, deren rücksichtslose Durchsetzung Teil des Programms war; sie erfüllten alle Kriterien von „Verbrechen gegen die Menschlichkeit“, wie sie für die Nürnberger Prozesse nach dem Zweiten Weltkrieg formuliert wurden; insofern sei der kommunistische „Klassengenozid“, die Vernichtung sozialer Gruppen um ihrer bloßen Existenz willen, dem nationalsozialistischen „Rassengenozid“ durchaus an die Seite zu stellen; in der Summe der weltweiten Opfer habe er ihn sogar noch übertroffen. Heftig diskutiert und in zahlreiche Sprachen übersetzt, stieg auch dieses Buch Ende der 90er Jahre rasch zum Bestseller auf.

Die Heftigkeit der Debatten ließ es bereits ahnen: Das Ende der Sowjetunion hat viele Aspekte, von ihren unmittelbaren außen- und innenpolitischen, wirtschaftlichen und ökologischen, mentalen, ideellen und kulturellen Folgen in ihrem ehemaligen Machbereich ganz zu schweigen. Die Aufarbeitung dieser Vergangenheit wird uns noch lange beschäftigen, zumal die Befassung mit ihr durch die Öffnung der Archive, so zögerlich sie in manchen Bereichen noch immer (oder schon wieder) sein mag, auf eine neue Grundlage gestellt wurde. Das galt und gilt insbesondere für die dunklen Seiten des Regimes. Doch nicht nur hierzu sind in den letzten 20, 30 Jahren eine ganze Reihe von Quellenbänden und quellengesättigten Studien erschienen; sie warfen neue Schlaglichter auf die Revolution und den Bürgerkrieg, die forcierte Industrialisierung und die Zwangskollektivierung, die Entwicklung des stalinistischen Staates in den 30er Jahren, die Wellen des Terrors und der Deportationen, die sowjetische Gesellschaft der Kriegs- und unmittelbaren Nachkriegszeit, der 50er und der 60er Jahre, die Entwicklung der sowjetischen Außenpolitik und der Komintern. Soweit sie erst nach Erscheinen unserer „Kleinen Geschichte der Sowjetunion“ herauskamen, wurde versucht, ihre Ergebnisse in die nachfolgenden Auflagen einzuarbeiten.

Sie alle bestätigten freilich auch einmal mehr, dass, wer nach den Ursachen, den Wurzeln des Zerfalls fragt, weit in die Zeit vor Gorbatschow zurückgehen muss. Er stößt dabei immer wieder auf vier ineinandergreifende Entwicklungsstränge. Sie betreffen die Ideologie und das politische System, das Nationalitätenproblem und den außenpolitischen Konkurrenzkampf und verweisen auf Kernprobleme der Gesamtentwicklung.

So bestand ein Grundproblem des Regimes von Anfang an darin, dass der Marxismus zwar zur *Staatsideologie* erklärt wurde, Russland aber – die Urväter beim Wort genommen – 1917 gar nicht „reif“ für eine marxistische Revolution gewesen war. Da half auch leninistische Rabulistik nichts: Das Zarenreich war ein Agrarstaat, die Industriearbeiterschaft, auf die sich der neue Staat vor allem stützen wollte, eine Minderheit, und die Zuversicht, die fortgeschritteneren Staaten des Westens würden dem russischen Beispiel folgen und die Verhältnisse „im Weltmaßstab“ wieder zurechtrücken, erwies sich als ein bloßer Wunschtraum. Im Lauf der 20er Jahre musste man dies allmählich einsehen. Vor die Entscheidung gestellt, den Irrtum zuzugeben, die Errichtung eines sozialistischen Wirtschafts- und Gesellschaftssystems auf die lange Bank zu schieben oder die Voraussetzungen dafür in kürzester Frist nachzuholen, entschied man sich Ende des Jahrzehnts für den letztgenannten Weg: für eine forcierte Industrialisierung und die Zwangskollektivierung der Landwirtschaft. Es war eine Entscheidung gegen die eigene Bevölkerung, gegen den erklärten, zumindest erkennbaren Willen ihrer Mehrheit; sie trotzdem zu fällen, perpetuierte – auf unabsehbare Zeit – die Diktatur, von wem auch immer sie ausgeübt wurde: der bolschewistischen Einheitspartei, ihrem Zentralkomitee, ihrem Politbüro oder ihrem Ersten Sekretär.

Die ideologische Fixierung prägte auch das *politische System*. Die 1917 neben den Bolschewiki existierenden Parteiorganisationen und die berühmten Interessenvertretungen der Arbeiter und Soldaten, die „Räte“ (sovety), die sich im gleichen Jahr zu Hunderten gebildet und zu regionalen und überregionalen Organisationen zusammengeschlossen hatten, sie überlebten den Bürgerkrieg nicht. Die nichtbolschewistischen Parteien waren seit Anfang der 20er Jahre de jure verboten, und der zur gleichen Zeit begonnene „Wiederaufbau der Räte“ kam de facto einer Neugründung gleich: Sie wurden weisungsgebundene Verwaltungsbehörden ohne Einfluss auf die Richtlinien der Politik, hatten auszuführen, was die bolschewistische Partei beschloss. Doch die Entwicklung zur Staatspartei veränderte auch die Bolschewiki; das Bemühen, aus einer populistischen Sammlungsbewegung eine schlagkräftige Organisation zu machen, engte den Spielraum innerparteilicher Diskussion und Demokratie immer mehr ein. Seit die Entscheidung für die forcierte Industrialisierung und Zwangskollektivierung der Landwirtschaft gefallen war, hieß Partizipation auch für die Gremien der Partei nunmehr Akklamation und Umsetzung höherenorts getroffener Entscheidungen. Ein ins Gigantische wachsender Repressionsapparat half, die Politik innerstaatlich durchzusetzen, und nahm dabei die Parteimitglieder keineswegs aus.

Repression und Terror wurden zu Stützpfeilern des politischen Systems. Das galt auch im Verhältnis zu den *Nationalitäten*. 1917 hatte Lenin noch gehofft, der proletarische Aufstand im Zentrum und der Aufstand der unterdrückten Nationalitäten an der Peripherie des zaristischen Vielvölkerstaates würden sich ergänzen und die russische Revolution zum Anfang vom Ende des Imperialismus wie des Weltkapitalismus werden. Doch die erhoffte Wechselwirkung blieb aus, ja der Austritt der Nationalitäten (der Finnen und der baltischen Völker, der Polen, der Weißrussen und der Ukrainer, der Völker des Kaukasus und der mittelasiatischen Gebiete) aus dem russischen Staatsverband schwächte Räterussland, statt es zu stärken. Deshalb versuchte die bolschewistische Staatsführung mit allen Mitteln, diese Entwicklung zu stoppen und rückgängig zu machen: durch Konzessionen, durch die Unterstützung prosowjetischer Kräfte oder auch durch den Einmarsch der Roten Armee. Zwar erkannte sie das Recht der Nationalitäten auf Austritt „prinzipiell" an, doch zum gegenwärtigen Zeitpunkt sei ein Austritt „durch und durch konterrevolutionär" und deshalb keinesfalls hinzunehmen. Tatsächlich gelang es, die meisten in den Staatsverband zurückzubringen und mit ihnen 1922/23 die „Union der Sozialistischen Sowjetrepubliken" zu gründen; nur Polen, Finnland und die Baltischen Staaten behaupteten ihre Unabhängigkeit. Die Ende der 20er Jahre eingeleitete Politik sollte auch die nationale Frage endgültig lösen: Aus der Sowjetunion sollte ein einheitlicher Wirtschaftsraum, aus seiner Bevölkerung eine moderne Verkehrsgesellschaft, aus den über 100 Nationalitäten und ethnischen Gruppen ein Volk, das Sowjetvolk, werden, mit einer gemeinsamen Weltanschauung, einem einheitlichen Staats- und Geschichtsbewusstsein und mit Russisch als gemeinsamer Verkehrssprache. Wie rigoros die politische Führung dieses Ziel verfolgte, zeigen nicht zuletzt ihre Maßnahmen zur An- und Umsiedelung ganzer Völkerschaften in den 30er und 40er Jahren.

Dass sich dennoch so etwas wie ein Wir-Gefühl einstellte, hing zentral mit der Bedrohung von außen, dem deutschen Überfall zusammen. Dass sich der Gegner Ausrottung und Versklavung zum Ziel gesetzt hatte, ließ Volk und Führung zusammenrücken, machte den Zweiten Weltkrieg zum großen einigenden Kollektiverlebnis. Dass ihn die Sowjetunion überstand, in seinem Verlauf Ostpolen und die baltischen Gebiete „zurückgewann", ihren Einflussbereich im Westen bis an die Elbe vorschob und als zweite Weltmacht aus dem Ringen hervorging, schien der bisherigen Politik recht zu geben, die forcierte Industrialisierung und die

Zwangskollektivierung der Landwirtschaft eingeschlossen. Mit dem Erreichten schienen die Voraussetzungen geschaffen, um auf höherer Ebene – im weltpolitischen Rahmen – den *Konkurrenzkampf* mit dem kapitalistischen Westen erneut aufzunehmen und zu einem siegreichen Ende zu bringen. Noch Chruschtschow war getragen von dieser Zuversicht und noch Breschnew ohne einen Blick für die Gefahr, damit die eigenen Kräfte gewaltig zu überspannen.

Die skizzierten Entwicklungen von Partei und Staat, Wirtschaft und Gesellschaft, Nationalitäten- und Außenpolitik bilden Eckpfeiler unserer Darstellung. Und doch wäre es falsch, eine Geschichte der Sowjetunion nur als Geschichte der Schwäche, der Krise und des Scheiterns zu schreiben. Damit wäre kaum zu erklären, warum sie immerhin mehr als zwei Generationen währte, Jahrzehnte wechselhafter Entwicklungen, im Innern und nach Außen; warum sie den Bürgerkrieg wie den Zweiten Weltkrieg überlebte; warum sie in ihrem Selbstverständnis wie in dem ihrer Gegner zur Weltmacht aufstieg, mit einem militärischen Potential, das der Westen noch vor wenigen Jahren als lebensbedrohend empfand; warum sie eine solche Faszination auch auf Intellektuelle außerhalb des eigenen Machtbereichs ausübte, wovon oben schon die Rede war. Wer die einzelnen Phasen ihrer Geschichte verstehen will, die Hoffnungen, die sie trugen, die Ängste, die sie auslösten, muss sie gesondert betrachten. Selbst wenn es ihm vielleicht widerstrebt, mit Altmeister Ranke anzunehmen, dass jede von ihnen „unmittelbar zu Gott" gewesen sei: Dass jede historische Entwicklung nur in ihrer Zeit und aus ihrer Zeit wirklich zu begreifen ist, gilt auch hier. Wie die Entwicklung nach 1991, nach dem Zerfall der Sowjetunion, im größten ihrer Nachfolgestaaten, in Russland, weiterging, davon berichtet ein abschließender „Ausblick". Er beschreibt die wilden, ja chaotischen 90er Jahre (unter Jelzin) und die nachfolgende Entwicklung (unter Putin), hin zu einer „gelenkten Demokratie", mit Repressionen und manipulierten Wahlen im Innern und einer imperialen Gewaltpolitik nach außen, mit dem Ziel, Russland zurück auf die weltpolitische Bühne zu bringen mit Drohungen und Interventionen gegenüber dem „nahen Ausland", den Nachbarn.

I. Russland vor der großen Wende

Das Russische Reich am Vorabend des Ersten Weltkrieges. Wer auf eine Landkarte schaute, sah ein riesiges Staatsgebiet, das von der Ostsee bis zum Pazifik, vom Kaspischen bis zum Eismeer reichte. Erworben war es in einem die Jahrhunderte übergreifenden Prozess. Er begann mit der Einigung des Zentralgebietes um Moskau im 14. und 15. Jahrhundert. Ihr folgte das Ausgreifen an den Unterlauf der Wolga und nach Westsibirien, in die Ukraine und nach Ostsibirien in den beiden Jahrhunderten darauf. Im 18. Jahrhundert stieß man in breiter Front nach Westen, an die Ostsee und an die Schwarzmeerküste vor. Und im 19. Jahrhundert kamen noch Finnland und Zentralpolen, das Transkaukasusgebiet und Mittelasien sowie in Fernost die Amurregion hinzu (vgl. Karte 1 im Anhang). Das so erworbene Territorium war zweieinhalb mal so groß wie das restliche Europa und fast dreimal so groß wie die USA.

Wer das Staatsgebiet in nordsüdlicher Richtung durchschritt, passierte gleich mehrere Klima- und Vegetationszonen (vgl. Karte 2). Die vegetationsarmen arktischen Tundren gingen allmählich in Nadelwald, die Tajga über. In den Nadelwald mischten sich Laubhölzer und dominierten immer mehr, je weiter man in den wärmeren Süden vordrang. Dann hörte auch der Laubwaldbestand allmählich auf und machte einer Steppenzone Platz. Sie ging noch weiter südlich in Halbwüsten und Wüsten über. Schon wer von St. Petersburg in die alte Hauptstadt Moskau kam, weiter ins Zentrum der Ukraine, nach Kiew, fuhr und von dort nach Odessa am Schwarzen Meer, sah die Unterschiede: Der Nadelwald, der um St. Petersburg und vor allem nördlich davon dominierte, ging auf dem Weg nach Moskau in Mischwald über. Kiew lag bereits an der Grenze zwischen Laubwald und Steppe. Auf dieser Reise sah man zugleich, dass die Bedeutung der Landwirtschaft von Nord nach Süd immer mehr zunahm, die ursprüngliche Vegetation verdrängte, und dass sie auf den Steppengebieten zwischen Kiew und Odessa die günstigsten Voraussetzungen fand: Hier in der südlichen Ukraine, nördlich von Schwarzem Meer und Kaukasus, lagen die fruchtbaren Schwarzerdeböden, sie machten das Gebiet zur Kornkammer des Reiches. Einen vollständigen Eindruck von den riesigen Unterschieden gewann freilich nur, wer die Fahrt über das Schwarze Meer und den Kaukasus hinweg in die Halbwüsten und Wüsten Mittelasiens und in die dünnbesiedelten Regionen Sibiriens fortsetzte, sah, wie hier Klima und Vegetation zu einer nomadischen oder halbnomadischen Lebensweise zwangen oder eine dem Westen völlig fremde Oasenkultur hervorgebracht hatten.

Schon im europäischen Teil Russlands waren die Unterschiede zwischen den Sprachen und Religionen – zwischen den Russen, Weißrussen, Ukrainern, Finnen, Esten, Letten, Litauern, Polen, Rumänen, Deutschen, Georgiern und Armeniern, zwischen russisch-orthodox, römisch-katholisch, protestantisch und jüdisch geprägten Regionen – groß. Wer jedoch von St. Petersburg aus über die Wolga hinweg, auf die Gebiete vor und jenseits des Ural, nach Sibirien und Mittelasien blickte, zu den Tschuwaschen, Tataren und Baschkiren, Kalmücken und Tschetschenen, Jakuten und Burjaten, Usbeken, Kasachen, Kirgisen und Tadschiken hatte den Eindruck, in andere Welten zu schauen, in Kulturen und Kulturstufen, die geprägt vom Islam, Buddhismus oder Naturreligionen türkisch, mongolisch oder persisch sprachen.

Das Staatsgebilde wurde zusammengehalten von Formen traditionaler Herrschaft, der Autokratie des Zaren. Sie stützte sich auf eine im 18. Jahrhundert geschaffene und im 19. Jahrhundert ausgebaute zentralisierte Verwaltung. Dazu war das gesamte Land in rd. 100 administrative Einheiten (Gouvernements, teilweise auch Gebiete genannt) aufgeteilt worden, die im europäischen Russland jeweils einem Gouverneur, in den Randgebieten, zu mehreren zusammengefasst, einem General-Gouverneur unterstanden. Daneben gab es Formen lokaler und regionaler, städtischer und ländlicher Selbstverwaltung, die – in ihren Zuständigkeiten beschränkt und in ihren Tätigkeiten überwacht – an den Fundamenten der zarischen Selbstherrschaft nicht rühren sollten. Sie taten es dennoch und der Zar war gewarnt: Schon einmal, 1905/06, während des erfolglosen und unpopulären Krieges gegen Japan, hatten sich Bürger, Arbeiter und Bauern gegen das absolutistische Regime erhoben.

1. Erschütterung und Reform

Es begann, sofern ein Anfang überhaupt zu bestimmen ist, mit Protestaktionen der liberalen Intelligenz. Sie traf sich, um das öffentliche Versammlungsverbot zu umgehen, zu „privaten" Einladungen, auf Banketten. Ein überparteiliches Gremium aller Berufsstände wurde gegründet und ein Programm erstellt: Es forderte allgemeine, gleiche, direkte und geheime Wahlen zur einer verfassungsgebenden Versammlung, eine Arbeiterschutzgesetzgebung, den Achtstundentag sowie Landzuteilungen für die Bauern.

Der Protest der gehobenen Schichten, aus liberalem Bürgertum und Adel, wäre wohl wirkungslos verhallt, hätte ihm das Auftreten der Arbeiterschaft nicht Stoßkraft gegeben. Gewiss, Russland war in erster Linie noch immer ein Agrarstaat, die Großindustrie erst im Aufbau begriffen und die Arbeiterschaft erst eine schmale Schicht. Aber sie konzentrierte sich an wenigen Stellen, allen voran in den Städten Moskau und St. Petersburg, und besaß dadurch besonderes Gewicht. Das zeigte sich schon an jenem Sonntag im Januar 1905, als sich in St. Petersburg, der Hauptstadt, ein Protestzug von weit über 100000 Arbeitern formierte, um dem Zaren eine Bittschrift zu überreichen. Der Zar sollte von ihrer Armut und Rechtlosigkeit erfahren, sie vor Willkür und Despotismus in den Fabriken schützen. Der Marsch der Arbeiter endete in einer blutigen Katastrophe, als Truppen in die Menge schossen.

Der „Blutsonntag" löste eine landesweite Streikwelle aus. Den Arbeitern ging es dabei vor allem um wirtschaftliche Belange, doch in den Randgebieten des Reiches (in Polen, im Kaukasus und auf dem Baltikum) verbanden sich damit auch nationale Fragen. Gewerkschaftsgründungen begleiteten diese Entwicklung. War die Arbeiterbewegung im Sommer etwas abgeflaut, so nahm sie im Herbst einen neuen Aufschwung. Diesmal ging die Streikwelle von Moskau aus, griff auf St. Petersburg über, und weil sich die Eisenbahner anschlossen, nahm der Protest die Züge eines Generalstreiks an. Anders als noch im Frühjahr standen nun eindeutig politische Ziele im Vordergrund, es ging um die Reform des Gesamtstaates. Auf dem Höhepunkt der Streikbewegung bildete sich in St. Petersburg ein „Rat der Arbeiterdeputierten". Über die

Koordinierung des Streiks hinaus wurde er binnen weniger Tage allgemeines politisches Vertretungsorgan der Arbeiter, Zentrum der revolutionären Bewegung und Vorbild für ähnliche „Räte“ draußen im Lande.

Aus wirtschaftlicher Not griffen auch die Bauern zur Selbsthilfe (wobei sich in den Randgebieten – wie bei den Arbeitern – die ökonomischen Forderungen mit nationalen verbanden). Die Bauernunruhen begannen im Zentrum, griffen rasch auf das ganze russische Schwarzerdegebiet über und erfassten im Laufe des Sommers den Westen bis hinauf zum Baltikum. Auch jenseits des Kaukasus, in Georgien, revoltierten die Bauern. Sie verweigerten Steuern und Abgaben, nahmen adelige Felder und Wälder in Besitz; Gutshöfe gingen in Flammen auf. Kaum hatte sich die Lage im Herbst etwas beruhigt, brach die Bewegung gegen Ende des Jahres erneut los, heftiger als zuvor. Das Zentrum der Bauernrevolten lag nun an der mittleren Wolga; doch sprang der Funke über, und der schwelende Konflikt verwandelte sich erneut in einen revolutionären Flächenbrand. Er erfasste den ganzen Süden von Bessarabien bis zum Ural, den Kaukasus, den Westen und die baltischen Provinzen.

Die Regierung schlug die Revolution nieder. Im Dezember 1905 wurde der Petersburger Arbeiterrat verhaftet; ein nachfolgender Moskauer Aufstand brach bis Ende des Jahres zusammen. Die Kämpfe gegen die aufrührerischen Bauern zogen sich noch bis ins Jahr 1907 hin. Doch das Rad der Geschichte ließ sich nicht mehr zurückdrehen; die Bevölkerung war politisch bewusster geworden, ihr Verhältnis zur Autokratie, zur Selbstherrschaft des Zaren, fortan gebrochen. Politische Parteien waren entstanden, und der Zar hatte in einem „Oktobermanifest“ die Wahl eines Parlaments, einer „Duma“, versprochen, ohne deren Zustimmung zukünftig kein Gesetz mehr verabschiedet werden sollte.

Das Reformversprechen wandte sich vor allem an die unzufriedenen bürgerlichen Kreise und jene, die die soziale Revolution der Besitzlosen zu fürchten begonnen hatten. Das neue (indirekte und ungleiche) Parlamentswahlrecht begünstigte Adel und Besitzbürgertum; in der Hoffnung, dass die Bauern im Grunde konservativ und zarentreu geblieben seien, räumte man auch ihnen eine beachtliche Stimmenquote ein. Als sich diese Annahme als falsch erwies und zu „radikalen“ Mehrheiten in der Duma führte, oktroyierte die

Regierung (1907) einfach ein neues Wahlrecht; es machte die konservativen, meist adeligen Grundbesitzer zur vorherrschenden, praktisch alles entscheidenden Gruppe.

Hatten sich die Arbeiter während der Revolution vielfach höhere Löhne und bessere Arbeitsbedingungen erkämpft, so ging viel davon in der Zeit danach wieder verloren. Die Rechte der Gewerkschaften wurden stark eingeschränkt, die Organisation von Streiks blieb nach wie vor verboten. Von den großen Reformprojekten zur Arbeiterfrage, die man in den Monaten der Revolution erwogen hatte, wurden lediglich die Regelungen zur Unfall- und Krankenversicherung weiterverfolgt und verwirklicht.

Auch die Bauern erreichten ihr Hauptziel, mehr Land vom Staat, dem Adel, den Kirchen und Klöstern zu bekommen, nicht. Zwar wurden die Ablösezahlungen, die die Bauern seit ihrer Befreiung aus der Leibeigenschaft (1861) zu entrichten hatten, noch 1905 abgeschafft. Doch die notwendige Reform der Agrarverhältnisse suchte Ministerpräsident P. A. Stolypin auf anderen Wegen: Er förderte mit allen Mitteln die Auflösung der alten Landgemeinde und die Bildung leistungsfähiger Farmbetriebe – auf Kosten der Zwergwirtschaften und Kümmerexistenzen im Dorf.

War der neue Kurs in der Lage, die Probleme zu meistern? Man kann daran – mit guten Gründen – zweifeln. In jedem Falle setzte dies eine lange friedliche Entwicklung voraus. Statt dessen stürzte sich Russland nur wenige Jahre später in das Abenteuer des Weltkrieges.

2. Krieg und Revolution

Die patriotische Stimmung, die im Sommer 1914 geherrscht hatte, hielt nicht lange vor. Der militärische Vorstoß nach Westen kam schon im Herbst zum Stehen, seit 1915 waren die Fronten festgefahren. Bis Anfang dieses Jahres hatte die Armee bereits 1,8 Millionen Mann (an Toten, Verwundeten und Kriegsgefangenen) verloren. Die zwei Millionen Neurekrutierten, die sie ersetzen sollten, erhielten nur noch eine Grundausbildung von wenigen Wochen. Auch ihre Bewaffnung blieb mangelhaft, weil die militärische Führung nur für einen kurzen Krieg geplant hatte. Sie verstärkten in der Armee das demokratische, radikale, rebellische Potential, die

Zahl jener, die nicht mehr bereit waren, nur noch in den Kategorien von Befehlen und Gehorsam zu denken.

Je länger der Konflikt dauerte, um so deutlicher wurde, dass auch die Wirtschaft darauf nicht vorbereitet war. Selbst in kriegswichtigen Bereichen wie Kohle und Stahl kam es rasch zu empfindlichen Engpässen. Zwar konnten manche Lücken unter Aufbietung aller Kräfte geschlossen, zivile Unternehmen auf militärische Produktion umgestellt werden. Doch andere Lücken blieben, und jede Anstrengung in einem Bereich, lief Gefahr, umso größere Löcher in anderen Bereichen aufzureißen. Da die Devise hieß: „Alles für die Armee", bekam die Zivilbevölkerung die Ausfälle besonders deutlich zu spüren. Mit der Not stieg – seit 1915 – die Protestbereitschaft, die Zahl der Demonstrationen und Streiks. Lange Schlangen vor den Geschäften gehörten schon im zweiten Kriegsjahr zum Alltag, wobei es bald ebenso zur täglichen Erfahrung wurde, dass die zur Verfügung stehenden Waren zur Versorgung aller Wartenden nicht ausreichten. So gewann der Hunger jene Bedeutung, die ihn zum tragenden Element der Oppositionsbewegung werden ließ.

Auch in der Duma wuchs der Unmut. Die Mehrheit schloss sich zu einem interfraktionellen „Block" zusammen und forderte im Spätsommer 1915 öffentlich Reformen: eine Regierung, die sich auf das Vertrauen des Volkes stützen könne; die Abkehr von einer Regierungspraxis, die sich gegen jede eigenständige Tätigkeit der Gesellschaft wende; wer aus politischen oder religiösen Gründen inhaftiert worden war, sollte amnestiert werden; die Schikanen gegen Polen, Juden und Ukrainer müssten endlich aufhören; die Legalisierung von Gewerkschaften und die Zulassung von Arbeiterzeitungen waren weitere Punkte. Der Opposition des Parlaments schlossen sich andere wichtige und traditionsreiche Organisationen an: die Organisationen der ländlichen Selbstverwaltung und der Kongress des Städteverbandes. Um den Krieg siegreich beenden zu können, so machten beide auf ihren Tagungen im Herbst 1916 deutlich, waren politische Reformen unumgänglich.

Doch die Warnungen blieben ungehört. Der Zar hatte auf die Forderungen des Progressiven Blocks kaum reagiert, statt das Parlament an der Verantwortung zu beteiligen, schränkte er dessen Aktivitäten ein und unterstellte die Abgeordneten bis weit hinein ins „bürgerliche Lager“ polizeilicher Überwachung. Gegen den Rat seiner Minister übernahm er 1915 auch den militärischen Oberbefehl, ohne den militärischen Durchbruch damit erzwingen und seine Stellung mit Erfolgen festigen zu können. Während er im Hauptquartier weilte, geriet die Politik unter den Einfluss der Kaiserin, deren Hofaffären und deren Beratung durch jenen ominösen sibirischen Bauern Rasputin kaum geeignet waren, Vertrauen in die Regierungspolitik zu wecken. So verspielte die Krone ihren letzten Kredit.

Wie geheimdienstliche Ermittlungen ergaben, hatten in Duma- und Unternehmerkreisen bereits Planspiele begonnen, wie die Reformen auch gegen den Willen des Monarchen durchzusetzen wären. Im Januar 1917 waren progressive Industrielle, Mitglieder der liberalen Kadettenpartei und Abgeordnete des Moskauer Stadtparlaments zu vertraulichen Gesprächen zusammengekommen, um für den „Eventualfall“ zu planen. Doch nicht diese Überlegungen, sondern Hungerunruhen und Demonstrationen der hauptstädtischen Arbeiterschaft brachten den Stein ins Rollen. Der Jahrestag der ersten Revolution wurde im Januar 1917 zum Ventil. Seither rissen die Streiks und Demonstrationen in Petrograd, wie St. Petersburg seit Kriegsausbruch hieß, nicht mehr ab. Und als der Zar Ende Februar befahl, die Unruhen mit Waffengewalt zu unterdrücken, war ihm die Macht bereits entglitten: Die eingesetzten Truppen liefen zu den Aufständischen über. Der Zar dankte ab, Russland wurde Republik.

3. Die Provisorische Regierung

In der Februarrevolution entlud sich ein doppelter Konflikt: die wachsenden Spannungen zwischen Autokratie und Gesellschaft und die tiefe Unzufriedenheit der hauptstädtischen „Massen“ mit der etablierten politischen, wirtschaftlichen und gesellschaftlichen Ordnung. Dabei waren die hauptstädtischen Massen eindeutig die aktive, treibende Kraft, während die „bessere“, bürgerlich-liberale Gesellschaft jede andere Problemlösung (einen Staatsstreich eingeschlossen) der Revolution vorgezogen hätte. Schon um eine erfolgreiche Fortführung des Krieges nicht zu gefährden. Nur zögernd war sie bereit, die von den Massen geschaffenen Verhältnisse anzuerkennen und nach vollzogenem Sturz der Autokratie die Regierungsgeschäfte zu übernehmen.

So wurde ein Übergangskabinett, die „Provisorische Regierung", gebildet, mit dem Vorsitzenden des Verbandes der ländlichen Selbstverwaltungskörperschaften (Fürst Lwow) als neuem Ministerpräsidenten und Innenminister. Die neue Regierung schickte „Kommissare" in die Ministerien und wichtigsten öffentlichen Einrichtungen und unterstellte sie ihrer Aufsicht. Sie bemühte sich, die Soldaten zurück in die Kasernen zu bringen, um Ruhe und Ordnung auf den Straßen wiederherzustellen. Und sie entsandte ihre Kommissare in die Provinz. Der Verwaltungs- und Repressionsapparat des Zarismus brach auch dort erstaunlich schnell und ohne größeren Widerstand zusammen; die bisherigen Träger der Staatsmacht wurden entmachtet, der Polizei- und Justizapparat, auf den sie sich gestützt hatten, zerfiel.

Ein Bündel von Reformen folgte: Die bürgerlichen Grundrechte, die Rede-, Presse-, Vereins- und Versammlungsfreiheit wurden verkündet; alle Standesprivilegien sollten fallen, und die Nationalitäten und Religionen einander künftig gleichgestellt sein; in Stadt und Land waren die lokalen Selbstverwaltungsorgane auf der Grundlage eines allgemeinen, gleichen und geheimen Wahlrechts neu zu bestellen; die verhasste zaristische Polizei sollte durch eine Volksmiliz mit gewählter Leitung ersetzt werden und eine Justizreform folgen; das Streikrecht wurde gewährt und eine politische Amnestie beschlossen; vor allem aber sollte möglichst rasch eine „Konstituierende [verfassungsgebende] Versammlung" gewählt werden, sie hatte über das künftige Schicksal Russlands zu entscheiden.

Dieses Programm wurde von einer breiten Parteienmehrheit getragen. Nur die Rechte und die extreme Linke lehnten es ab. Die Rechten hielten an der zaristischen Autokratie fest. Der extremen Linken aber gingen die Reformen nicht weit genug: Auf die „bürgerliche" Revolution sollte sogleich eine „sozialistische" folgen. Das war die Position der Bolschewiki, der Anhänger W. I. Lenins. Eben aus dem Schweizer Exil zurückgekehrt, entwickelte er Anfang April das Gegenprogramm: Es propagierte nicht nur die „augenblickliche Beendigung des imperialistischen Krieges" und „keinerlei Unterstützung der Provisorischen Regierung". Es forderte darüber hinaus die sofortige Enteignung des adeligen

Grundbesitzes, die Nationalisierung des gesamten Bodens, die Verstaatlichung der Banken und die Einführung der Arbeiterkontrolle in den Fabriken. Lenin setzte dabei auf die Arbeiterausschüsse und Soldatenkomitees, die sich nach dem Vorbild von 1905 gebildet und zu regionalen und überregionalen Organisationen zusammengeschlossen hatten: Diese „Räte" (russisch sovety, eingedeutscht „Sowjets") sollten zum Rückgrat des neuen Staates werden. Ein vollständiger „Rätestaat" – von unten nach oben – sei, so sagte Lenin, fortschrittlicher und demokratischer als der westliche Parlamentarismus. Deshalb müsse man der Provisorischen Regierung die Unterstützung verweigern.

4. Ihr Scheitern

Im Frühjahr 1917 waren die Bolschewiki eine unbedeutende Minderheit, und die Räte, denen sie die Staatsmacht übertragen wollten, zeigten wenig Interesse, sie tatsächlich zu übernehmen. Das änderte sich erst im Sommer und Herbst. Als schwerwiegender Fehler erwies sich nun, dass die Provisorische Regierung den Krieg an der Seite der Westalliierten fortgesetzt hatte, obwohl die Mehrheit der Bevölkerung seiner längst überdrüssig war.

Uneins in der Haltung zum Krieg und den Prioritäten staatlicher Politik stürzte die Regierung bereits im April in ihre erste Krise. Der Außenminister (Miljukow) musste gehen, die Regierung wurde umgebildet, die gemäßigte Linke (Sozialrevolutionäre und Menschewiki), bisher tonangebend in der Sowjetführung, kooptiert und auf eine staatstragende Rolle verpflichtet. Doch das Problem blieb und verschärfte sich erneut, als die Regierung im Juni mit einer militärischen Offensive an der Westfront den großen Durchbruch zu erzielen hoffte – und kläglich scheiterte.

Mit dem Krieg blieben auch die Versorgungsprobleme, die den Anstoß zum Sturz des Zarismus im Frühjahr geliefert hatten: Die immer undurchsichtiger werdende Wirtschaftslage; der offenkundig nicht aufzuhaltende Verfall des Transportsystems; der Mangel an Rohstoffen und Energie, der immer mehr Räder stillstehen ließ; die sprunghaft steigenden Lebensmittelpreise, die die Lohnerhöhungen aufgefressen hatten, bevor sie durchgesetzt waren – sie ließen die Menschen auch in den Sommermonaten nicht zur Ruhe kommen. Materielle Not, das Gefühl, im Recht zu sein, und die Furcht, vertröstet zu werden, die Abstumpfung, die der Krieg mit sich brachte, und die Angst vor der Zukunft setzten die Hemmschwelle der Gewalt weit herab.

Gewalt gegen Personen und Institutionen, Raubüberfälle und Vandalismus, Plünderungen von Häusern und Geschäften, verbale und tätliche Angriffe auf Offiziere, eigenmächtige Verhaftungen und Lynchjustiz – die bürgerliche Boulevardpresse berichtete täglich von neuen Vorfällen. Die Soldaten in den Garnisonen des Hinterlands bestimmten selbst, wieweit sie sich an Dienst- und Disziplinarvorschriften hielten, und wurden nicht selten zur Plage für ihre Umwelt. Auch auf dem Lande schienen die Kapital- und Eigentumsdelikte, die Brandstiftungen, das wilde Holzfällen, die „Requirierung" von Gutsvieh und Getreidevorräten ständig zuzunehmen.

Während sich die Wahlvorbereitungen für die Konstituierende Versammlung in die Länge zogen und die Termine mehrfach verschoben werden mussten, drängten die Bauern, die überfälligen Agrarreformen endlich in Angriff zu nehmen. Angesichts des immer dramatischeren Verfalls der Wirtschaft sahen die Arbeiter ihre im Februar erkämpften Errungenschaften schwinden und die eigene Zukunft düster. Auch den Soldaten an der Front bot die Regierung wenig Perspektive; wann und wie sie den Krieg zu beenden gedachte, war nach dem Fehlschlag der Juni-Offensive unsicherer denn je. Entsprechend schwer fiel es, mit patriotischen Appellen, mit Mahnungen zu Besonnenheit und Geduld, mit Warnungen vor Anarchie und Chaos noch Gehör zu finden.

Dass ein Sozialist (A. Kerensky) im Sommer das Amt des Ministerpräsidenten übernahm und das Kabinett mehrfach umgebildet wurde, konnte den Verfall der Staatsmacht nicht stoppen. Putschversuche von links (im Juli) und rechts (im August) demonstrierten deren Schwäche. Dass die Regierung nach den Juliunruhen die Bolschewiki verbot, schuf ihr nur vorübergehend Luft. Denn als im August der Oberkommandierende (General Kornilow) nach der Macht griff, um mit Ruhe und Ordnung auch die Schlagkraft der Armee wiederherzustellen, schienen Teile des liberalen Koalitionspartners mit den Forderungen des Generals durchaus zu sympathisieren – was einmal mehr zeigte, dass die Regierung in den sie bisher stützenden Parteien keine Basis mehr hatte, von den breiten

Schichten der Bevölkerung ganz zu schweigen. Und auch an der Peripherie (namentlich in Finnland und in der Ukraine) wurden die Stimmen lauter, die der Petersburger Regierung das Recht absprachen, weiterhin für sie zu entscheiden, die „Unabhängigkeit", zumindest „Autonomie" forderten.

II. Die Oktoberrevolution 1917

Die ungelösten Probleme, die wachsenden Schwierigkeiten, der Autoritätsverfall der Regierung – das alles kam den Bolschewiki zugute. Seit dem Spätsommer befand sich die Partei im politischen Aufwind: Seit September hatte sie in Petrograd und Moskau, den beiden größten und wichtigsten Städten, die Mehrheit der Räte hinter sich. Nun schien Wladimir Ilitsch Lenin der Augenblick günstig: Die Bolschewiki mussten in die Offensive gehen, die Provisorische Regierung stürzen und die Räterepublik ausrufen. Weiter auf die Wahlen zur Konstituierenden Versammlung und „formale Mehrheiten" zu warten, wäre „Verrat an der Sache des Proletariats" und ein „Verbrechen an der Revolution". Lenin setzte seine Auffassung in der Parteiführung durch: Mitte Oktober beschloss das bolschewistische Zentralkomitee die Vorbereitung des bewaffneten Aufstandes.

Die Mittel zur Durchführung bot der Apparat des Petrograder Arbeiter- und Soldatenrates. Zwei Wochen später wagten die Bolschewiki die Machtprobe. In der Nacht vom 6. auf den 7. November (nach dem russischen Kalender war es der 24./25. Oktober) besetzten bewaffnete Arbeiterbrigaden die wichtigsten Punkte der Stadt; die Provisorische Regierung wurde abgesetzt, eine neue, rein bolschewistische Regierung gebildet und der Übergang der Staatsmacht an die Räte verkündet. So folgte auf den Sturz des Zarismus im Frühjahr, der „Februarrevolution", nur wenige Monate später ein erneuter Umsturz, die bolschewistische „Oktoberrevolution".

Kaum einer übersah die Folgen dieses Vorgangs. Viele Beobachter glaubten, auch die neue Regierung werde sich nicht lange halten. Doch auf den politisch-militärischen Umsturz folgten rasch weitere Schritte: Sie gingen auf die Forderungen der Arbeiter, Bauern und Soldaten ein, sicherten der Regierung das Überleben und veränderten Staat, Wirtschaft und Gesellschaft Russlands von Grund auf.

Abb. 1: Die Revolution beseitigt die Symbole des „Alten“: Im Taurischen Palais, dem Sitz der Duma (wo zunächst bis zur Übersiedelung in den Smolny auch der Petrograder Arbeiter- und Soldatenrat residiert), wird das Portrait des Zaren (Nikolaus II.) aus dem Rahmen geschnitten und das Zarenwappen von der Rednertribüne entfernt. Nach der Oktoberrevolution fallen auch die Monumente der Vorgänger (auf unserem Bild: das große Denkmal Zar Alexanders III. an der Moskauer Erlöserkathedrale, das auf Beschluss des Rates der Volkskommissare abgetragen wird). Und die Revolution schafft sich neue Monumente: Vor dem Smolny (dem Amtssitz des Sowjet seit Sommer 1917 und des „Rates der Volkskommissare“ nach der Oktoberrevolution) wird 1918 ein Karl-Marx-Denkmal enthüllt, vor dem „Palast der Arbeit“ (ebenfalls in Petrograd) das Denkmal des „roten Metallarbeiters“. Auch den „Revolutionären“, Garibaldi, Blanqui und Lassalle, den Schriftstellern A. Radischtschew, A. Herzen, T. Schewtschenko und Heinrich Heine werden 1918/19 in der Stadt Monumente errichtet.

1. Die Errichtung des Rätestaates

Der neue Staat sollte ein Rätestaat sein, so hatte es Lenin verkündet: ohne Parlament und zentrale Bürokratie, ohne Berufsbeamtentum und stehendes Heer; mit einer Massenbeteiligung an der politischen Willensbildung und allen Formen direkter, unmittelbarer Demokratie.

Die Leitidee war einfach. Auf allen Ebenen hatten Räteversammlungen die Macht zu übernehmen: in jedem Dorf und in jeder Stadt, in den Bezirken, Landkreisen und Gouvernements. Die Spitze der Pyramide bildete eine gesamtstaatliche Räteversammlung, der „Allrussische Rätekongress“, der von den unteren Sowjetorganisationen gewählt wurde. Er war die höchste Instanz im Sowjetstaat, trat zu periodischen Tagungen zusammen und wählte aus seiner Mitte ein „Zentrales Exekutivkomitee“. Das Zentrale Exekutivkomitee übernahm zwischen den Tagungen des Rätekongresses die oberste Gewalt. Das Grundschema dieser Organisation hatte sich bereits vor dem Oktoberumsturz ausgebildet, die Bolschewiki konnten daran anknüpfen.

Auch die neue Regierung, der „Rat der Volkskommissare“, sollte eine Räteregierung sein: Sie war – laut Gesetz – dem Sowjetkongress und seinem Zentralen Exekutivkomitee verantwortlich, wurde von ihnen gewählt und entlassen. Zu allen wichtigen Bereichen des staatlichen Lebens hatte sie „Kommissionen“ zu bilden, die „in engem Kontakt mit den Massenorganisationen“ der Arbeiter, Bauern und Soldaten die Regierungsgeschäfte erledigten. Solange die Bolschewiki noch auf eine Mehrheit in der Konstituierenden Versammlung hofften, bezeichneten sie den Rat der Volkskommissare als Provisorium. Doch als sich die Konstituante – im November endlich gewählt – den bolschewistischen Plänen widersetzte, wurde sie nach nur einer Sitzung aufgelöst und das Provisorium zur Dauerlösung erklärt.

Die gleichen Prinzipien wie bei der Räteorganisation sollten auch beim übrigen Staatsaufbau gelten: So wurden – per Dekret – alle bestehenden Gerichtsinstitutionen aufgelöst, einschließlich der Staatsanwaltschaft und der Advokatur. Gewählte Laienrichter sollten künftig die Rechtsprechung übernehmen und nach „revolutionärem Gewissen“ und „revolutionärem Rechtsbewusstsein“ entscheiden. Als Ankläger oder Verteidiger konnte jeder unbescholtene Staatsbürger fungieren. In der Armee wurden noch im Dezember 1917 alle Dienstränge, Orden und Titel abgeschafft und die Rechte aller Armeeangehörigen einander angeglichen. Die Soldaten sollten sich ihre Vorgesetzten künftig selbst wählen. Ja die neue „Rote Armee der Arbeiter und Bauern" sollte keine straff organisierte Kaderarmee mehr sein, sondern eine „Miliz", beruhend auf der „allgemeinen Bewaffnung des Volkes".

Das alles waren Willenserklärungen, Projekte. Die Realität sah anders aus. Schon der Ausbau der Räteorganisation stand vor erheblichen Schwierigkeiten. Räte, Sowjets, gab es vor allem in Städten und Garnisonen; auf dem Dorf waren sie erst noch zu schaffen. Doch die Bauern hielten an den älteren Formen der Selbstverwaltung, den „Dorfversammlungen" (russ. schody) fest. Außerdem: die Zuständigkeiten der lokalen, regionalen und zentralen Sowjets waren nirgends genau abgegrenzt. So betrieben alle ihre eigene Politik, meist darauf bedacht, sich von oben nicht dreinreden zu lassen. Regierungsverlautbarungen, Gesetze und Verordnungen hatten allenfalls den Charakter von Empfehlungen. Und an der Spitze der Räteorganisation bildeten sich die angekündigten Regierungskommissionen nicht. Statt dessen übernahmen die Volkskommissare die vorhandenen Ministerien – und mit ihnen einen Großteil der alten Beamtenschaft. Das stärkte die Regierung gegenüber Rätekongress und Zentralem Exekutivkomitee, der neue/alte Apparat machte sie beiden überlegen.

Die Aufhebung aller bestehenden Gerichte verschlimmerte noch die vielerorts chaotischen Zustände. Die Grenzen zwischen den neugeschaffenen „Revolutionären Tribunalen" und blanker Lynchjustiz waren fließend. Noch dazu schuf sich die Regierung – Mitte Dezember 1917 – eine „Außerordentliche Kommission zur Bekämpfung von Konterrevolution und Sabotage" (bekannt vor allem unter ihrer russischen Abk. ČK, deutsch auch Tscheka), die sich mit ihren Terrormethoden in den innenpolitischen Auseinandersetzungen rasch einen zweifelhaften Ruhm erwarb.

Auch bei der Reorganisation der Armee verlief die Entwicklung bald in anderen Bahnen. Die im Winter 1917/18 rasch aufgestellten Verbände waren den deutschen Truppen nicht gewachsen gewesen (vgl. unten II,4). So wurde die Milizidee stillschweigend beiseite gelegt und der Aufbau einer regulären Armee begonnen, mit allgemeiner Wehrpflicht, strenger Disziplin und fester Bestallungsordnung.

2. Der Umbruch von Wirtschaft und Gesellschaft

Im Selbstverständnis der Bolschewiki war der ersten, „bürgerlichen" Etappe der Revolution die zweite gefolgt: Sie hatte die Provisorische Regierung gestürzt und die „Diktatur des Proletariats und der ärmsten Schichten der Bauernschaft" errichtet. Dem „bürgerlichen und gutsherrlichen Russland" war der Kampf angesagt, die „Schaffung einer sozialistischen Wirtschafts- und Gesellschaftsordnung" fortan das Ziel.

Schon am Tag nach dem Oktoberumsturz legte die neue Regierung ein „Dekret über Grund und Boden" vor, das den Grundbesitz des Adels und der Krone, der Kirche und der Klöster entschädigungslos enteignete. Das gesamte lebende und tote Wirtschaftsinventar der konfiszierten Ländereien ging in das Nutzungsrecht des Staates und der Gemeinden über. Das Privateigentum an Grund und Boden sollte überhaupt abgeschafft, Land nie mehr verkauft und gekauft, verpachtet und verpfändet werden; der Boden sollte allen gehören und das Nutzungsrecht künftig jeder Staatsbürger besitzen, der ihn mit seiner Hände Arbeit bebaute. So hatten es im Sommer 1917 Bauernvertreter gefordert, und so wurde es nun Gesetz. Eine Umverteilung größten Ausmaßes, eine Agrarrevolution folgte.

Knapp drei Wochen später erließ der Rat der Volkskommissare eine Verordnung, die in allen Betrieben, die Lohnarbeiter beschäftigten oder Heimarbeit vergaben, die „Arbeiterkontrolle" einführte. Die Mitsprache der Belegschaften bezog sich auf alle Bereiche, auf die Produktion und Finanzierung ebenso wie auf die Lagerhaltung und den Verkauf. Die Entscheidungen der Arbeiterkontrollorgane waren für die Betriebsführung verbindlich, das Geschäftsgeheimnis wurde aufgehoben. Die Organe der Arbeiterkontrolle sollten sich auf lokaler und regionaler Ebene zusammenschließen und in einem „Allrussischen Rat der Arbeiterkontrolle" gipfeln.

Sozialistische Wirtschaft sollte auch Planwirtschaft sein. Zu diesem Zweck wurde noch im Dezember ein „Oberster Volkswirtschaftsrat“ errichtet. Ihm oblag die Organisation der Volkswirtschaft und die Aufsicht über die Staatsfinanzen. Er sollte dafür allgemeine Normen, nach Möglichkeit auch einen „Plan“ entwickeln und die Tätigkeit der lokalen und zentralen Wirtschaftsorgane „koordinieren“. Zu diesem Zweck hatte der Oberste Volkswirtschaftsrat auch das Recht, Enteignungen und Zwangszusammenschlüsse von Betrieben vorzunehmen. Die Nationalisierung der Banken folgte nur wenig später: Alle existierenden Banken wurden zur Staatsbank zusammengeschlossen und das Bankwesen zum Staatsmonopol erklärt.

Der Umbruch der Wirtschafts- und Gesellschaftsverhältnisse zielte auf alle Bereiche, alle Stände und Schichten, die Kirche und die Schule, die Ehe und die Familie. So wurden die Standes- und Rangeinteilungen, einschließlich der Titel und Bezeichnungen abgeschafft, die Standesorganisationen aufgelöst und ihr Besitz eingezogen. Die Kirche wurde vom Staat getrennt, Religion zur Privatsache erklärt und das Eigentum der Kirche konfisziert. Sie sollte auch keinerlei Einfluss auf die Schule mehr haben, alle Schulen wurden staatlicher Verwaltung unterstellt und der Religionsunterricht verboten. Die neue Familiengesetzgebung erkannte nur noch die Zivilehe an, erleichterte die Scheidung und stellte uneheliche und eheliche Kinder einander gleich. Und das war nur der Anfang: Eine wahre Flut von Dekreten und Verordnungen erläuterte, ergänzte und modifizierte diese Bestimmungen.

Wichtige Weichen in der Sozial- und Wirtschaftspolitik waren damit gestellt. Doch die beschlossenen Maßnahmen entwickelten auch ihre Eigendynamik, die die Staatsführung nicht geplant und wohl auch nicht erwartet hatte. So stellte das Bodendekret den Bauern frei, wie sie das Land künftig nutzen wollten: als Einzelbauern, im Gemeindeverband oder im Rahmen einer Kollektivwirtschaft. Die überwältigende Mehrheit der Bauern entschied sich für die Gemeinde – und damit auch gegen die Form kollektiver Bodenbestellung, wie sie von den Bolschewiki propagiert wurde. In den Augen der Bauern hatte sich die Gemeindeverfassung seit Jahrhunderten bewährt. Ihre Eigentümlichkeit bestand darin, dass die Gemeinde als ganze über den Boden verfügte und den einzelnen Höfen nach der Zahl der Esser oder der männlichen Arbeitskräfte Parzellen zuteilte. Von Zeit zu Zeit wurde der Boden neu verteilt, nach Meinung der Bauern ein gerechtes Verfahren. Nun wurden einfach die konfiszierten Länder des Adels, der Kirche und der Klöster in die Umverteilung einbezogen, und die alte „Dorfgemeinde“ (russ. mir oder obščina, sprich: obschtschina) ging gestärkt aus der Revolution hervor.

Bei der Einführung der Arbeiterkontrolle war offen geblieben, welche Rechte künftig noch dem Unternehmer zustehen sollten, und die politische Führung hatte dazu auch keine einheitliche Meinung. Die Arbeiterkontrollorgane legten ihre neuen Befugnisse extensiv aus, zeigte sich Widerstand, so griff man sehr schnell zum Mittel der Enteignung. Die Zahl der „sozialisierten“, „kommunalisierten“ und „nationalisierten“ Betriebe ging schon im Winter 1917/18 in die Hunderte. Nicht nur Großunternehmen waren davon betroffen, nein, auch und vor allem Klein- und Kleinstbetriebe.

Wie sollten diese Betriebe künftig geführt werden? Dazu gab es keine einheitlichen Richtlinien. Was durften die Wirtschaftsorgane vor Ort, was mussten sie den übergeordneten Stellen überlassen? Nirgends waren die Kompetenzen abgegrenzt, und der Oberste Volkswirtschaftsrat befand sich erst im Aufbau. Sollte, musste die „Attacke auf das Kapital“ fortgesetzt werden? Es gab viele in der Partei, allen voran die Fraktion der „Linken Kommunisten“, die das forderten. Oder war bereits mehr „nationalisiert, konfisziert, zerschlagen und zerbrochen“, als man erfassen und verwalten konnte? Lenin war im Frühjahr 1918 dieser Meinung, und er forderte die Rückkehr zu Disziplin und Ordnung, wenn man nicht in Anarchie und Chaos versinken wolle.

3. Die Rolle der bolschewistischen Partei

Das bolschewistische Zentralkomitee hatte im Oktober 1917 die Vorbereitung des bewaffneten Aufstands beschlossen, unter bolschewistischen Parolen wurde der Umsturz vollzogen. Bolschewistisch war die neue Regierung, der Rat der Volkskommissare, selbst wenn ihm Ende des Jahres auch einige Nichtbolschewiken („Linke Sozialrevolutionäre“) beitraten; und die Bolschewiki gaben auch an der Rätespitze, im Sowjetkongress und im Zentralen Exekutivkomitee den Ton an. Aber wer waren diese Bolschewiki eigentlich, welche Rolle sollten sie im neuen Rätestaat spielen?

Historisch gesehen, waren die Bolschewiki der linke Flügel der Russischen Sozialdemokratischen Arbeiterpartei. Sie hatte sich auf dem 2. Parteitag (1903) in eine bolschewistische und eine menschewistische (wörtlich: eine „Mehrheits-“ und eine „Minderheits-“) Fraktion gespalten. Unterschiedliche Auffassungen über die Organisationsstruktur und die Rolle der Partei in der künftigen Revolution waren der Grund. Lenin forderte eine „Partei neuen Typs“, eine straff organisierte Kaderpartei, deren Mitglieder die Revolution zu ihrem Beruf machten; nur so könnten sich die Sozialdemokraten unter den Bedingungen des zaristischen Polizeiterrors behaupten, nur so könnten sie ein adäquates politisches Bewusstsein ausbilden, nur so eine Führungsrolle in der künftigen Revolution spielen. Die Menschewiki orientierten sich dagegen eher am Muster einer lose organisierten Massenpartei. War nicht Russland noch ein Agrarstaat? Waren nicht 80 % seiner Bevölkerung noch Bauern? Die nächste Revolution werde also eine „bürgerliche“ sein und die Sozialdemokratie dabei eine eher bescheidene Rolle spielen. Dass Lenin, 1917, den unmittelbaren Übergang von der bürgerlichen zur sozialistischen Revolution forderte, war für die Menschewiki blankes Abenteurertum. Mit Marxismus habe das nichts mehr zu tun. Die Trennung war damit endgültig vollzogen.

Freilich erklärt diese Vorgeschichte nicht oder doch nur zum Teil den Erfolg der Bolschewiki im Krisenjahr 1917. Denn die Leninschen Vorstellungen von der Partei neuen Typs hatten noch immer mit der Realität wenig gemein. In der „bürgerlichen“ Februarrevolution spielte die bolschewistische Partei kaum eine Rolle. Sie war zersplittert und bestand nur aus einigen revolutionären Zirkeln, deren Führung vom Ausland aus operierte. Eine straff geführte, landesweite Parteiorganisation gab es nicht, und sie wurde auch – trotz sprunghaft steigender Mitgliederzahlen – bis zum Herbst nicht geschaffen.

Was die Neumitglieder an die Partei band, war nicht die Organisation, sondern das Sofortprogramm, wie es Lenin in den „Aprilthesen“ entwickelt hatte: Schluss mit dem Krieg; den Bauern endlich das Land, den Arbeitern die Kontrolle in den Fabriken; Sturz der Provisorischen Regierung, die keinen Ausweg aus der Krise wisse, und alle Macht den Sowjets! Im Frühjahr waren diese Forderungen utopisch, aber sie gewannen im gleichen Maß an

Attraktivität, wie sich die Schwierigkeiten der Provisorischen Regierung häuften. Zwar waren die Bolschewiki traditionell eine Arbeiterpartei, aber sie versprachen nun jedem das Seine: den Soldaten den Frieden, den Bauern das Land, den Arbeitern die Mitbestimmung. Dass sie diese Versprechen nach dem Umsturz relativ rasch einlösten, sicherte ihnen Sympathie und Unterstützung, zumindest Tolerierung und das Überleben.

Viele Fragen waren dabei offen geblieben, und auch die Bolschewiki selbst hatten dazu keine einheitliche Meinung. Die Differenzen reichten bis hinauf ins Zentralkomitee: Schon der Entschluss zum bewaffneten Aufstand war dort heftig umstritten gewesen. Nirgends hatte die Partei gesagt, dass sie die Alleinherrschaft anstrebte. Mussten deshalb nicht – nach dem Umsturz – auch alle anderen sozialistischen Parteien an der Regierung beteiligt werden? Eine starke Gruppe in der Partei- und Staatsführung forderte dies und legte, als ihr Vorschlag zurückgewiesen wurde, im November 1917 die Partei- und Regierungsämter nieder. Die Auseinandersetzungen setzten sich bei der Festlegung der neuen Außenpolitik fort, und sie verschärften sich im Frühjahr 1918, als die Wirtschafts- und Gesellschaftspolitik neu überdacht werden musste. Ungeklärt war übrigens auch die künftige Rolle der Partei selbst. In den Grundgesetzen des neuen Rätestaates kam sie nicht vor, in der ersten Sowjetverfassung vom Juli 1918 (siehe unten III,1) ebensowenig.

4. Existenzsicherung und weltrevolutionäre Hoffnung

Die Parteiführung war im Herbst 1917 überzeugt: Das internationale Proletariat werde dem russischen zu Hilfe kommen, die russische Revolution die „Weltrevolution" auslösen; die Verhältnisse im Westen seien längst „reif", mit dem Imperialismus habe der Kapitalismus sein „höchstes Stadium" erreicht; komme aber die Weltrevolution, dann würde Außenpolitik im herkömmlichen Sinne überflüssig; und bis dahin sei es nicht mehr weit. Als L. D. Trotzki im November 1917 den Posten eines Volkskommissars des Äußeren übernahm, meinte er, man werde nur noch „einige revolutionäre Proklamationen an die Völker erlassen und dann die Bude [gemeint war das Außenkommissariat] zuschließen".

Ebenso wichtig war, das wusste man auch, dass möglichst schnell ein Friedensschluss erreicht wurde. Das hatten die Bolschewiki versprochen, und das Beispiel der Provisorischen Regierung warnte. So wurde bereits am Tage nach dem Oktoberumsturz ein „Dekret über den Frieden“ vorgelegt, das beide Zielsetzungen zu verbinden suchte. Er schlug allen kriegführenden Ländern den sofortigen Abschluss eines gerechten und demokratischen Friedens vor und erklärte die bedingungslose Bereitschaft der Sowjetregierung, ohne jeglichen Aufschub in Friedensverhandlungen einzutreten. Das war die eine Seite des Dekrets. Gleichzeitig kündigte man das Ende aller Geheimdiplomatie an, alle Verhandlungen würde man künftig öffentlich führen, und die „klassenbewussten Arbeiter“ Englands, Frankreichs und Deutschlands wurden zur Unterstützung aufgerufen: Es gelte, die „Sache des Friedens und der Befreiung der werktätigen und ausgebeuteten Volksmassen von jeglicher Sklaverei und Ausbeutung“ zu einem erfolgreichen Ende zu bringen.

Die bisherigen Verbündeten, England und Frankreich, verhielten sich abwartend: Für sie war die Oktoberrevolution nur ein Putsch, und sie erkannten die neue Regierung nicht an. Das hinderte die Sowjetregierung nicht, mit den Mittelmächten (Deutschland und Österreich-Ungarn) einen Waffenstillstand zu vereinbaren und noch im Dezember mit Friedensverhandlungen zu beginnen. Die deutschen Bedingungen waren hart. Was war zu tun? In Partei und Regierung prallten die Meinungen heftig aufeinander. Lenin befürwortete die Annahme, zur Sicherung des Erreichten, Sowjetrussland brauche eine „Atempause“. Er stieß dabei in der Partei auf Widerstand, getragen von der Fraktion der Linken Kommunisten: Sie befürwortete die Umwandlung des Krieges in einen revolutionären Partisanenkampf gegen Deutschland, der zugleich die Basis der Revolution verbreiterte. Auch die Linken Sozialrevolutionäre (die als einzige Partei bisher die bolschewistische Regierung unterstützt und Ende des Jahres sogar Regierungsämter übernommen hatten) waren gegen den Diktatfrieden.

Der Versuch Trotzkis, eine Entscheidung zu umgehen, indem er die Friedensverhandlungen abbrach und den Krieg einseitig für beendet erklärte, scheiterte. Die Deutschen nahmen die Kampfhandlungen wieder auf, ohne dass die neu aufgestellten bolschewistischen Verbände den Vormarsch stoppen konnten. Sie stießen über

Kiew hinaus nach Rostow am Don und auf die Krim vor. Selbst die Hauptstadt Petrograd war bedroht. Die Regierung übersiedelte Ende Februar 1918 nach Moskau.

Es gelang Lenin, die Annahme der – nochmals verschärften – deutschen Bedingungen in Partei und Regierung durchzusetzen. Er nahm in Kauf, dass die Sozialrevolutionäre aus der Regierungskoalition ausschieden und die Linken in der eigenen Partei ihm vorhielten, statt auf die Weltrevolution zu setzen, kompromisslerisch den Ausgleich mit den imperialistischen Mächten gesucht zu haben. Im Friedensvertrag von Brest-Litowsk verzichtete Sowjetrussland auf die baltischen Provinzen und erkannte die Unabhängigkeit Finnlands und der Ukraine an; es verlor ein Viertel seiner Bevölkerung und des bebaubaren Landes sowie drei Viertel der Eisenindustrie und der Kohlebergwerke.

III. Bürgerkrieg und Kriegskommunismus (1918–1921)

Die von Lenin erhoffte „Atempause" überdauerte das Frühjahr nicht: Im Norden, in Murmansk, landeten britische Interventionstruppen. Im Süden hatten sich bereits seit Jahresanfang „weiße" Freiwilligenverbände unter der Führung ehemaliger zaristischer Generale versammelt. Sie verbanden sich nun mit den Donkosaken gegen das „rote" Moskau. Im Osten missglückte (Ende Mai 1918) ein bolschewistischer Versuch, eine aus Kriegsgefangenen und Überläufern gebildete tschechoslowakische Legion zu entwaffnen; sie widersetzte sich und brachte das Land entlang der transsibirischen Eisenbahn in ihre Gewalt. Beschwingt vom raschen Vormarsch wurde in Samara (Anfang Juni) eine sozialrevolutionäre Gegenregierung ausgerufen. Inzwischen hatten auch Deutschland, Frankreich und die USA direkt oder indirekt in die Kämpfe eingegriffen. Und während der Ring um das bolschewistisch beherrschte Zentrum immer enger wurde, brach dort – in Moskau und fast zwei Dutzend weiterer Städte – ein sozialrevolutionärer Aufstand los. Im Sommer 1918 herrschte an allen Fronten der offene Bürgerkrieg.

Der Vielvölkerstaat schien auseinanderzubrechen. Polen, Finnland, Estland, Lettland, Litauen, Weißrussland und die Ukraine hatten bereits ihre Unabhängigkeit erklärt, der Nordkaukasus sowie die transkaukasischen Völker (Georgien, Armenien, Aserbaidschan) folgten. Rumänien hatte im Winter 1917/18 das angrenzende Bessarabien annektiert und weigerte sich, es wieder herauszugeben. In Mittelasien machten sich das Khanat von Chiwa und das Emirat von Buchara selbständig. Sibirien war ohnehin in Händen der Weißen, und im Anschluss daran konstituierte sich im Transbaikalgebiet und in der Küstenregion die unabhängige „Fernöstliche Republik".

In mehreren Wellen, von Osten, Süden und Nordwesten kommend, drangen die weißen Truppen (unter ihren Generälen Denikin und Krasnow, Judenitsch, Koltschak und Wrangel) auf das

Abb. 2: Mit Plakaten warb die bolschewistische Führung für den Eintritt in die neue Rote Armee. „Tretet ein in die Rote Kavallerie. Die Rote Kavallerie hat Mamontow, Schkuro, Denikin vernichtet, sie hat den [polnischen] Pan und Petljura geschlagen. Jetzt bleibt nur noch Wrangel zu vernichten. Arbeiter und Bauern – tretet ein in die Rote Kavallerie" – so steht es auf obigem Plakat (in ukrainischer Sprache; die namentlich Genannten waren Führer antibolschewistischer Kräfte im Bürgerkrieg). Man wandte sich nicht nur an Arbeiter und Bauern, sondern auch an Offiziere der ehemaligen zarischen Armee. Über 70000 wurden bis 1920 – freiwillig oder unter Druck – reaktiviert und als „Militärspezialisten" eingestellt. Ohne sie, so sollte Lenin später eingestehen, wäre es unmöglich gewesen, die Rote Armee aufzubauen. Zur politischen Überwachung der „Militärspezialisten" wurde der Posten des bolschewistischen „Kommissars" geschaffen. Von einem „Kommissar" (genauer einer „Kommissarin") handelt auch der (nach einer Erzählung von W. Grossman gedrehte) gleichnamige Film von A. Askoldow. Er schildert, wie die Polizeikommissarin eines roten Bataillons schwanger wird und, bei einem jüdischen Blechschmied untergebracht, Revolution und Bürgerkrieg nun aus einer anderen Perspektive erlebt: aus der Perspektive des leidenden Volkes. 1966/67 entstanden, durfte der Film damals nicht gezeigt werden. Dank glasnost' und perestrojka kam er 1988 ins Kino, 1989 auch ins sowjetische Fernsehen: ausgerechnet am 7. November (dem damals noch größten Feiertag, dem Tag der Oktoberrevolution).

bolschewistisch beherrschte Zentrum vor. Doch immer wieder gelang es der neu formierten Roten Armee, die Umklammerung zu sprengen und die Weißen in die Defensive zu drängen. Eine Grundschwäche der oppositionellen Kräfte war, dass sie politisch keine Einheit bildeten. Das Spektrum reichte von der extremen Rechten bis zu den Sozialrevolutionären; entsprechend weit gingen die Ansichten über den künftigen Neuaufbau auseinander.

Bis in den Spätherbst 1918 schienen die Sozialrevolutionäre im oppositionellen Lager die politisch führende Kraft und mit ihrem gemäßigt sozialistischen, nationalpatriotischen Programm die eigentliche Alternative zu den Bolschewiki zu sein. Sie hatten bei den Wahlen zur Konstituante einen glänzenden Sieg (mehr als die Hälfte der Mandate) errungen; darauf pochend, waren sie auch die Träger der Gegenregierung in Samara. Auf der Staatskonferenz in Ufa hatten sie sich (Ende September 1918) mit den Kadetten und nationalkonservativen Kräften auf ein gemeinsames Direktorium geeinigt. Doch der Militärputsch des Admirals Koltschak nahm diesem Direktorium (Mitte November 1918) die Macht und ließ die Weißen ohne überzeugendes Gegenkonzept. Nie vermochten sie künftig den Bauern und Arbeitern die Furcht zu nehmen, dass nach Vertreibung der Bolschewiki die alten Zustände zurückkehren könnten. Und nach und nach verloren sie auch die Unterstützung der Westalliierten.

Die wechselvollen Kämpfe dauerten über zwei Jahre. Sie wurden von beiden Seiten mit großer Härte geführt. Dass der rote Terror dem weißen in nichts nachstand und die Gewalt nicht nur von unten, sondern von ganz oben ausging, ließe sich an Äußerungen Trotzkis (in seiner Funktion als Kriegskommissar), Dserschinskis (damals Leiter der Tscheka), Sinowjews (Parteichef von Petrograd) und anderer führender Bolschewiki überzeugend belegen. Veröffentlichungen, dass es nicht zuletzt Lenin selbst war, der zu „Massenterror“ und zum „Endkampf gegen die Kulaken“, zu Geiselnahme und Massenhinrichtungen aufrief und in seinem sehr diffusen Feindbild auch „Hundertschaften von Prostituierten, die den Soldaten zu trinken geben“, „Exoffiziere“, „Priester, die Weißen Garden und andere zweifelhafte Elemente“ erschossen oder in ein „Konzentrationslager“ gebracht wissen wollte, sorgte im spät- und postsowjetischen Russland für besonderes Aufsehen. Wo war da noch eine Grenze zu seinem Nachfolger, zu Stalin zu ziehen?

In der letzten Phase des Bürgerkriegs griff noch Polen ein und benutzte die Schwäche Sowjetrusslands, um großflächige Grenzrevisionen zu erzwingen. Als der polnisch-sowjetische Konflikt im Herbst 1920 beigelegt wurde, brach auch der weiße Widerstand endgültig zusammen. Die Reste der weißen Verbände zogen sich auf die Krim zurück und wurden von dort – Ende des Jahres – evakuiert.

Folgt man einer Aufstellung, wie sie Mitte der 90er Jahre in einer russischen historischen Fachzeitschrift nachzulesen war, so verlor Sowjetrussland zwischen 1917 und 1922 etwa 13 Millionen seiner Bevölkerung: 2,5 Millionen starben in den bewaffneten Verbänden, 2 Millionen an Epidemien, 1 Million als Opfer von Terror und Banditismus, 300 000 in antijüdischen Pogromen, 1,5 bis 2 Millionen emigrierten, die übrigen starben in der großen Hungersnot, von der noch die Rede sein wird. Nicht nur wegen dieses schwer zu verkraftenden Aderlasses – für Sowjetrussland, seine staatliche, wirtschaftliche und gesellschaftliche Ordnung, seine politische Kultur, für die Formen und Strukturen der Entscheidungsfindung und den Umgang mit oppositionellen Meinungen waren es prägende Jahre.

1. Die Zentralisierung der Macht

Noch im Frühjahr 1918 war Räterussland eine Ansammlung einfacher, unverbundener Sowjets, die nur der gemeinsame Hass gegen das Alte zusammenhielt; so hat es ein bolschewistischer Beobachter beschrieben. Ortssowjets legten ihre Befugnisse großzügig aus, Regionalregierungen verteidigten ihre Autonomie gegenüber der Zentralregierung, und in der seit Frühjahr tagenden Verfassungskommission wurden Überlegungen angestellt, wie die eigentliche Rätespitze, Rätekongress und Zentrales Exekutivkomitee, stärker als bisher an der Willensbildung beteiligt werden könnten. War ein wirklicher Räte-Staat im Entstehen, dezentral, mit starker Stellung der Lokal- und Regionalinstanzen? Die im Juli 1918 verabschiedete erste Verfassung der RSFSR schien Ansätze dazu aufzugreifen, zumindest nicht zu blockieren: Russland sei eine Sozialistische Föderative Sowjetrepublik; die gesamte zentrale wie die lokale Gewalt stehe alleine den Räten zu; und Rätekongress und Zentrales Exekutivkomitee wurden als „höchste gesetzgebende, verfügende und kontrollierende" Organe bestätigt.

Die Verfassungswirklichkeit des Bürgerkriegs sah rasch anders aus. An der Spitze des Staates zog die Regierung alle wichtigen Befugnisse an sich. Anders als es in der Verfassung stand, tagte der Rätekongress künftig nur mehr einmal im Jahr und verlor damit jede unmittelbare politische Bedeutung; und das Zentrale Exekutivkomitee trat seit Sommer 1918 nur noch sporadisch, seit Anfang 1919 überhaupt nicht mehr zusammen.

Nur mit straffer Führung und zentraler Planung, strikter Disziplin und äußerster Anstrengung sei der Kampf gegen Hunger, Krieg und Konterrevolution zu bestehen, das war inzwischen die Leitlinie der bolschewistischen Parteiführung, und auch die Regional- und Lokalräte hatten sich danach zu richten. Sie wurden unmittelbar der Moskauer Führung unterstellt, und ihre Hauptaufgabe sollte künftig sein, für die rasche und widerspruchslose Durchführung der zentralen Direktiven zu sorgen.

Wo die vorhandenen Organisationsstrukturen nicht ausreichten, schuf sich die Regierung einfach neue: In rascher Folge entstanden Komitees und Kommissionen, zu jedem kriegswichtigen Bereich, zu jeder neuauftauchenden Frage, und als oberste Schaltstelle der Macht fungierte seit Herbst 1918 der – nur sechs Personen umfassende – „Rat der Arbeiter- und Bauernverteidigung". Schon vorher hatten die Volkskommissare für Versorgung, Transport und Militärangelegenheiten sowie die Außerordentliche Kommission (die Tscheka) Sondervollmachten erhalten und damit begonnen, ihren eigenen, straff zentralisierten Verwaltungsapparat aufzubauen, bis tief hinein in die Provinz (allein der Apparat der Tscheka wuchs bis 1921 auf 280000 Mann). Sie nahmen den Lokal- und Regionalräten die wichtigsten Funktionen (das Transportwesen und die Versorgung, die Militärverwaltung und den „Kampf gegen die Konterrevolution") aus den Händen, machten sie entbehrlich, verdrängten sie.

Ende des Bürgerkriegs war das Rätesystem nur noch in Relikten erhalten. Die autonomen Regionalregierungen waren im Hin und Her der Fronten aufgerieben worden. Ein Großteil der Lokalräte hatte sich, funktionslos geworden, aufgelöst, so gab es nur noch in jeder zehnten Kreisstadt einen Rat. Kaum einer rettete seine revolutionäre Tradition ungebrochen hinüber in die 20er Jahre.

2. Die Militarisierung von Wirtschaft und Gesellschaft

Zentrale Erfassung, Verwaltung und Verteilung des Verfügbaren – das war seit Frühsommer 1918 auch die Leitlinie in der Wirtschafts- und Gesellschaftspolitik. Die Bauern wurden aufgefordert, alle Getreideüberschüsse zu Fixpreisen an den Staat zu verkaufen. Zur Unterstützung der Versorgungsorgane wurden bewaffnete Arbeiterbrigaden aufs Land geschickt. Dörfliche Sympathisanten, organisiert in „Komitees der Dorfarmut", sollten helfen, Getreidevorräte bei reicheren Nachbarn aufzuspüren. Ging es zunächst noch um die „Überschüsse", so schrieb der Staat seit Anfang 1919 von oben vor, wieviel an Futter- und Brotgetreide bei den Bauern beschafft werden musste. Schon seit Sommer durften Industriewaren an Bauern nur noch gegen Getreide, im Naturaltausch, geliefert werden, doch auch diese Vorschrift verlor bald ihre Bedeutung; da die Industrie fast ausschließlich für den militärischen Bedarf produzierte, mussten sich die Bauern mit wertlosen Kreditbillets zufrieden geben.

Dabei war schon im Frühsommer 1918 die gesamte Großindustrie mit einem Schlage verstaatlicht worden. Auch in den Betrieben selbst wurden die Zügel angezogen: Etwaige kollegiale Führungsgremien (der Belegschaften) sollten schrittweise durch die Einmannleitung ersetzt werden. Der Oberste Volkswirtschaftsrat wurde im Sommer 1918 noch einmal aufgefordert und ermächtigt, die Gesamtorganisation der Wirtschaft, die Aufsicht über die Staatsfinanzen und die Verwaltung aller Betriebe zu übernehmen. Er entwickelte dazu in den beiden Folgejahren eine gigantische, zentralgeleitete Wirtschaftsbürokratie.

Zug um Zug unterstellte die Regierung den gesamten Warenverkehr staatlicher Regie und schloss die Bevölkerung in Konsumgenossenschaften („Konsumkommunen") zusammen. Schon die Sowjetverfassung hatte im Juli 1918 die allgemeine Arbeitspflicht verkündet. Die Einführung des „Arbeitsbuches" für jeden Werktätigen machte im Winter 1918/19 diese Verfassungsvorschrift überprüfbar. Im Februar 1920 wurde sie noch erweitert: Fortan konnte jeder zusätzlich zu Sonderaufgaben „im Interesse der sozialistischen Gesellschaft" herangezogen werden, einmalig oder

Abb. 3: Die Rote Kavallerie rückt vor: Unter ihrem Befehlshaber S. M. Budjonni galt sie als einer der schlagkräftigsten Teile der neuen bolschewistischen Streitkräfte. Der Schriftsteller I. Babel hat ihr mit seinen Erzählungen, die 1926 in einem Buch (im Deutschen unter dem Titel „Budjonnis Reiterarmee") zusammengefasst wurden, ein literarisches Denkmal gesetzt; er war im Propagandastab der Reiterarmee tätig gewesen. Babel selbst wurde 1940 in den Kellern des Moskauer Lubjanka-Gefängnisses erschossen. Sein als „verschollen" geltendes, Ende der 80er Jahre wieder aufgetauchtes und veröffentlichtes Tagebuch (im Deutschen von Peter Urban herausgegeben: Isaak Babel, Tagebuch 1920, Berlin 1990) zeigt, dass die Erzählungen der 20er Jahre, um den Zensor zu passieren, allenfalls die Hälfte von Babels Eindrücken und Empfindungen wiedergeben durften.

auch periodisch. Die Regierung behielt sich gleichzeitig das Recht vor, Arbeitskräfte aus der Armee, der Landwirtschaft und der Heimindustrie abzuziehen und zum Einsatz in staatlichen Unternehmen und Institutionen zwangszuverpflichten. Gleichzeitig begann sie mit dem systematischen Einsatz von regulären Armee-Einheiten zu zivilen Zwecken, sie wurden zuvor in „Arbeitsarmeen" umbenannt.

3. Auf dem Weg in die Einparteiherrschaft

Noch im November/Dezember 1917, unmittelbar nach dem bolschewistischen Umsturz, begann die Verfolgung der bürgerlichen Parteien und ihrer Presseorgane. Die sozialistischen Parteien (Sozialrevolutionäre und Menschewiki) waren weiterhin geduldet, ja Ende des Jahres übernahmen Linke Sozialrevolutionäre sogar Regierungsämter. Die Koalition endete im März 1918, als man sich mit den Bolschewiki wegen des Brest-Litowsker Friedens überwarf (s.o. II, 4). Die Verschärfung der innenpolitischen Lage nahmen die Bolschewiki Mitte Juni 1918 zum Anlass, um Menschewiki und rechte Sozialrevolutionäre aus dem Zentralen Exekutivkomitee und den Lokalsowjets auszuschließen. Nach dem sozialrevolutionären Aufstandsversuch im Juli wurde das Verbot auch auf die Linken Sozialrevolutionäre ausgedehnt. Räterussland war damit faktisch zum Einparteienstaat geworden (obwohl das Verbot im Folgejahr noch einmal gelockert wurde und die nichtbolschewistischen Parteien erst 1921/22 endgültig in die Emigration gedrängt wurden).

Bolschewiki besetzten die wichtigsten Ämter im Staat. Ihre Partei war erst Regierungs-, dann Staatspartei geworden, und entsprechend groß war der Zulauf an neuen Mitgliedern. Doch die Organisation der Partei hielt damit nicht Schritt, anders gesagt: Bolschewiki übernahmen staatliche Funktionen und gingen darin auf; der zentrale wie der lokale Parteiapparat blieben schwach. Auf dem 8. Parteitag, im März 1919, kam dieser Zustand zur Sprache und wurde von der Parteiführung wie von den Gliederungen draußen im Lande als Manko empfunden. Künftig, so beschloss der Parteitag, musste deutlicher zwischen Partei und Staat getrennt werden; die Partei habe den Staat zu führen, aber nicht zu verwalten, das sei Aufgabe der Räte. Gleichzeitig sollte der parteieigene Apparat ausgebaut werden. Die Reorganisation begann mit der Parteispitze, dem Zentralkomitee; es wählte künftig (neben dem Sekretariat) aus seiner Mitte zwei neue Führungsgremien – das Politbüro (zuständig für politische, wirtschaftliche und innerparteiliche Fragen) und das Orgbüro (zuständig für die Organisation).

Das neue Bewusstsein der Partei kam auch in der offiziellen Änderung des Parteinamens zum Ausdruck. Die Bolschewiki grenzten sich von ihrer sozialdemokratischen Vergangenheit ab und bezeichneten sich fortan als „Kommunistische Partei Russlands“ mit dem Zusatz „Bolschewiki“. Gleichzeitig schuf der Parteitag als „Vereinigung der wahrhaft marxistischen, revolutionären und proletarischen Parteien“ eine neue landesübergreifende Organisation: die „Kommunistische Internationale“ (abg. Komintern).

4. Der Kriegskommunismus

Die wirtschafts- und sozialpolitischen Maßnahmen der Bürgerkriegszeit waren aus der Not geboren; dass sie die Probleme bestenfalls lindern, keinesfalls lösen konnten, lag auf der Hand. Die Sondervollmachten für das Verkehrskommissariat stoppten den Verfall des Transportsystems nicht, er ging munter fort. Die Leitung der Großindustrie durch den Obersten Volkswirtschaftsrat konnte die beständige und dramatische Abnahme des Produktionsvolumens nicht verhindern. Folglich gab es auch immer weniger zu verteilen, trotz des Zusammenschlusses der Bevölkerung in Konsumkommunen. Obwohl die Regierung den gesamten Warenverkehr offiziell in staatliche Regie übernahm, blieb die Bevölkerung – auch zur Befriedigung der Elementarbedürfnisse – auf den Schwarzmarkt angewiesen. Da die Inflation ein atemberaubendes Tempo annahm, sah sich die Regierung gezwungen, die Arbeiter statt mit Geld mit Naturalien zu entlohnen; die Realeinkünfte sanken dennoch.

Allen Mängeln zum Trotz: in der Partei wuchs die Zuversicht, bereits auf dem richtigen Weg zu sein. Die Parteiführung wertete die „Ausschaltung des Marktes“ grundsätzlich positiv, die zentrale Leitung der Produktion und die staatlich gelenkte Verteilung ebenso. Die „Militarisierung der Arbeit“ ermöglichte den zweckmäßigen Einsatz aller Mittel. Die galoppierende Inflation wurde als Untergang kapitalistischer Strukturen gefeiert, und Überlegungen, wie Geld durch eine andere, sozialistische Werteinheit ersetzt werden könnte, schlossen sich an. Am Ende des Bürgerkriegs war die Hoffnung zur Gewissheit geworden: Russland habe mehrere Entwicklungen übersprungen und sei dabei, unmittelbar zu einer kommunistischen Wirtschafts- und Gesellschaftsordnung überzugehen.

Abb. 4: Während man sich (seit Sommer 1920) in „kriegskommunistischen" Gedankenspielen erging und den Triumph der Planwirtschaft feierte, ging der Verfall des Transportsystems und der Volkswirtschaft munter fort. Im Juni 1920 waren über 60 % der Lokomotiven ausgefallen (Anfang 1917 16,5 %), ein Grund, dass immer mehr Fabriken, ohne Rohstoffe und Brennmaterial, schließen mussten und die Großindustrie 1920 nurmehr 18 % ihres Vorkriegsvolumens (1917 77 %) produzierte. Was 1913 in Moskau 1 Rubel gekostet hatte (Anfang 1917 drei und im Oktober 1917 fünf Rubel), kostete jetzt über 9 000 Rubel.

Konsequent wurde die Bürgerkriegspolitik im Winter 1920/21 fortgesetzt. Nun wurden auch die Klein- und Kleinstbetriebe verstaatlicht, die Mieten abgeschafft, die Gebühren für staatliche Dienstleistungen (Post und Telefon, Gas, Wasser und Strom) nicht mehr erhoben; auch die kostenlose Verteilung von Lebensmitteln und Massengebrauchsartikeln wurde beschlossen und die Streichung der Geldsteuern ins Auge gefasst. Den eigentlichen Sprung nach vorn sollte die Elektrifizierung Russlands bringen, ein Plan war bereits erstellt. Lenin feierte ihn als zweites Parteiprogramm und brachte die Zukunftsvisionen auf die bündige Formel: „Kommunismus – das ist Sowjetmacht plus Elektrifizierung des ganzen Landes".

IV. Die „Neue Ökonomische Politik" (1921–1928)

Die Planungen eilten der Gegenwart weit voraus. Während man in Partei- und Staatsführung noch euphorisch von der großen kommunistischen Zukunft sprach, kam es in mehreren Städten zu Streiks und Hungerunruhen der Arbeiter; die Versorgungslage hatte einen katastrophalen Tiefpunkt erreicht. Im Süden, der eigentlichen Kornkammer des Landes, lieferten sich – verschärft nach der schlechten Ernte – Bauern und staatliche Beschaffungsorgane blutige Auseinandersetzungen ums Getreide; Zehntausende liefen dem Partisanenführer Antonow zu, einem ehemaligen Sozialrevolutionär. Höhepunkt dieser Widerstandsbewegung war die Revolte der Matrosen von Kronstadt, jener Inselfestung vor Petrograd, die 1917 und in der Zeit danach als Hort des Bolschewismus gegolten hatte. Die Kronstädter wollten unverzügliche Neuwahlen zu den Sowjets, sie forderten Räte, die wirklich den Willen der Arbeiter und Bauern zum Ausdruck brachten, unverfälscht durch die Bolschewiki.

Die Regierung schlug die Aufstände nieder. Vor allem gegen die „grüne" Bewegung der Bauern am Mittellauf der Wolga ging man, wie jüngere, auf neuen Archivmaterialien fußende Untersuchungen gezeigt haben, mit schier unglaublicher Brutalität vor: mit dem Einsatz von 100000 Mann, Flugzeugen, schwerer Artillerie und Giftgas, mit Hinrichtungen, Geiselnahme und der Deportation ganzer Dörfer. Die Reste des bäuerlichen Widerstandes brach die nachfolgende große Hungersnot, der Millionen zum Opfer fielen, bevor noch nationale und internationale Hilfe angelaufen war und die die Staatsführung zynisch zum Schlag gegen das Kirchenvermögen nutzte.

Doch mit Repression allein schien das Problem nicht zu lösen. Die Regierung hatte auch erkannt: Der Gedanke an den „unmittelbaren Übergang zum Kommunismus" war voreilig, eine entsprechende Politik nicht durchsetzbar, der Versuch dazu ein Fehler. Noch im Frühjahr 1921 erfolgte die Wende. Auf dem 10. Parteitag (im März) überzeugte Lenin die Delegierten, dass die Grundlage der Revolution, das „Klassenbündnis zwischen Arbeiterschaft und Bauern" (russ. smyčka) wiederhergestellt werden müsste. Dazu war eine neue Wirtschaftspolitik nötig: Das Requisitionssystem, das den Bauern praktisch ohne Gegenleistung alle Überschüsse – und oft mehr als die Überschüsse – nahm, musste abgeschafft werden, der Bauer wieder frei über die Produkte seiner Arbeit verfügen können.

Was mit Kurskorrekturen, noch ohne klares Konzept und gegen den heftigen Widerspruch des linken Parteiflügels im Frühjahr 1921 begann, gewann im Laufe des Jahres Konturen. „Neue Ökonomische Politik" hieß das Schlagwort dafür, in der Abkürzung NÖP (russisch NĖP). Die kriegskommunistische Utopie wich der nüchternen Einsicht, dass erst die Tagesbedürfnisse befriedigt, die Schäden behoben, zumindest der Vorkriegsstand wieder erreicht werden musste. Die Rücklagen waren aufgebraucht, Russland lebte von der Substanz.

Die Verwüstungen waren groß und die Wunden tief. Die Produktion lag danieder. Die Städte hatten sich geleert. Viele ihrer Bürger waren vor der Not aufs Land geflohen, viele arbeitslos. Zur Hinterlassenschaft von Krieg und Bürgerkrieg, Seuchen und Hunger gehörten auch mehr als 7 Millionen obdachlose Kinder (besprizorniki), die auf der Straße lebten, sich mit Bettelei, kleinen Diebstählen und Prostitution über Wasser zu halten versuchten, einem Problem, dem die Führung mit karitativen, pädagogischen und administrativen Maßnahmen beizukommen suchte.

1. Die Liberalisierung der Wirtschaftsverfassung

Selbst wenn die bolschewistische Führung nicht so recht wusste, wie es weitergehen sollte, das Wichtigste für einen Neuanfang geschah noch Ende März 1921: Per Dekret wurde das System der Lebensmittelrequisitionen abgeschafft, an seine Stelle trat eine „Naturalsteuer", und die Höhe der Belastung (also der an den Staat abzuliefernden Lebensmittel) war deutlich geringer angesetzt als bisher. Was der Bauer an Überschüssen erzielte, konnte er fortan auf eigene Rechnung veräußern. Ähnliche Regelungen wurden im Mai auch für Handwerker und kleine Gewerbetreibende

Abb. 5: Im Sommer 1921 wurden der Süden und Südosten des Landes von einer furchtbaren Dürrekatastrophe heimgesucht, sie vernichtete fast vollständig die Ernte. Ohne Vorräte waren die Bauern dem nackten Hunger preisgegeben. Endlose Trecks von Flüchtlingen wälzten sich in die nördlichen Gouvernements, ganze Dörfer und Landstriche flohen. Obiges Plakat („Denk an die Hungernden") rief zur Solidarität auf. Ausländische Hilfsorganisationen (die American Relief Administration, die Nansen-Hilfe, das Internationale Kinder-Hilfswerk, die Quäker und das Rote Kreuz) schickten in die besonders betroffenen Gebiete an der mittleren und unteren Wolga Nahrungsmittel, Medikamente und Helfer. Doch für viele, die nicht rechtzeitig geflohen waren, kam die Hilfe zu spät. Millionen von Menschen (Schätzungen sprechen von 4 bis 5 Mill.) verhungerten.

gefunden; sie sollten künftig wieder frei über die Produkte ihrer Arbeit verfügen können. Was in der zweiten Hälfte der 80er Jahre als Großtat und marktwirtschaftliches Vermächtnis Lenins gefeiert wurde, sah er selbst (mit der Mehrheit der Partei) wohl eher als Notbehelf und Umweg, um politisch zu überleben.

Hatte die Regierung im November 1920 alle Klein- und Kleinstunternehmen verstaatlicht, so ließ sie nun – ein halbes Jahr später – ihre Neugründung zu; und die früheren Besitzer konnten ihr Eigentum sogar zurückverlangen, wenn die Nationalisierung faktisch noch nicht vollzogen war oder nachgewiesen werden konnte, dass die neuen staatlichen Stellen die vorhandenen Betriebskapazitäten nur unzureichend nutzten. Die Regierungsplanungen erstreckten sich nicht nur auf Klein- und Kleinstbetriebe. Auch größere Unternehmen konnten zur zeitweiligen Verpachtung (an Gewerkschaften oder Privatpersonen) freigegeben werden, wenn dies volkswirtschaftlichen Nutzen versprach. Und um dem Kapitalmangel im Innern zu begegnen, wurde sogar die Vergabe von Konzessionen an ausländische Firmen ins Auge gefasst.

War der Kriegskommunismus noch vom Prinzip der Bedarfsplanung ausgegangen, so wurden nun die Betriebe angehalten, in jedem Falle „wirtschaftlich", d.h. kostendeckend zu produzieren. Die im Herbst 1921 verabschiedeten neuen Leitlinien für das Tarifsystem forderten strikte „Bezahlung nach Leistung"; „Gleichmacherei für Arbeiter verschiedener Qualifikation" dürfe es nicht mehr geben. Die kostenlose Abgabe von Lebensmitteln, Massengebrauchsartikeln und staatlichen Dienstleistungen – vor Jahresfrist noch als „Errungenschaft" gefeiert – wurde gestrichen, Mieten mussten wieder gezahlt werden. Von der Abschaffung des Geldes war nicht mehr die Rede, statt dessen begann man mit Vorarbeiten für eine Währungsreform, und es lag auch in diesem Trend, dass Schritt für Schritt die „Naturalsteuer" zur reinen Geldsteuer wurde.

Um Klarheit zu schaffen und verlorenes Vertrauen zurückzugewinnen, wurde 1922 das gesamte Agrarrecht neu gefasst. Hatte man in der Bürgerkriegszeit die Bildung von Kollektivwirtschaften massiv gefördert und alle übrigen Arten bäuerlicher Landnutzung als „absterbende Übergangsformen" behandelt, so bestätigte der neue Agrarkodex den Bauern die völlige Freiheit der Wahl und ging von der Landgemeindeverfassung als dem Normalfall aus. Unter bestimmten, relativ weitgefassten Bedingungen wurde auch die Einstellung von Knechten, Mägden und Tagelöhnern sowie die zeitlich befristete Verpachtung von Feldern wieder zugelassen.

Was war 1921/22 geschehen? Der Staat hatte die „Kommandohöhen der Wirtschaft" in der Hand behalten: das Bankwesen, die

Währung, das Verkehrssystem, den Außenhandel, die große und die mittlere Industrie. Unterhalb dieser Schwelle aber bemühte er sich um mehr Leistung und Effektivität, um mehr Wettbewerb, um weniger Gängelung von oben und mehr Initiative von unten. Der Wiederaufstieg aus der wirtschaftlichen Talsohle war schwierig und nicht frei von Krisen. Erst verschleuderten die Betriebe – weit unter Wert – ihre Lagerbestände, um an Geld zu kommen und ihre Arbeiter bezahlen zu können. Dann wieder stiegen nach guten Ernten die Industriepreise überproportional, bis schließlich die Bauern auf weitere Käufe verzichteten und der innere Markt zusammenbrach. Eine neue Belastung des Verhältnisses zur Bauernschaft war die Folge. Und die Hoffnungen, mit Konzessionsvergabe – in größerem Ausmaß – ausländische Firmen ins Land zu ziehen, erfüllten sich nicht. Trotzdem, die wirtschaftlichen Fortschritte waren unübersehbar: Der Hunger schien überwunden; die Zahl der Arbeiter, in der Bürgerkriegszeit stark zurückgegangen, wuchs wieder, ebenso die Produktivität. 1925/26 war in wichtigen Bereichen das Vorkriegsniveau wieder erreicht.

2. Der Neuaufbau der Räte

Zur Normalität zurückzukehren, die Diktatur der außerordentlichen Organe abzubauen und die verfassungsmäßige Ordnung wiederherzustellen – das war das erklärte Ziel der Innenpolitik. Der allmächtige Rat für Arbeiter- und Bauernverteidigung, dessen Aufgabenfeld im Frühjahr 1920 noch um den wirtschaftlichen Wiederaufbau erweitert worden war, wurde im Dezember zur bloßen Regierungskommission zurückgestuft. Der Rat der Volkskommissare sollte die Staatsgeschäfte wieder übernehmen, kontrolliert und angeleitet vom Rätekongress und dem Zentralen Exekutivkomitee. Innerhalb der Regierung verloren die Volkskommissariate für Transport, Versorgung und Militärwesen ihre Sondervollmachten. Klagen über die Allmacht der Außerordentlichen Kommission führten im Februar 1922 zur Auflösung der Tscheka und ihrer Unterorgane. Den Staatsschutz sollte künftig eine Sonderabteilung im Volkskommissariat des Inneren wahrnehmen. Sie führte den unverdächtigen Namen „Staatliche Politische Verwaltung“ (russische Abkürzung GPU).

Abb. 6: Im Frühjahr 1921 wurde das staatliche Getreiderequisitionssystem abgeschafft und durch eine einfache, deutlich niedrigere „Naturalsteuer“ ersetzt. Was die Bauern über die Abgaben hinaus an „Überschüssen“ erzielten, sollten sie frei veräußern dürfen. Was bisher in die Illegalität gedrängt worden war, wurde nun wieder rechtens: die lokalen und regionalen Bauernmärkte (wie auf obigem Bild).

Auch draußen im Lande sollten die Sonderverwaltungen und Revolutionären Komitees die Amtsgeschäfte wieder an die verfassungsmäßigen Organe, die Dorf-, Stadt-, Bezirks-, Kreis- und Gouvernementsräte abgeben. Neue ausführliche Statuten regelten ihre Rechte und Pflichten. Zur Neuwahl der Sowjets wurde aufgerufen. Sie durch die „massenhafte Beteiligung" der Arbeiter und Bauern „mit Leben zu erfüllen" – so lautete die neue Parole. Eine neue Justizpolitik bemühte sich um mehr Rechtssicherheit. Die Sondergerichte (die Revolutionären Tribunale) wurden aufgelöst, ein ordentliches, einheitliches Gerichtssystem sollte geschaffen werden. Dabei waren Staatsanwaltschaft und Advokatur ausdrücklich wieder zugelassen. Die Kodifizierung des Straf-, Zivil- und Prozessrechtes folgte, und alle Gerichtsorgane wurden auf die strikte Einhaltung der „revolutionären Gesetzlichkeit" verpflichtet.

In vielem war die propagierte Rückkehr zur Normalität ein Neuanfang. Schon in der Justizpolitik war die Wende (gegenüber den ursprünglichen revolutionären Planungen, siehe oben II, 1) unübersehbar. In der Militärpolitik wurde der Ausbau der Roten Armee zur Kader-Armee (mit allgemeiner Wehrpflicht, festgelegter Dienstzeit, hierarchischem Aufbau, Uniform und strenger Disziplinarordnung) zügig weiterverfolgt, die Milizidee nicht wieder aufgegriffen. Und von den Räten, den Sowjets, hatte ohnehin nur ein Bruchteil den Bürgerkrieg überlebt. Wo die Räte nun neu geschaffen wurden, geschah es in der Regel von oben und mit dem Bemühen, aus dem ehemals losen Nebeneinander eine effektiv arbeitende Verwaltungsorganisation zu machen. Die permanente Neuwahl wurde durch einen festen, einjährigen Turnus ersetzt. Eine genauere Beschreibung der Aufgaben, eine deutlichere Abgrenzung der Kompetenzen und eine strikte Unterordnung der unteren unter die oberen Organe war bereits in den neuen Statuten enthalten. Was blieb dann noch von der revolutionären Tradition, von den Räten als „Organen proletarischer Selbstverwaltung", als Ausdruck unmittelbarer direkter Demokratie?

Der Anspruch war nicht aufgegeben; aber die Wirklichkeit Räterusslands sah völlig anders aus, an der Spitze wie unten an der Basis, im Dorf. An der Staatsspitze lag die Zentralverwaltung bei der Regierung, während die formellen Inhaber der höchsten Staatsmacht, Rätekongress und Zentrales Exekutivkomitee, sich auf quasiparlamentarische Kontrollfunktionen beschränkten. Und

Abb. 7: Ähnliche Bestimmungen wie für die Bauern galten für die Handwerker und kleinere Gewerbebetriebe: Sie durften ihre „private“ Tätigkeit wieder aufnehmen, und wo Unternehmen „spezialisiert“ oder „nationalisiert“ worden waren, ohne dass der Staat ihre Kapazitäten adäquat nutzte, sollten die Betriebe zurückgegeben werden. So belebten sich auch die Städte neu, und manchen Beobachtern kam es vor, als sei Russland unter den Bedingungen der Neuen Ökonomischen Politik ein einziger Basar. Der vielleicht berühmteste Markt war der Moskauer Markt „Sucharewka“ (auf unserem Bild).

im Dorf hielten die Bauern an ihrer alten Dorfversammlung fest. Hier wurden weiterhin die wichtigsten Fragen (die Landverteilung und dic Saatfolge) besprochen und entschieden. In den neugeschaffenen Dorfräten sahen sie vor allem staatliche Administrativorgane, und ihre Zahl war dünn gesät: Nur in jeder 5. bis 6. Landgemeinde gab es Mitte der 20er Jahre einen Sowjet.

3. Der Wandel der Parteiorganisation

Anfang 1921 hatte die Partei zwischen 585 000 und 730 000 Mitglieder. Die Angaben schwanken. Exakte Zahlen ließen sich offenkundig nicht ermitteln. Das hatte Gründe.

Zwar hatte sich seit dem 8. Parteitag im März 1919 eine zentrale Parteibürokratie auszubilden begonnen, im Bannkreis des Zentralkomitees, seines Sekretariats und seiner beiden wichtigsten Abteilungen, des Polit- und des Organisationsbüros. Hier fanden die – unvermindert heftigen – Auseinandersetzungen um den „richtigen" Parteikurs statt; hier fielen die wichtigsten Entscheidungen. Aber der Parteiapparat draußen in der Provinz bot noch immer ein desolates Bild. Das galt für den Zustand der regionalen Parteiorganisationen ebenso wie für den Kontakt zwischen der Zentrale und den lokalen Parteistellen.

Zwar war der Mitgliederbestand seit Anfang 1918 auf das Fünffache gewachsen, aber was hieß das schon, wenn jede Stabilität fehlte: In der Partei herrschte ein ständiges Kommen und Gehen. Die Eintrittsprozeduren waren relativ einfach und der Zustrom groß; doch mehr als die Hälfte der neuen Mitglieder blieben nur relativ kurz, und die hohe Zahl der Austritte konnte nur durch eine eben noch höhere Zahl der Neueintritte wettgemacht werden. Das machte nicht nur die Parteistatistik schwierig, es verhinderte auch eine gezielte, zentralgesteuerte Personalpolitik. Mit solch einer Partei waren nur Massenmobilisierungen möglich.

Es kam hinzu: Zwar war das Organisationsnetz ausgebaut worden, aber noch immer schwach. Rechnete man die Zahl der ländlichen Basisorganisationen (der dörflichen „Parteizellen") auf die Zahl der Siedlungspunkte um, so ergab sich, dass nur in jedem 15. bis 20. Dorf eine kommunistische Zelle existierte. Im städtisch-industriellen Bereich war die Situation besser, aber befriedigend war sie auch hier nicht; nicht einmal in Zentralrussland, von den Randgebieten ganz zu schweigen. Wie eine Erhebung (im Jahr 1922) zeigte, hatten 99,6 % der Kleinbetriebe (die immerhin 80 % aller Betriebe ausmachten) keine kommunistische Betriebszelle; bei den Mittelbetrieben waren es fast 80 % und bei den Großbetrieben (mit über 500 Arbeitern) immer noch ein Drittel.

Schließlich, was hieß es schon „Kommunist" zu sein? Eine von der Partei durchgeführte Überprüfung des politischen Bildungsgrades ihrer Mitglieder ergab (Ende 1922/Anfang 1923), dass 80-90 % der Dorfkommunisten als „politische Analphabeten" einzustufen waren, d.h. sie hatten nicht einmal Grundkenntnisse von den Zielen und Absichten der Partei. Aber auch bei den kommunistischen Arbeitern war die Rate der politischen Analphabeten mit 50–60 % erstaunlich hoch. Die kommunistische Partei war Staatspartei geworden, sie besetzte die wichtigsten Ämter; da gab es viele Gründe, ihr beizutreten, nicht nur die Überzeugung.

Schon im Frühjahr 1921 hatte der 10. Parteitag eine Überprüfung des Mitgliederbestandes beschlossen. Die Partei sollte von Karrieristen, Karteileichen und sonstigen Fremdkörpern befreit werden. Wie weit diese „Säuberung" auch dazu diente, Opponenten gegen den neuen Kurs loszuwerden, ist unsicher; offiziell hatte die Parteiführung das verneint und den Lokalorganen ausdrücklich untersagt. Jedenfalls verließen 160000 Mitglieder die Partei, etwa 10 % davon freiwillig. Doch das war nur der Anfang der Reorganisation, wie sie nun in Angriff genommen wurde. Regelrechte Eintrittswerbekampagnen folgten: 1924, 1925/26, 1927. Mit dem Ziel des Aufbaus einer breiten, zuverlässigen Parteiorganisation umwarb man Industriearbeiter, „fortschrittliche" Bauern, Fachkräfte. In dieser Reihenfolge, denn die Führungsrolle des Proletariats sollte gewahrt bleiben, ja ausgebaut werden; während die überwiegende Mehrheit der Bevölkerung aus Bauern bestand, blieb ihr Anteil in der Partei mit 25–28 % relativ klein.

Die Werbekampagnen ließen die Mitgliederzahlen emporschnellen, bereits Anfang 1926 war die Millionengrenze überschritten. Der Wandel war tiefgreifend. Altbolschewiki, die schon vor der Revolution dazugehört hatten, machten nur noch eine verschwindende Minderheit (von weniger als einem Prozent) aus. Die Partei, die in konspirativen Zirkeln über revolutionäre Strategie und Taktik diskutiert hatte, gehörte der Vergangenheit an, die überwältigende Mehrheit der Mitglieder hatte sie nicht mehr aktiv miterlebt. Über 70 %, so ergab die Auszählung im Januar 1927, waren erst in den letzten drei Jahren (1924, 1925, 1926) beigetreten. Nun waren neue Kenntnisse gefragt, Kenntnisse in der Staatsverwaltung und in der Wirtschaft; andere Themen standen im Mittelpunkt, neue Formen bestimmten den Geschäftsgang.

Mit der Reorganisation der Partei war auch der Aufstieg eines Mannes verbunden, der dafür weitgehend die Verantwortung trug: Josif Wissarionowitsch Stalin. Seit April 1922 Generalsekretär des Zentralkomitees, gehörte er gleichzeitig dessen Plenum, dem Politbüro und dem Organisationsbüro an. Die Verknüpfung der Ämter erlaubte ihm, den Auf- und Ausbau der Parteiorganisation, der „Parteikader", zügig und energisch voranzutreiben. Sie schuf ihm aber auch eine Hausmacht, die Lenin schon Ende 1922 bedenklich schien und die nach Lenins Tod (im Januar 1924) bei der Regelung der Nachfolgefrage wirksam eingesetzt werden konnte.

Es gab auch Kritik an der Neuorganisation, heftige sogar, von L. D. Trotzki, G. Je. Sinowjew, L. B. Kamenew und anderen prominenten Altbolschewiki. Sie warfen dem Generalsekretär vor, die lebendige Partei von einst werde immer mehr zu einem riesigen bürokratischen Apparat, gelenkt und geleitet von einer kleinen, sich selbst ergänzenden Funktionärsschicht; alle Formen innerparteilicher Demokratie verkümmerten, Wahlen würden durch Delegation und Kooptation ersetzt, bis hinauf in die Führungsgremien. Doch die Kritik fand schon 1924/25 im Zentralkomitee keine Mehrheit mehr, und ihre Sprecher gerieten selbst zusehends ins politische Abseits.

4. Von der RSFSR zur UdSSR

Der Sieg der Roten Armee im Bürgerkrieg bereitete auch den Unabhängigkeitsbestrebungen der Nationalitäten ein Ende. Die Bolschewiki ruhten nicht, bis im Süden, Südosten und Osten die ehemaligen Grenzen, die Grenzen des Zarenreiches, wieder erreicht waren. Mit Hilfe der Roten Armee wurden die gemäßigt sozialistischen, bürgerlichen oder halbfeudalen Regierungen, die sich in Weißrussland, der Ukraine, im Kaukasusgebiet und in Mittelasien gebildet hatten, gestürzt. Eine Räteregierung trat an ihre Stelle, in der der bolschewistische Einfluss dominierte. Neben Polen konnten nur Finnland und die baltischen Staaten ihre Unabhängigkeit behaupten.

Im Dezember 1922 vereinigten sich Sowjetrussland (die RSFSR), Weißrussland, die Ukraine sowie Armenien, Georgien und Aserbaidschan formell zur „Union der Sozialistischen Sowjetrepubliken" (russ. Abk. SSSR, dt. UdSSR oder Sowjetunion, vgl. Karte 3 im Anhang). Grundlage der neuen Föderation sollte das Prinzip der Freiwilligkeit und die völlige Gleichberechtigung der Einzelrepubliken sein, wobei jede von ihnen das vertragliche Recht behielt, aus der Föderation wieder auszuscheiden. Die neue Unionsverfassung übertrug das Modell der RSFSR auf den Gesamtstaat. An der Spitze sollte ein Unionsrätekongress, ein Zentrales Exekutivkomitee und ein Präsidium des Exekutivkomitees stehen; nur setzte sich das Exekutivkomitee künftig aus einem Unions- und einem Nationalitätenrat zusammen. Die Regierungsgeschäfte übernahm ein gesamtstaatlicher Rat der Volkskommissare, der für die Außenpolitik, den Außenhandel, für Heer und Marine, für den Verkehr sowie für Post- und Telegraphie zuständig wurde. In bestimmten wirtschaftlichen Bereichen (wie Finanzen, Versorgung, Arbeit, Planung, Staatskontrolle) erhielt der Gesamtstaat Weisungsrechte, während andere Gebiete (Landwirtschaft, Justiz, Gesundheitswesen, Sozialfürsorge und Inneres) völlig im Kompetenzbereich der Einzelrepubliken verblieben. Zusammengefasst und einheitlicher Leitung unterstellt wurde schließlich auch der „Kampf gegen Konterrevolution, Spionage und Banditentum"; hierfür wurde die „Vereinigte Staatliche Politische Verwaltung" (OGPU) geschaffen, deren Vorsitzender zugleich Regierungsmitglied war.

Selbst wenn die Führung beim Ausbau von Partei und Staat an der Peripherie auf die indigenen Eliten setzte – das Nationalitätenproblem war damit nicht gelöst, wie sich unter veränderten Bedingungen Ende der 20er/Anfang der 30er, dann in den Vor-, Kriegs- und Nachkriegsjahren erneut zeigen sollte. Ganz zu schweigen von der „Explosion des Ethnischen", die wir Ende der 80er Jahre miterlebt haben.

Die außenpolitische Standortbestimmung der UdSSR warf Probleme auf. Die Welt zerfalle „in zwei feindliche Lager", Kapitalismus und Sozialismus stünden sich unversöhnlich gegenüber, erst die Vereinigung der Sowjetrepubliken in einem Bundesstaat garantiere ihre Sicherheit und ihr wirtschaftliches Gedeihen – so stand es in der Gründungserklärung der UdSSR. Die Sowjetunion und ihre neue Wirtschaftspolitik brauchten aber auch ein geordnetes, gedeihliches Verhältnis zu den westlichen Staaten, zu England und Frankreich, den USA und Deutschland, aus wirtschaftlichen wie aus sicherheitspolitischen Gründen. Wie war das zu vereinbaren: der Glaube an die Unüberwindlichkeit der Gegensätze und der Versuch eines Ausgleichs, das Interesse des Staates und seiner Wirtschaft an Stabilität und das Ziel einer „proletarischen Weltrevolution", die Unterstützung der internationalen kommunistischen Bewegung und die gleichzeitige Suche nach Übereinkunft mit den kapitalistischen Regierungen? Die Außenpolitik der Sowjetunion stand vor schwierigen Problemen, und sie setzte die Prioritäten, wie es Lenin schon beim Brester Frieden getan hatte: Das sowjetstaatliche Interesse hatte Vorrang. Nur wenn die Sicherung und der Ausbau des Sowjetstaates gelängen, ließen sich die weiteren Ziele erreichen, so lautete die Rechtfertigung; zwischen sowjetisch-nationalem und proletarisch-internationalem Interesse bestünde kein Gegensatz, sie seien identisch.

Was das Verhältnis zum Westen zusätzlich belastete: Die sowjetische Nationalisierung der Industrie hatte auch ausländische Firmen betroffen, und schon Anfang 1918 hatte die Sowjetregierung alle Anleihen, die der russische Staat vor der Revolution auf dem internationalen Kapitalmarkt aufgenommen hatte, „bedingungslos und ohne Ausnahme" annulliert. Sie lehnte es ab, die Kredite zurückzuzahlen oder auch nur entsprechende Zinsverpflichtungen zu übernehmen. Während die westlichen Staaten Anerkennung der Schulden und Wiedergutmachung für die Enteignungen verlangten, verwies die Sowjetregierung auf die von den Westalliierten verursachten Interventionsschäden.

Bis 1921 war Sowjetrussland vom Westen, von England und Frankreich, den USA und Deutschland noch nicht einmal anerkannt. Ein erster Schritt dazu war der Abschluss eines britisch-sowjetischen Handelsabkommens (Mitte März 1921), indem beide Regierungen auch versprachen, auf jede feindliche Haltung gegeneinander (sei sie militärischer, diplomatischer oder propagandistischer Natur) zu verzichten. Doch die Beziehungen blieben gespannt. Im Mai 1922 scheiterte der Versuch, die Wirtschafts- und Reparationsprobleme auf einer internationalen Konferenz in Genua zu lösen; sie wurde ergebnislos abgebrochen. Immerhin kam es am Rande der Konferenz zu einer deutsch-sowjetischen Einigung: Im Vertrag von Rapallo vereinbarte man die Normalisierung der bilateralen diplomatischen und konsularischen Beziehungen, den Verzicht auf Kriegskosten und Reparationen, die Streichung von Schulden und Entschädigungszahlungen für nationalisiertes Eigentum und die Neuordnung der Wirtschaftsbeziehungen auf der Grundlage der Meistbegünstigung. Der Vertrag führte – trotz aller Rückschläge und Konflikte – zu einer Intensivierung der Wirtschaftsbeziehungen, zu der sich bald auch die – streng geheim gehaltene – Zusammenarbeit auf militärischem Gebiet (zwischen Reichswehr und Roter Armee) gesellte.

Dreh- und Angelpunkt der sowjetischen Außenpolitik war in den Folgejahren das Verhältnis zu Großbritannien. Anfang 1924 entspannten sich vorübergehend die sowjetisch-britischen Beziehungen, als in London die Regierung wechselte und das neue

Labour-Kabinett die Sowjetunion auch formell anerkannte (ein Beispiel, dem mehrere europäische Staaten und Kanada folgten, die USA warteten noch bis 1933). Doch die Labour-Regierung blieb nicht einmal ein Jahr im Amt, bei den Neuwahlen im Herbst siegten ganz überlegen die Konservativen. Sie hatten schon im Wahlkampf einen schärferen Kurs angekündigt, wobei ein angeblicher sowjetischer Aufruf zur Subversion in der britischen Armee (der sog. „Sinowjew-Brief") als zusätzliche Rechtfertigung diente. Die neue britische Politik aktivierte das sowjetische Trauma der „kapitalistischen Einkreisung". Als 1926 von sowjetischen Gewerkschaften streikenden britischen Bergarbeitern Unterstützungsgelder in Millionenhöhe angeboten wurden und im Jahr darauf die britische Regierung die sowjetische Handelsvertretung in London durchsuchen ließ, hatte der Konflikt seinen Höhepunkt erreicht: Im Mai 1927 wurden die diplomatischen Beziehungen abgebrochen (und erst 1929 wieder aufgenommen). Nahm man die propagandistische Begleitmusik ernst, so erschien auch eine militärische Auseinandersetzung nicht unmöglich.

Britische und sowjetische Interessen stießen nicht nur in Europa aufeinander, auch im vorderen Orient und in Asien, in der Türkei und in Persien, in Afghanistan und in Indien. Die sowjetische Außenpolitik stand dabei vor einem zusätzlichen Problem. Jede Einflussnahme und Zusammenarbeit setzte die Anerkennung der „feudalen" Wirtschafts- und Gesellschaftsstrukturen dieser Länder voraus (was Moskau aber offensichtlich schnell zu akzeptieren bereit war). Noch einmal komplizierter waren die Verhältnisse in China: Hier gab es nicht nur divergierende Interessen (etwa in der Äußeren Mongolei oder bei der sowjetischen Forderung nach Entschädigungszahlungen für die vom zaristischen Russland gebaute ostchinesische Eisenbahn); es war auch höchst unklar, wer der eigentliche Adressat sein sollte: die Zentralregierung in Peking, die Regionalregierungen der Generäle, die nationalchinesische Befreiungsbewegung unter Sun Yat-sen (Kuomintang) oder die eher schwachen kommunistischen Kräfte in dieser. Die sowjetische Politik setzte nach einigem Zögern auf die Kuomintang, doch als die nationalchinesischen Kräfte 1926/27 auf ganzer Linie siegreich vorrückten, entledigten sie sich schnell ihrer kommunistischen Weggenossen (Massaker von Shanghai). Die sowjetische Ostasien-Politik hatte eine schwere Niederlage erlitten.

V. Stalins Revolution von oben (1928–1932)

Russland musste – möglichst schnell – seine Rückständigkeit überwinden, darin war sich die Partei einig. Zur Überwindung der Rückständigkeit gehörte die Ausrottung des verbreiteten Analphabetismus; die Bildung der „proletarischen und kleinbürgerlichen Massen"; die Steigerung der Leistungsfähigkeit der Landwirtschaft; ihre bessere Ausstattung mit Saatgut, Düngemitteln und Maschinen; die genossenschaftliche Vereinigung der bäuerlichen Zwergwirtschaften zu größeren Produktionseinheiten; vor allem aber musste eine moderne groß- und schwerindustrielle Basis geschaffen werden. Denn nur ein leistungsfähiger Sowjetstaat könne sich in einer kapitalistischen Welt behaupten, und nur in einem industrialisierten Land seien „sozialistische Produktionsverhältnisse", sei eine optimale Nutzung und gerechte Verteilung der Ressourcen möglich; auch darin war man sich einig.

Konnte die Neue Ökonomische Politik die großen anstehenden Probleme lösen? Vor allem die brennende Frage der Industrialisierung? Darüber wurde – seit der Mitte des Jahrzehnts – im Zentralkomitee erbittert gestritten. In der Sache ging es „rechten" Befürwortern und „linken" Gegnern der NÈP um den „richtigen Kurs". Doch unübersehbar stritt man auch um die Macht, um die Frage, wer nach Lenins Tod die Richtlinien der Politik künftig bestimmte. Als Generalsekretär der Partei stand Stalin im Zentrum der Auseinandersetzungen. Doch er verstand es, zwischen den Flügeln geschickt zu taktieren, und mit wechselnden Koalitionen seine Gegner und Konkurrenten auszuschalten, erst die „Linken" (um Trotzki, Sinowjew und Kamenew), dann die „Rechten" (um N. I. Bucharin, A. I. Rykow und M. P. Tomski).

Erneut stand Russland – Ende der 20er Jahre – am Scheideweg. Denn der Machtkampf war Auftakt und Teil eines zweiten großen Umbruches, ja einer neuen Revolution, nur ging diesmal die Initiative von oben aus. In ihrem Mittelpunkt stand der Entschluss zur forcierten (d.h. beschleunigten) Industrialisierung, in einem

Tempo, wie es vorher selbst die „Linken“ nie gefordert hatten. Und nur wenig später erfolgte die Zwangskollektivierung der Landwirtschaft, wobei man sich rigoros über alle „rechten“ Bedenken hinwegsetzte. Beide, Industrialisierung und Kollektivierung, griffen tief in die staatliche, wirtschaftliche und gesellschaftliche Ordnung Russlands ein, vermutlich sogar tiefer als die Ereignisse von 1917. Die Folgen reichen weit über die Stalinzeit hinaus, bis in unsere Tage.

1. Die Ausschaltung der innerparteilichen Opposition

Mit der Neuen Ökonomischen Politik war es gelungen, die Lage im Innern weitgehend zu stabilisieren. Das Chaos der Revolutions- und Bürgerkriegszeit wurde Schritt für Schritt überwunden. Die Wirtschaft erholte sich, das Produktionsvolumen stieg, nach fünf Jahren war der Vorkriegsstand wieder erreicht. Der organisierte Widerstand gegen die bolschewistische Partei verebbte, wo er sich (wie im Sommer 1924 bei den georgischen Bauern) noch offen zeigte, konnte er rasch niedergeworfen werden.

Das alles war Grund genug, die seit 1921 betriebene Politik fortzusetzen – jedenfalls für die Mehrheit in der Partei- und Staatsführung. Selbst ein früheres Mitglied der Parteilinken wie Bucharin unterstützte seit Mitte der 20er Jahre vehement den Regierungskurs. Ihren Schlüssel zum Erfolg sah er in der Weckung des materiellen Anreizes; um so wichtiger erschien es ihm, alle institutionellen und psychologischen Hemmschwellen aus der Zeit des Kriegskommunismus endgültig zu beseitigen: Der Arbeiter musste merken, dass sich Leistung wieder lohnte, und der Mittelbauer die Furcht verlieren, bei jeder Verbesserung seiner Wirtschaftsmethoden gleich als „Kulak“, d.h. als ausbeuterischer Großbauer, zu gelten; niemandem war damit gedient, wenn man größeren Bauern verbot, Hilfskräfte einzustellen, gerade die ärmeren Schichten des Dorfes waren auf dieses Zubrot angewiesen.

Die private Landwirtschaft sollte nach Bucharin zum Motor der Gesamtentwicklung werden, an eine Änderung ihrer Grundstruktur war auf absehbare Zeit ohnehin nicht zu denken. Mit der landwirtschaftlichen Produktivität steige auch die bäuerliche Nachfrage nach Industrieprodukten (wenn die Industriepreise nicht zu hoch angesetzt würden). So förderte, was aus wohlverstandenem Eigennutz der Arbeiter, Bauern und selbst der „Bourgeoisie" geschah, das Wirtschaftswachstum und kam damit letztendlich („objektiv", wie Bucharin sagte) der sozialistischen Staatsindustrie zugute. Bucharin scheute sich deshalb auch nicht, den Bauern die Parole „Bereichert Euch" zuzurufen. In der Sache wusste er den Generalsekretär der Partei, Stalin, hinter sich, der das Konzept der NĖP auf dem 14. Parteitag im Dezember 1925 noch einmal ausdrücklich verteidigt hatte – als Grundlage für den „Aufbau des Sozialismus in einem Lande".

Doch der seit 1921 gesteuerte Kurs stieß zunehmend auch auf Kritik. Ihr politischer Kopf war zweifellos Trotzki, und wie schon bei seinem Vorstoß gegen die Stalinsche Reorganisation der Partei (s. o. IV,3) fand Trotzki auch hierbei die Unterstützung von Kamenew, Sinowjew und einigen anderen aus der alten Garde. Sie warfen der Parteiführung vor, die tatsächliche Lage im Innern zu vertuschen und vom „proletarischen Klassenstandpunkt" abzuweichen. Man gebe die Neue Ökonomische Politik bereits als Sozialismus aus und unterschlage, dass auf dem Land der Großbauer, der „Kulak", immer stärker werde und in der Stadt im Kleinbourgeois, im „Nep-man", seine Entsprechung finde. Beide Seiten würden die liberalen Bedingungen der NĖP benutzten, um sich zu bereichern. So fördere die Regierung Groß- und Mittelbauern, statt – wie dringend nötig – Arbeiterschaft und Industrialisierung, und mit zweifelhaften theoretischen „Neuerfindungen", gemeint war Stalins Konzept vom „Aufbau des Sozialismus in einem Lande", versuche sie den Eindruck zu erwecken, als ob die russische Entwicklung von der Weltrevolution abkoppelbar sei.

Die Parteiführung wehrte sich. Sie warf den Opponenten spalterische Fraktionsbildung, parteischädigendes Verhalten, Verstoß gegen Grundgedanken des Leninismus vor: Mit ihren Angriffen gefährde die Linke die smyčka, das Klassenbündnis zwischen Arbeitern und Bauern. Die Auseinandersetzung nahm an Schärfe immer mehr zu und gipfelte schließlich im oppositionellen Vorwurf, Sowjetrussland drohe mehr Gefahr von Innen, vom Parteiregime, als von Außen, vom internationalen Kapitalismus; die russische Revolution laufe Gefahr, das Schicksal der französischen zu erleiden, wo die (jakobinische) Klassenherrschaft schließlich durch die Diktatur eines Mannes abgelöst wurde. Das Ergebnis: Trotzki und seine Mitstreiter verloren bis Herbst 1927 alle Führungspositionen, schließlich wurden sie auch aus der Partei ausgeschlossen. Trotzki selbst wurde 1928 nach Alma Ata verbannt und wieder ein Jahr später ins Ausland abgeschoben.

In der Auseinandersetzung mit den „Linken" hatte sich die Parteiführung die Forderung nach mehr Wirtschaftsplanung, schnellerem Ausbau der Industrie und größere Beachtung der „Kulakengefahr" selbst zu eigen gemacht. Auf dem 15. Parteitag (Ende 1927) wurde ein erster Entwurf eines industriewirtschaftlichen Entwicklungsplanes vorgelegt, und als sich im Winter 1927/28 Schwierigkeiten beim staatlichen Getreideaufkauf ergaben, ging die Führung mit aller Schärfe gegen die „getreidehortenden Kulaken" vor. Ein scharfer Wechsel des Regierungskurses deutete sich an, selbst wenn Stalin im Februar 1928 alle Gerüchte über ein bevorstehendes Ende der Neuen Ökonomischen Politik als „konterrevolutionäres Geschwätz" abtat und dementierte.

Kaum hatte er sich der „Linken" entledigt, rückten nun seine bisherigen Bundesgenossen ins Kreuzfeuer der Kritik: Bucharin, Rykow, Tomski. Der Vorwurf: „Rechtsabweichung", „Verletzung des Klassenstandpunkts", „Unterschätzung der Kulakengefahr". Zwar richteten sich die Vorwürfe zunächst gegen untergeordnete Parteigremien und noch im Oktober 1928 leugnete Stalin, eher abwiegelnd, dass es auch im Politbüro eine „rechte Gefahr" gebe. Aber im Frühjahr 1929 – nach Kontaktversuchen zwischen alter und neuer Opposition, zwischen Kamenew und Bucharin – fiel diese Rücksichtnahme, die Ansichten der „Bucharingruppe" wurden als „unvereinbar mit der Generallinie der Partei", ihr Verhalten als „krasseste Illoyalität" und „grobe Verletzung der Parteidisziplin" verurteilt. Im Sommer verloren Bucharin und Tomski ihre Führungspositionen (in der Komintern und Gewerkschaftsbewegung) – die Zwangskollektivierung war inzwischen in vollem Gange. Im November 1929 verurteilte das Zentralkomitee die drei Opponenten als Parteischädlinge und wenig später war in der Parteizeitung „Prawda" ein Artikel zu lesen, in dem sie ihre „rechtsabweichlerischen" Ansichten öffentlich widerriefen. Nun hatte Stalin mit niemandem mehr die Führungsrolle zu teilen.

2. Die forcierte Industrialisierung

Die Zielvorgaben der Wirtschaftspolitik hatte die Staatsführung wiederholt genannt. Sie wollte (1.) die Produktion steigern, (2.) Russland von einem Agrar- in einen Industriestaat verwandeln, (3.) im Zuge der Entwicklung der Volkswirtschaft den Anteil des sozialistischen Sektors auf Kosten der Privatwirtschaft immer mehr erweitern; (4.) sollte die wirtschaftliche Unabhängigkeit der Sowjetunion vom kapitalistischen Ausland sichergestellt und (5.) der „Block der Arbeiterklasse und der Bauernmassen und die führende Rolle der Arbeiterklasse in diesem Block“ gestärkt werden.

Bei der Umsetzung dieses Programms sollten Produktions-, Investitions- und Konsuminteressen sorgsam gegeneinander abgewogen werden, jede Einseitigkeit sei schädlich. Eine maximale Transferierung von Mitteln aus dem Agrarsektor in die Industrie, wie sie die Linken forderten, lehnten Parteiführung und Regierung ab: Eine solche Politik würde unweigerlich zum Konflikt mit der Bauernschaft führen, die Folgen für den inneren Markt, den Export und die Rohstoffbasis der Industrie wären unübersehbar. Stalin trug diese Grundsätze auf dem 15. Parteitag im Dezember 1927 erneut vor, der Parteitag bestätigte sie und distanzierte sich noch einmal von den „Linken“.

Der Oberste Volkswirtschaftsrat und die Staatliche Plankommission (russ. Abk. gosplan) waren – Mitte des Jahrzehnts – beauftragt worden, einen fünfjährigen Entwicklungsplan zu erstellen, und auch sie gingen zunächst eher vorsichtig zu Werke. Ihre (bis Ende 1927 vorgelegten) Entwürfe unterstellten, dass die Zuwachsraten der Industrieproduktion erheblich sinken würden, wenn erst Neuinvestitionen vorgenommen werden mussten, wenn es nicht mehr nur darum ging, vorhandene, aber brachliegende Kapazitäten zu aktivieren. Entsprechend niedrig setzten sie die Richtdaten (die „Kennziffern“) an. Und wie selbstverständlich ging man davon aus, dass Strukturveränderungen in der Landwirtschaft nicht anstanden oder vorgenommen werden konnten, jedenfalls plante und rechnete man nicht damit. Die Direktiven, die der 15. Parteitag für die Erstellung der Endfassung des Planes beschloss, lagen auf der gleichen Linie: Ziel sei der Aufbau einer eigenen Produktionsmittelindustrie in einer beschleunigten gesamtwirtschaftlichen Entwicklung, ohne Vernachlässigung der Landwirtschaft, ohne einseitige Förderung der Schwerindustrie.

Eben hatten sich noch Politik und Planung gegen die Angriffe der „Linken" verteidigt, da revidierten sie ihre Grundannahmen selbst. Die Überzeugung einer tendenziell fallenden Wachstumsrate war seit Frühjahr 1928 aufgegeben, seit Herbst rechnete man mit einer leicht ansteigenden Kurve, und im März 1929 legte die Staatliche Plankommission – mit Wissen und Willen der Sowjetführung – die Endfassung eines Fünfjahrplanes vor, nach der die Industrialisierung des Landes erheblich forciert und die industrielle Bruttoproduktion im Jahrfünft um mindestens 135 % – bei besonders günstigen Voraussetzungen sogar um 180 % – gesteigert werden sollte.

Versuchte die Führung im Nachhinein den „linken" Vorwürfen den Wind aus den Segeln zu nehmen, um nun selbst einen Kollisionskurs gegen die „Rechten" zu steuern? Hatte die unerwartet günstige Konjunkturentwicklung den Stimmungsumschwung beeinflusst? Zog die Staatsführung die Konsequenz aus den inneren Schwierigkeiten (s. unten Abschnitt V,3), hatte sie die Möglichkeit zur friedlichen Lösung der Agrarprobleme bereits abgeschrieben? Oder reagierte sie auf die außenpolitischen Verwicklungen, den Konflikt mit England, die anhaltenden Spannungen in Ostasien? Vermutlich spielten alle diese Gründe irgendwo mit, doch ist ihr Anteil an der Entscheidung nicht mit Sicherheit zu bestimmen.

Die Steigerung der Bruttoproduktion um 180 % war nach dem Ansatz der Staatlichen Plankommission nur unter bestimmten Ausnahmebedingungen (etwa 5 guten Getreideernten in Folge) zu erwarten. Doch die Führung setzte sich darüber einfach hinweg und beschloss die Optimalvariante als verbindliches Industrialisierungsprogramm für die Jahre 1928/29 bis 1932/33. In dieser Form wurde der Fünfjahrplan Ende April 1929 vom 5. Sowjetkongreß bestätigt. War es schon kühn, Optimalbedingungen gegen alle Erfahrung einfach zu unterstellen, so verstieg sich die Sowjetführung vollends ins Utopische, wenn sie im Sommer 1929 die Parole ausgab, der Fünfjahrplan (in seiner Optimalvariante) sei bereits in vier Jahren zu erfüllen. Gleichzeitig beschloss das Zentralkomitee, das Produktionsprogramm in bestimmten Zweigen der Schwerindustrie noch einmal kräftig zu erhöhen. Es veränderte damit die Gesamtstrategie. Statt die Industrialisierung im Rahmen eines

„dynamischen Gleichgewichts“ zwischen Investitions- und Konsuminteressen zu erreichen, sollte nun die maximale Förderung einzelner Schlüsselindustrien den Durchbruch erzwingen.

Insgesamt gesehen war die Zielvorgabe unrealistisch, die Planung ging im Aktionismus, im Massenappell unter. Er forderte schlicht: Alles für die Sowjetunion, alles für den sozialistischen Aufbau. Dass der Agrarmarkt gar nicht die – einfach unterstellten – Optimalbedingungen aufwies, konnte die Planungseuphorie nicht bremsen, im Gegenteil, sie erfasste ihrerseits nun auch die Agrarpolitik und definierte deren Ziele neu.

3. Die Zwangskollektivierung der Landwirtschaft

Schon 1927 waren die Ernteerwartungen zu hoch angesetzt worden. Als die Ergebnisse dahinter zurückblieben und der staatliche Getreideaufkauf ins Stocken geriet, suchte man die Schuld nicht in der Planung und bei zu niedrigen Aufkaufpreisen, sondern machte dafür „Mängel im Apparat“ und verbreitete „Spekulation“ verantwortlich; in der Hoffnung auf größere Gewinne werde Getreide zurückgehalten („gehortet“). An die lokalen und regionalen Partei- und Sowjetorgane erging die Weisung, alle gesetzlichen Mittel zur Überwindung der Getreidekrise anzuwenden, und zur Unterstützung wurden GPU, Staatsanwaltschaft und Schnellrichter aufs Land geschickt. Eine Säuberungswelle begann, sie erfasste Parteisekretäre, Vorsitzende von Exekutivkomitees, Dorfsowjetmitglieder und leitende Angestellte der staatlichen Handelsorgane. Müller und registrierte Privathändler wurden in Musterprozessen als „Spekulanten“ abgeurteilt und ihr Besitz konfisziert. Faktisch wurde der Partei- und Sowjetapparat vor Ort entmachtet und der lokale (bisher legale) Privathandel zerschlagen.

Lokal- und Regionalbehörden – zu mehr Aktivität und „Wachsamkeit“ gedrängt – gaben den Druck an die Bauern weiter: Überall war man auf der Suche nach „getreidehortenden Kulaken“; Dorfversammlungen hatten „freiwillige“ Sonderabgaben zu beschließen, für „lokale Zwecke“, wie es hieß, und die reicheren Bauern waren damit besonders zu belasten; die Auflage von Zwangsanleihen und die Erhöhung von Genossenschaftsbeiträgen sollten zusätzlich Mittel aus dem Dorf abziehen, den Getreideverkauf beleben. Wo sie konnten, antworteten die Bauern mit Gegendruck: Es kam zur Ermordung regionaler Regierungsbeauftragter und zu lokalen Bauernaufständen. Kriegskommunistische Zustände waren zurückgekehrt. Die erhoffte Isolierung der „Kulaken" im Dorf misslang.

Nach dem ZK-Plenum im Juli 1928 wurden die „außerordentlichen Maßnahmen" aufgehoben und eine Pressekampagne versuchte, verlorenes Vertrauen wiederzugewinnen. Doch als auch die neue Ernte niedriger als erwartet ausfiel und sich die Schwierigkeiten beim Getreideaufkauf wiederholten, kehrte die Regierung im Winter 1928/29 relativ rasch zu den Zwangsmaßnahmen des Vorjahrs zurück. Erneut war „der Kulak" an allem schuld, erneut wurde Bauern, die Getreide zurückhielten, mit harten Strafen und gesellschaftlichen Boykottmaßnahmen gedroht; erneut machten sich Dorfaktivisten auf die Suche nach versteckten Vorräten. Wieder riefen Zwangsmaßnahmen Gegengewalt hervor, Einzelaktionen (gegen Funktionäre und Dorfaktivisten) häuften sich, an der mittleren Wolga kam es zu Massenaufständen. Während die Behörden bei Zehntausenden von Höfen Getreidevorräte beschlagnahmten und Besitz konfiszierten, revanchierten sich die Bauern, indem sie Getreide vernichteten oder hochwertiges Mehl an Schweine verfütterten.

Der offene Krieg war zwischen Bauernschaft und Staat ausgebrochen, und auch für die Regierung gab es nun kein Zurück mehr. Wie anders wäre es sonst zu erklären, dass sie im Sommer 1929, noch vor Beginn der staatlichen Getreideaufkäufe („Beschaffungskampagne"), die Getreideablieferungspflicht wieder einführte – wie zu Zeiten des Kriegskommunismus. Aufgrund staatlicher Bedarfs- und Beschaffungspläne sollte jedem Dorf eine feste Liefermenge zudiktiert werden und die Dorfversammlung sich zur Übernahme dieser Aufgabe verpflichten. Die Aufteilung erfolgte dann intern, wobei eine spezielle vom Dorf gewählte Kommission den Großteil der Lieferquote auf die Wohlhabenderen abwälzen konnte. Die Dorfsowjets sollten die Aufbringung überwachen; ihre Kompetenzen wurden erweitert und durch sie verhängte Strafen (bis zum Fünffachen der Steuerquote) für rechtens erklärt. Billigend wurde dabei in Kauf genommen, dass solche Strafen den Ruin der betreffenden Höfe bedeuteten.

Die Regierung hatte endgültig von der Neuen Ökonomischen Politik Abschied genommen. Die Maßnahmen zur „Verpflichtung und Selbstverpflichtung" des Dorfes hatten mit dem früher beschworenen „Klassenbündnis zwischen Arbeitern und Bauern" nichts mehr zu tun, sie waren eine neue Wendung im Kampf ums Getreide, begleitet von bürgerkriegsähnlichen Zuständen, Terror und Gegenterror. Die neue Verteilung der Lasten trug nicht den unterschiedlichen Besitzständen Rechnung, sie bezweckte die Vernichtung der wohlhabenderen Schichten des Dorfes. Unfähig, die Steuerlast zu tragen, blieb ihnen oft nur die Wahl, selbst mit der Auflösung der Höfe zu beginnen oder auf die Konfiskation und Versteigerung zu warten. Die eingeleitete „Liquidierung der Kulaken als Klasse" war wiederum nur die Vorstufe für die Beseitigung der privaten und individuellen Landwirtschaft, auch ihre Tage waren inzwischen gezählt.

Die Regierung hatte sich entschieden: Seit Mitte 1929 betrieb sie mit Macht die Zusammenfassung der bäuerlichen Kleinbetriebe zu größeren Produktionseinheiten und die Übernahme der Agrarwirtschaft in staatliche Regie. Von der „Kollektivierung der Landwirtschaft" versprach man sich nicht nur eine Lösung der Versorgungskrise und die Brechung des bäuerlichen Widerstands, mehr Lebensmittel für die städtische Bevölkerung und mehr Rohstoffe für die Industrie, eine Steigerung der agrarischen Ausfuhr und eine Absicherung der ehrgeizigen industriellen Aufbaupläne. Man glaubte, damit auch der kommunistischen Zukunftsgesellschaft ein riesiges Stück näher zu rücken: Die letzten kapitalistischen Elemente und Feinde der Sowjetmacht würden beseitigt, die rückständige bäuerliche Familienwirtschaft durch eine moderne, mechanisierte sozialistische Agrarproduktion abgelöst. Landwirtschaftliche und industrielle Produktionsweise, Stadt und Land glichen sich immer mehr an, und die alten Gegensätze zwischen Bauern und Arbeiterschaft würden, so hoffte man, verschwinden. Was im Kriegskommunismus nicht, noch nicht durchgesetzt werden konnte, sah man nun in einem neuen revolutionären Aufbruch verwirklicht.

Die Lage auf dem flachen Land glich an der Jahreswende 1929/30 einem Chaos. „Kulakenfamilien" wurden enteignet und ausgesiedelt, die Bauern schlachteten ihr Vieh ab, bevor sie in die neugegründeten Kollektivwirtschaften (russisch: kolchozy, davon

Abb. 8: Angeblich traten die Bauern freiwillig in die neugegründeten Kolchosen ein (wie auf dem obigen Propagandaphoto, das die Kollektivierung in einem ukrainischen Dorf zeigt), tatsächlich beugten sie sich meist nur dem Terror der bewaffneten Arbeiterbrigaden, Komsomolverbände und Roten Armee, die zur Durchführung der Kollektivierung aufs Land geschickt wurden. Wie es dabei zuging, schildert eindrücklich L. Kopelew, der als Jungkommunist an der Kampagne teilnahm (Und schuf mir einen Götzen, München 1981). Zu den Spätfolgen gehörte auch: Nach der kläglichen Ernte von 1932 suchte eine furchtbare Hungersnot das Land heim. Ohne noch Vorräte zu besitzen, verhungerten – nach Schätzungen – 5 bis 9 Mill. Menschen. Besonders die Ukraine und die angrenzenden Gebiete nördlich des Kaukasus und an der unteren Wolga waren davon betroffen. Die Ansicht freilich (R. Conquest, Ernte des Todes, München 1988), dass Stalin die Hungersnot als Mittel zur Brechung des Widerstandswillens der Bauernschaft und des ukrainischen Nationalismus, ja zum Genozid nutzte, blieb in der Forschung nicht unwidersprochen.

deutsch: der Kolchos, die Kolchosen) eintraten. Welle um Welle überschwemmten Partei- und Sowjetfunktionäre, Miliz, Brigaden von städtischen Industriearbeitern und Gruppen des kommunistischen Jugendverbandes (Komsomol) die Dörfer, um die Kollektivierung voranzutreiben. Dorfversammlungen hatten entsprechende Beschlüsse zu verfassen, wer sich widersetzte, galt als „Kulak" oder „Kulakenknecht".

Selbst wenn man es im Prinzip vorher schon wusste: Neuzugängliche Archivbestände (Dokumente der Geheimpolizei, Lageberichte, Briefe) führten vor Augen, mit welcher Heftigkeit die Auseinandersetzung, der Kampf um Leitbilder, Lebensformen und Kulturen vor Ort ausgetragen wurde. Bauern jedweder sozialen Schicht (nicht nur „Kulaken") verteidigten ihre Traditionen, ihren Glauben, ihre Kirche, ihre Art zu leben gegen den staatlichen Versuch, diese Inseln der Autonomie zu beseitigen. Individuelle Akte von Widerstand (von der Androhung bis zum vollzogenen Mord) wuchsen sich zu kollektiven Revolten aus, wobei sich nicht selten Frauen besonders hervortaten. Der Staat warf diese Unruhen mit massivem Einsatz von offener Gewalt nieder, deportierte Bauernfamilien zu Hunderttausenden und erzielte doch nur einen Pyrrhussieg für die neue kollektivwirtschaftliche Ordnung. Wie sollte sie ihre angeblichen Vorzüge entfalten, ohne überzeugte, in der Landwirtschaft erfahrene Kollektivbauern, mit einem stark dezimierten Nutzviehbestand und vorläufig auch ohne die technische Ausstattung, die Traktoren und anderen Maschinen, die der Staat beizusteuern versprach?

Trotzdem erfasste ein Erfolgstaumel die Parteiaktivisten, und die Regierung tat nichts, um sie zu bremsen. Erst im Frühjahr, zur Zeit der Aussaat, verordnete sie eine Atempause, bevor im Herbst eine neue Eintrittskampagne begann.

4. Mobilisierung und Repression

Die neue Politik veränderte die Gesamtgesellschaft. Die Massenbewegungen, die sie auslöste, die Ausbrüche von Militanz, die sie begleiteten, die Stimmungen und Erwartungen, die sie weckte, das alles hat man – in Anlehnung an die chinesischen Ereignisse der 60er Jahre – in der Forschung auch als „Kulturrevolution" bezeichnet. Der Begriff will in Erinnerung rufen, dass es neben den Millionen von Opfern, neben Zwang und Repression auch Gruppen und Schichten gab, die Stalins Politik unterstützten: die Mehrheit in der Partei, Teile der akademischen und nichtakademischen Jugend, ein Großteil der Arbeiterschaft. In ihren Augen

Abb. 9: Bevor die Bauern in die Kolchosen eintraten, schlachteten sie ihr Vieh ab. Der Ausfall – auch an Zugkraft – war enorm und durch den groß gefeierten Aufbau von Traktorenfabriken vorläufig nicht zu ersetzen. Zwar konnte das Stalingrader Traktorenwerk in einer Rekordzeit von knapp einem Jahr erbaut und im Sommer 1930 in Betrieb genommen werden. Doch vom Band lief, wie sich der Volkskommissar für Schwerindustrie später erinnerte, zunächst nur ein einziges Exemplar, dann aber vergingen vier bis fünf Monate, ohne dass man einen weiteren Traktor ausliefern oder Ersatzteile herstellen konnte. In der Propaganda (wie auf unserem Bild von G. Petrusow aus der Musterkolchose „Lenin") sah man es freilich anders: Hier wurde die Schlacht ums Getreide in den neuen Kollektivwirtschaften mit einer ganzen Armada von Traktoren geschlagen.

hatte die Staatsführung mit ihrer Politik der forcierten Industrialisierung und Kollektivierung endlich die politische Initiative zurückgewonnen. Sie erlebten die Jahre als Zeit der Mobilität, der Bewegung, des Aufstiegs: vom umgelernten Arbeiter zum Facharbeiter, vom Facharbeiter zum Angestellten. „Proletarier" drangen in die Managerposten vor, lösten dort die alten Eliten ab; „rote Spezialisten" drängten in die Hochschulen. In den Universitäten und Akademieinstituten das gleiche Bild: Militante Jugend agierte gegen ihre alten Professoren, wechselte sie aus. Aufbruchs-

Abb. 10: Auch das erste Automobil, das 1929 das neu erbaute Werk von Nischny Nowgorod verließ (obiges Photo von M. Alpert) wurde gefeiert und die Arbeiter versprachen: „Wir erfüllen den Fünfjahresplan" (Aufschrift auf Spruchband).

stimmung kam auch in der Kunst zum Ausdruck, in utopisch anmutenden Denkmodellen der Stadtplanung, in der Agitation gegen „bürgerliche Rechtsideen" und in pädagogischen Reformdiskussionen.

In dieser Umbruchsphase waren die Chancen des Aufstiegs gut und wurden von der Regierung systematisch gefördert. Dass der Aufstieg die Bindungen an Partei und Staat, die ihn ermöglicht hatten, verstärkte, war ein nicht unwesentlicher Nebeneffekt. Wie man nachgerechnet hat, gehörten über die Hälfte der Minister von 1957 zu den Karrieristen der Umbruchsjahre, sie waren in dieser Zeit zu Ingenieuren ausgebildet worden, darunter – um nur die bekanntesten zu nennen – Chruschtschow, Breschnew, Kossygin, Ustinow, Tichonow.

Klassenkampfparolen begleiteten die Entwicklung und Schauprozesse unterstrichen ihre politische Bedeutung. Ihre Massenbotschaft: Verräter und Saboteure bedrohten auf Schritt und Tritt die Errungenschaften des industriellen Aufbaus. Die Kehrseite: sie

Abb. 11: Die Wagenkolonne, die sich daraufhin (vgl. Abb. 10) auf den „Weg nach Moskau“ machte, tat es, wie dem Bild (aufg. v. A. Schajchet) zu entnehmen ist, auf kaum befestigten Straßen.

konnten jederzeit auch für Misserfolge und Fehlplanungen haftbar gemacht werden. Zuerst waren es „die Kulaken“, dann die Leitung der Kohlengruben von Schachty, der im Frühsommer 1928 vorgeworfen wurde, im Dienst von Emigranten und Kapitalisten zu stehen (der Prozess endete mit 11 Todesurteilen, von denen 5 vollstreckt wurden). 1929 wurde „Eisenbahnsaboteuren" der Prozess gemacht, 1930 einer angeblichen „Vereinigung zur Befreiung der Ukraine" und der sog. „Industriepartei". 1931 stand ein „Bundesbüro der Menschewiki" vor Gericht und mit ihm das Präsidiumsmitglied der Staatlichen Plankommission, Groman, ein ehemaliger Menschewik. Die Kette der Prozesse riss nun nicht mehr ab.

Freiheitsversprechungen und Festungsmentalität, Zukunftsverheißungen und Terrordrohungen, Mobilisierung und Repression – diese Widersprüche prägten die innere Entwicklung auch in den kommenden Jahren.

VI. Der „Aufbau des Sozialismus in einem Lande" (1932–1939)

Die riesigen Erwartungen, die man wirtschaftspolitisch in die forcierte Industrialisierung und die Kollektivierung gesetzt hatte, stießen schnell an ihre Grenzen. Hatte die Staatsführung 1931 noch optimistisch in die Zukunft geblickt, so schienen die Aussichten im Folgejahr düster. In Stadt und Land herrschte Hunger, die Produktion stagnierte, in der Arbeiterschaft kam es zu Unruhen, selbst in Parteigremien stieß der Kurs auf Kritik. Wachsende Furcht vor einem japanischen Angriff verstärkte die Ängste, für einen Eventualfall nicht hinreichend gerüstet zu sein. So entschloss sich die Führung, das Tempo zu mäßigen, Planzahlen zurückzunehmen, marktwirtschaftlichen Freiraum für den Verkauf von Produkten wieder zuzulassen – um Mitte der 30er Jahre die Zügel erneut anzuziehen und den Schlingerkurs fortzusetzen.

Den Fünfjahrplan in seiner Optimalvariante in vier Jahren erfüllen zu wollen, war von vornherein illusionär. Das scheiterte schon an der Entwicklung des Agrarmarktes. Doch auch die nachgeschobene, flankierende Maßnahme der Kollektivierung erwies sich, an den Planungen gemessen, als Fehlgriff. Bevor die Bauern in die Kollektivwirtschaft eintraten, schlachteten sie, wie dargestellt, ihr Vieh ab, was den Bestand an Pferden, Rindern, Schweinen und Schafen bis 1934 auf weniger als die Hälfte reduzierte. Mit dem Ausfall an Zugkraft und Düngemitteln ging der Hektarertrag zurück und die Bruttoproduktion stagnierte.

Wenn trotzdem mehr Getreide auf den Markt kam und für den Export bereitgestellt werden konnte, so lag das allein am rigorosen staatlichen Zugriff. Er entzog es – fast ohne Entgelt – den neugegründeten Kolchosen. Doch auch dieser zweifelhafte Erfolg sollte sich rächen. Nach der kläglichen Ernte von 1932 suchte eine furchtbare Hungersnot das Land heim. Besonders die Ukraine und die angrenzenden Gebiete nördlich des Kaukasus und an der unteren Wolga waren davon betroffen. Ohne noch Vorräte zu besitzen, verhungerten vorsichtig geschätzt über sechs Millionen Menschen.

Die neue Politik hatte den Staat in eine Krise gestürzt, die tiefer ging als jene, die man vorgab, lösen zu wollen.

Selbst wenn man es anders geplant hatte, mit einem landwirtschaftlichen Mehrprodukt war die Industrialisierung nicht zu finanzieren. Um die Zugkraft zu ersetzen, mussten sogar verstärkt Traktoren importiert werden. Und weil gleichzeitig die Weltmarktpreise für Agrarprodukte und Rohstoffe verfielen, konnten auch die Exportgewinne nicht, wie geplant, gesteigert werden: Bis 1935 ging das Außenhandelsvolumen der Sowjetunion auf weniger als die Hälfte des Standes von 1928 zurück, und die Tendenz war weiter fallend.

Nachdem Ausland und Agrarproduktion, beide zusammen und jeder für sich, als Kreditgeber und Finanzierungsquelle der Industrialisierung ausfielen, blieb nur der Konsumverzicht – ganz gleich, ob er nun durch Lieferverpflichtungen, indirekte Steuern, Zwangsanleihen, Preissteigerungen oder die staatliche bedingte Inflation erzwungen wurde. Er betraf die Gesamtbevölkerung, die Arbeiter und Bauern. Ihr Lebensstandard sank, und um die ärgste Not zu lindern, war der Staat – wie in den Zeiten des Bürgerkriegs – gezwungen, besondere Verteilungsstellen und Betriebsküchen einzurichten. Erneut naturalisierten sich die Verkehrsbeziehungen, zwischen Betrieb und Arbeiter, aber auch zwischen den Betrieben.

Und als ob sie nicht schon genug Probleme hätte, hielt der Staat die Bevölkerung zusätzlich in Atem, mit Repression und Terror. Die Führung, Stalin, sprach von einer notwendigen Entwicklung: Im Zuge der „Neuordnung der Volkswirtschaft auf der Basis des Sozialismus“ verschärfe sich der Klassenkampf. Doch obwohl sie selbst – Mitte des Jahrzehnts – diese Periode für abgeschlossen erklärte, der Kapitalismus sei zerschlagen und die sozialistische Gesellschaftsordnung im wesentlichen verwirklicht, begann zur gleichen Zeit eine neue Terrorwelle, schlimmer als je zuvor: die Zeit der „Großen Säuberungen“. Sie liquidierte nicht nur die ehemalige innerparteiliche Opposition, sondern auch einen Großteil der eben mühsam aufgebauten neuen Eliten, in Staat und Partei, in der Wirtschaft und in der Armee.

So war der Kurs, den die Führung beim „Aufbau des Sozialismus“ steuerte, ein Kurs der Illusionen, enttäuschten Erwartungen, Korrekturen und Widersprüche. Die Hoffnung, der Gang in die Archive würde die Hintergründe aufhellen, die großen Debatten zutage fördern, die den Entscheidungen vorausgingen, erfüllten sich nicht; noch sind, wie manchmal angenommen, „Fraktionen" auszumachen, die einander bekämpfend den Schlingerkurs zwischen Radikalisierung und Mäßigung verursachten. Schon eher bestätigte sich die Einschätzung, dass von einer „kollektiven Führung" kaum mehr die Rede sein konnte, selbst Sitzungen des Politbüros selten wurden und die eigentlichen Entscheidungen in kleinen, informellen Kreisen fielen, mit Stalin als Mittelpunkt, der den Gang der Dinge abstoppen oder auch beschleunigen konnte, auf Krisen eher mit Mäßigung, auf leidliche Normalität mit neuer Forcierung reagierte.

1. Auf dem Weg zu einer neuen Gesellschaft

1927, als die Bauern noch selbst bestimmen konnten, wie sie den Boden bestellten, war nur ein Prozent der Äcker und Wiesen „kollektivwirtschaftlich" genutzt worden. Die neue Politik erzwang binnen kurzem die Wende: 1932 besaßen die Kolchosen über 77 %, 1936 über 98 % der Saatfläche. Mit dem Grund und Boden wurden auch Arbeits- und Nutzvieh, Gerätschaften und Inventar, Saatgutvorräte und Futtermittel „vergesellschaftet". Zur privaten Nutzung verblieb den Bauern lediglich ein Stück Restacker (das „Hofland"), eine Kuh und etwas Kleinvieh.

Im neuen Kolchos wurde die Arbeit vom Kolchos-Vorstand verteilt und entsprechend einem Leistungs- und Normenkatalog bewertet. Eine vom Vorstand übertragene Arbeit abzulehnen, war untersagt, die Bezahlung richtete sich nach Arbeitsquantität und -qualität. Die Anlehnung an Verhältnisse in der Industrie war unverkennbar, und das galt auch für die Organisation des Arbeitsprozesses: Aus den Mitgliedern des Kolchos wurden vom Kolchos-Vorstand „Produktionsbrigaden" zusammengestellt; an ihrer Spitze stand jeweils ein Brigadeleiter; er bewertete Woche für Woche die erbrachten Leistungen und trug sie in ein Arbeitsbuch ein, das später für die Bezahlung der Löhne als Grundlage diente. Die Kollektivwirtschaften wurden in das Staatsplansystem eingebunden, hatten die ihnen vorgegebenen Produktionspläne zu erfüllen und waren verpflichtet, die gesamte Warenerzeugung an den Staat und die Genossenschaften abzuliefern.

Die sog. „Kollektivierung der Landwirtschaft" (d. h. der formell freiwillige Zusammenschluss der Bauernhöfe zu größeren Produktionseinheiten) lief in Wirklichkeit auf ihre Verstaatlichung hinaus. Sie beseitigte die traditionelle Agrarstruktur und nahm den Landgemeinden und Dorfversammlungen die wichtigsten Funktionen. Fortan gab es keinen Boden mehr zu verteilen, keine Saatfolge mehr festzulegen. Die Landgemeinden lösten sich auf, die Dorfversammlungen verschwanden, und mit ihnen die alten Eliten, soweit sie nicht schon vorher – als „Kulaken" oder „Rechtsabweichler" – ihre Stellung im Dorf eingebüßt hatten. Neue Gruppen von Funktionsträgern rückten an ihre Stelle: Kolchos-Vorsitzende, Brigadeleiter, Leiter von Maschinen- und Traktorenstationen, Maschinisten, Buchhalter und Agronomen. Oft aus der Stadt, teilweise auch aus der Bauernschaft selbst kommend, bestimmten sie nun den Gang der Dinge im Dorf; sie übernahmen den Vorsitz in der Parteizelle, die Leitung im Dorfsowjet und die Führung der Komsomolorganisation.

Die Kollektivierung führte zu Umschichtungsprozessen in der Gesamtgesellschaft. Millionen von Bauern strömten in die Städte, 23 Millionen allein in den 30er Jahren. Zwischen 1929 und 1939 hat sich die städtische Bevölkerung verdoppelt. Gab es 1926 in der Sowjetunion 31 Städte mit mehr als 100 000 Einwohnern, so 1939 bereits 89. Die entstehende Industrie nahm sie alle auf, die latente agrargesellschaftliche Arbeitslosigkeit schwand. Doch die neue Entwicklung schuf auch neue Probleme. Vom Lande kamen vor allem ungelernte Arbeitskräfte. Das Atmosphärische der Fabriken, der Umgang mit Geräten und Maschinen, die speziellen Formen der industriellen Arbeitsdisziplin – das alles war für sie neu. Die Ausfälle, die durch unsachgemäße Bedienung verursacht wurden, waren erheblich, die Qualitätseinbußen enorm. Und die katastrophalen Versorgungs- und Wohnverhältnisse trugen das ihre dazu bei, die Fluktuation (den Wechsel von Arbeitsplatz zu Arbeitsplatz) hoch zu halten.

Die Staatsführung änderte das Tarifsystem: Wo es ging, wurde von Zeit- auf Stück-(Akkord-)Lohn umgestellt; Fachkräfte sollten sehr viel mehr verdienen als Ungelernte; und in der Schwerindustrie wurden deutlich höhere Löhne gezahlt als in anderen Sparten. Parolen gegen die „Gleichmacherei" rechtfertigten die enormen Einkommensunterschiede. Um die dringend benötigten Spezialisten an den Betrieb zu binden, wurden sie nicht nur im Lohnniveau deutlich bevorzugt, sie erhielten auch Zusatzvergünstigungen, etwa bei der Vergabe von industriellen Konsumgütern, bei der Zuweisung von Neubauwohnungen, bei der Verköstigung in besonderen Kantinen. Ein differenziertes Prämiensystem gab es nicht nur bei den Spitzenverdienern, es ergänzte überhaupt das normale Tarifsystem.

Um der Desorganisation in den Betrieben Herr zu werden und die Arbeitsmoral zu heben, wurden die Kompetenzen der Betriebsleitung erweitert und die Disziplinarverordnungen erheblich verschärft. Wer gegen sie verstieß, musste mit harten, ja drakonischen Strafen rechnen. In schwereren Fällen konnten Fehler und Mängel als „Sabotage“ ausgelegt werden, und Arbeiter, die verspätet am Arbeitsplatz erschienen, weg blieben oder ihn vorzeitig verließen, galten als „Arbeitsdeserteure“ – ein Delikt, das seit Ende der 30er Jahre nicht nur disziplinar-, sondern strafrechtliche Folgen nach sich ziehen konnte. Drei Disziplinarverstöße oder drei Verspätungen von mehr als 20 Minuten im Monat genügten fortan für eine fristlose Entlassung, und die Entlassung war oft nicht das Ende; Ausweisung aus der Betriebswohnung, Verlust des Sozialversicherungsschutzes, ja Deportation und Einweisung in ein Zwangsarbeitslager standen drohend im Hintergrund. Mit Hilfe der Arbeitsbücher und neu eingeführten Inlandspässe sollte außerdem die Fluktuation bekämpft und die Freizügigkeit der Arbeiter und Bauern eingeschränkt, am besten ganz aufgehoben werden.

Propagandistische Werbekampagnen, die den Einsatzwillen und die Opferbereitschaft der Arbeiter steigern sollten, begleiteten diese Entwicklung. Das Mittel waren „sozialistische Wettbewerbe“, wobei Betriebe untereinander oder auch einzelne Arbeitergruppen (sog. „Stoßarbeiterbrigaden“) mit anderen Brigaden um die Erzielung möglichst hoher Mengen und Qualitäten wetteiferten. Am bekanntesten wurde dabei Alexej Stachanow, der mit seiner Gruppe in einer Zeche des Donez-Beckens am 30./31. August 1935 102 Tonnen Steinkohle förderte, das Dreizehnfache der Norm. Das staatlich wohlinszenierte Schauspiel sollte zur Nachahmung anregen und löste eine ganze Bewegung aus. Mit ihr ließen sich, so hoffte man, die Aktivisten von unten gegen die mittlere Funktionärsschicht mobilisieren. Doch da solche Rekordversuche punktuell blieben, einer langen Vorbereitung bedurften und den normalen Produktionsablauf gründlich durcheinanderbrachten, war ihr volks- und betriebswirtschaftlicher Wert durchaus zweifelhaft.

Doch die dahinter stehende Botschaft war klar und unmissverständlich: Aufstieg setzte Engagement und Loyalität voraus. Verlangte Bereitschaft, den großen Versuch, Rückständigkeit und Not zu überwinden, mitzutragen und gegen „Saboteure und Schädlinge zu verteidigen". Hieß, „den Sozialismus zu leben" und „bolschewistisch zu sprechen". Ein erheblicher Teil der Bevölkerung war dazu bereit.

2. Die Wirtschaftsplanung und ihre Ergebnisse

Die Staatsführung ließ auf den ersten Fünfjahrplan 1933 einen zweiten folgen, ohne dass die Planziele des ersten erreicht waren, und auf den zweiten 1938 einen dritten, indem man den zweiten einfach für erfüllt erklärte. Die Angaben über das Wachstum der sowjetischen Industrie zwischen 1928 und 1940 schwanken. Gab die sowjetische Statistik eine Steigerung von 100 auf 587 % an, so liegen die westlichen Schätzungen im allgemeinen deutlich darunter. Sie bewegen sich zwischen 250 und 450 %, was bedeutet, dass die industrielle Produktion in den 12 Jahren um 150 bis 350 % zugenommen hat.

In jedem Falle waren es beträchtliche Zuwachsraten. Bis zum Ausbruch des Krieges hatte die Sowjetunion (im Volumen der Industrieproduktion) Deutschland, Großbritannien und Frankreich überholt und war auf den zweiten Rang hinter den Vereinigten Staaten vorgerückt. Das Wachstum war allerdings vor allem ein Mengenwachstum; in der Produktivität lag die Sowjetunion deutlich hinter den europäischen Nachbarn zurück. Und es wurde erkauft unter riesigen sozialen Kosten, mit den Mitteln terroristischer Mobilisierung der Gesamtbevölkerung.

Industrialisierung und Kollektivierung verschoben die Gewichte in der sowjetischen Volkswirtschaft. Die Industrie verdrängte (in der Aufbringung des Nettosozialproduktes) die Landwirtschaft vom ersten Rang – sichtbarstes Zeichen für den ersehnten Wandel zum Industriestaat. Der industrielle Sektor selbst ent-

Abb. 12: „Forcierte Industrialisierung" das hieß: Auf dem Reißbrett entworfen, entstanden neue, riesige Fabrikanlagen, Städte, schwerindustrielle Zentren. Magnitogorsk am Ostabhang des Ural war dafür ein – spektakuläres – Beispiel. Mit einfachsten Mitteln und in mühevoller Handarbeit mussten die Fundamente für den ersten Hochofen ausgehoben werden (vgl. unser Photo). Ähnlich kümmerlich waren die Wohnverhältnisse. Die Arbeiter lebten zunächst in Zelten, bevor neben dem Eisenhüttenkombinat die Siedlung, die sozialistische Musterstadt Magnitogorsk, entstand: mit der Fabrikverwaltung und der Parteizentrale als Zentrum, dem Stadtsowjet und NKWD in greifbarer Nähe, umgeben von den Produktionsanlagen und Wohnquartieren; dass der Fabrikdirektor in einer Villa mit 14 Zimmern, ein Großteil der Belegschaft in hölzernen Baracken und einfachen Hütten hauste, zeigte, dass die „Gleichmacherei" ein Ende hatte. Der Amerikaner John Scott, der daran teilnahm, hat die Aufbaujahre eindrucksvoll geschildert (J. Scott, Jenseits des Ural. Die Kraftquellen der Sowjetunion, Stockholm 1944).

wickelte sich disproportional, die Staatsführung konzentrierte sich ganz auf die Schwer- und Produktionsmittelindustrie, die Konsuminteressen der Bevölkerung hatten zurückzustehen.

Die neue Planung verstärkte den Trend zum Großbetrieb, in der Landwirtschaft wie in der Industrie. Gigantismus schien der beste Weg zum Sozialismus, ob es sich nun um Stahl-, Maschinen- oder Getreidefabriken, Eisenbahnbauten oder Kraftwerke handelte. Typische Beispiele waren dafür das (nach nur einjähriger Bauzeit im Sommer 1930 fertiggestellte) Traktorenwerk von Stalingrad; die (zweieinhalbtausend Kilometer lange) Schienenverbindung zwischen Sibirien und Turkestan (Turksib), die 1931 in Betrieb genommen werden konnte; oder das (zwischen 1927 und 1932 erbaute) Wasserkraftwerk am Dnjepr (Dneproges), das – wie man stolz sagte – „größte Wasserkraftwerk der Welt“. Sie wurden als „Errungenschaften des Sozialismus“ gefeiert, an ihnen machte sich das neue sowjetische Bewusstsein fest. Und im Osten entstand ein ganz neues, zweites schwerindustrielles Zentrum, das die Erzvorkommen des Ural mit den westsibirischen Kohlevorkommen des Kusnetzker Beckens verband.

Bis Ende des Jahrzehnts waren an die Stelle der vormals 25 Millionen bäuerlicher Einzelbetriebe rund 240 000 Kollektivwirtschaften getreten. Jede von ihnen hatte knapp 500 ha. Saatfläche. Neu entstandene staatliche „Maschinen- und Traktorenstationen“ (MTS) versorgten die Kolchosen mit Zugkraft und Gerätschaft, wofür die Kolchosen mit Teilen ihrer Produktion bezahlten. Für den Staat war dies das einfachste und wirksamste Verfahren, sich von vornherein einen beträchtlichen Teil der Kolchos-Produktion zu sichern. Neben den Kolchosen gab es etwas über 4 000 staatliche Agrarbetriebe (Sowjetwirtschaften, in der russischen Abkürzung: sovchozy, davon deutsch: Sowchosen), deren Beschäftigte (im Gegensatz zu den Kolchosbauern) feste Löhne bezogen und für Betriebsverluste nicht selbst aufkommen mussten.

Die gesamte Landwirtschaft hielt mit der industriellen Entwicklung nicht Schritt, im Gegenteil: Die unmittelbaren Einbußen bei Getreide, Milch und Fleisch waren gewaltig, und in der landwirtschaftlichen Pro-Kopf-Produktion wurden erst in den 50er Jahren die Zahlen von 1928 wieder erreicht. Der Anspruch, den Bauern die Vorzüge einer rationelleren, sozialistischen Großlandwirtschaft zu demonstrieren, blieb uneingelöst: Das Produktions-

Abb. 13: Neben den neuen Eisen- und Stahlwerken, in der Ukraine, im Ural und Westsibirien, den nicht minder riesigen Maschinenfabriken und dem gigantischen Wasserkraftwerk am Dnepr gehörte auch der Bau einer Eisenbahnstrecke, die Sowjetisch-Mittelasien (Turkestan) mit Sibirien verband, zu den stalinistischen Großprojekten. Der erste, fast 1500 km lange Bauabschnitt der „Turksib" bis Semipalatinsk war bereits 1930 fertiggestellt, ein zweiter stellte die Verbindung zur Transsibirischen Eisenbahn („Transsib") her. Mit welch einfachen Mitteln der Bau der Turksib vorgenommen werden musste, zeigt die obige Aufnahme von Max Alpert.

niveau der meisten Kollektivwirtschaften war erschreckend niedrig, Misswirtschaft und Fehlplanung an der Tagesordnung. Unter neuen Verhältnissen lebte der alte Zwiespalt zwischen Staat und Bauernschaft fort.

Die private Kleinindustrie und das private Handwerk waren seit Ende der 20er Jahre verschwunden, der Privathandel ebenso. Die individuelle Landwirtschaft war auf das kleine Stückchen Hofland abgedrängt, das den Bauern auch nach der Kollektivierung zur privaten Nutzung verblieb. Obwohl das Hofland weniger als 5 % der Nutzfläche ausmachte, lieferte es bis in die 50er Jahre über 70 % der Kartoffeln, etwa 70 % der Milch und an die 90 % der Eier. In den 30er Jahren sicherte es die Existenz der Kolchosbauern. Was sie von den Kollektivwirtschaften an Lohn erhielten, reichte nicht zum Überleben.

Was sich selbst als „Sozialistische Planwirtschaft" feierte, wurde den eigenen hohen Ansprüchen nicht gerecht. Das galt auch für die Entscheidungsprozesse an der Spitze. Hier thronte eine gewaltige Bürokratie wie ein Moloch über einem Berg von Problemen. Sie ergaben sich aus überzogenen Zielsetzungen, unerwarteten Folgen, administrativem Chaos und einer kultischen Verehrung für moderne Technologie. Der Trupp von Industrieführern, der sich um Krisenbewältigung bemühte, zehrte noch immer von seinen Erfahrungen im Bürgerkrieg: Er setzte auf Zentralismus und die „bewährten" Methoden militärischer Mobilisierung.

3. Der Stalinistische Staat

So selbstherrlich, wie die Staatsführung 1928/29 den Umbruch von Wirtschaft und Gesellschaft eingeleitet hatte, dekretierte sie gegen Mitte der 30er Jahre dessen Ende: Im März 1933 erhielten „Kulakenkinder" das Wahlrecht zurück; im Mai 1934 gab man Direktive, den ausgesiedelten Großbauern die Bürgerrechte wieder zuzuerkennen, wenn sie sich mindestens fünf Jahre durch „ehrliche Arbeit und loyale Einstellung" ausgezeichnet hatten; im Februar 1935 schlugen bolschewistisches Zentralkomitee und Sowjetkongress gemeinsam vor, ein neues Wahlrecht einzuführen: direkt, gleich und geheim; aus der Wahlrechtsdiskussion entstand

Abb. 14: Die Gigantomanie der Aufbaujahre schlug sich auch in der Außendarstellung nieder. Für den Pavillon der UdSSR auf der Pariser Weltausstellung schuf die sowjetische Bildhauerin Wera Muchina 1936/37 die Monumentalfigurengruppe „Arbeiter und Kolchosbäuerin“: beide vorwärtsschreitend, Hammer und Sichel schwingend, aus Stahl, 25 m hoch, 75 t schwer. Schon der Stiel des Hammers hatte übermenschliche Größe. Muchina wurde dafür mit dem Stalinpreis ausgezeichnet. Eine Pikanterie der Geschichte: der sowjetische Pavillon stand unmittelbar gegenüber dem trutzig-protzigen Pavillon des Dritten Reiches. Die Figuren stehen heute auf einem Podest am Eingang zur Dauerausstellung „Errungenschaften des Volkswirtschaft“ (bekannt auch unter der Abkürzung WDNCH) im Norden Moskaus.

1935/36 eine ganz neue Verfassung. Die Lage habe sich geändert, der Kapitalismus sei in allen Bereichen der Volkswirtschaft liquidiert, die Sowjetgesellschaft stehe auf einer neuen Grundlage, so lautete Stalins Begründung. Alle Sowjetbürger sollten künftig gemeinsam – direkt und in geheimer Abstimmung – ein Volksparlament wählen, den „Obersten Sowjet", der sich in einen „Unions-" und einen „Nationalitätenrat" gliederte. Allrussischer Rätekongress und Zentrales Exekutivkomitee, Relikte aus der Revolutionszeit, wurden abgeschafft.

Stabile Rechtsverhältnisse, so verkündete Stalin, seien wichtiger als je zuvor. Die gefürchtete GPU – seit 1923/24 eine selbständige, landesweite Organisation – wurde als bloße „Hauptverwaltung für Staatssicherheit" in das Volkskommissariat des Inneren (russ. Abk. NKWD) eingegliedert. In der Armee machte sich die Konsolidierung auf besondere Weise bemerkbar: Die seit der Revolution abgeschafften Offiziersränge wurden (statt der bloßen Dienstbezeichnungen) wieder eingeführt.

Doch die eben verkündeten Prinzipien erwiesen sich rasch als bloße Lippenbekenntnisse. Eine neue Terrorwelle begann, die Zeit der „Großen Säuberungen". Was nutzte es, wenn die Sicherheitsorgane in die allgemeine Verwaltung eingebunden wurden? Ihre Allmacht lebte unter neuem Namen weiter. Was nützte das Pochen auf Legalität, wenn die aufgeblähten, weit auslegbaren Sondergesetze in Kraft blieben? Was nützte die formale Einhaltung des Prozessrechtes, wenn es die Inszenierung von politischen „Schauprozessen" nicht verhindern konnte? Das Ritual war jedesmal das gleiche: Die Beschuldigten wurden verhaftet, gestanden in Voruntersuchungen alles ein, selbst die abstrusesten Anwürfe, und wurden abgeurteilt. Was nutzten die allgemeinen Wahlen zum Obersten Sowjet, wenn die bolschewistische Partei die Kandidatenaufstellung kontrollierte? Und was nutzte das Gesetzesmonopol des sog. Volksparlaments, wenn es während der kurzen Tagungsperioden gar keine Zeit hatte, die vorgelegten Entwürfe auch zu beraten.

Hatte Stalin Ende der 20er Jahre seine innerparteilichen Gegner ausgeschaltet, so holte er nun zu ihrer physischen Vernichtung aus. Den Mord am Vorsitzenden der Leningrader Parteiorganisation S.M. Kirow nahm er zum Anlass, um die ehemalige „Linksopposition" erneut vor Gericht zu stellen. Sinowjew, Kamenew und 14 weitere Beschuldigte wurden (im August 1936) zum Tode verurteilt und hingerichtet. Anfang 1938 widerfuhr den „Rechten“ (mit Bucharin und Rykow an der Spitze) das gleiche Schicksal. Die Schauprozesse gegen die Politprominenz lieferten jeweils den Anlass, um auch in den unteren Parteigliederungen nach „Trotzkisten“, „Sinowjewisten“ und „Rechtsabweichlern“ zu suchen. Von den 1966 Delegierten des (Anfang 1934 stattfindenden) 17. Parteitags wurden nachträglich 1108 „gegenrevolutionärer Verbrechen“ beschuldigt und verhaftet, 70 Prozent (98 von 139) der auf dem 17. Parteitag zu Mitgliedern und Kandidaten des Zentralkomitees Gewählten überlebten die Jahre 1937/38 nicht. Nur 35 der 1827 Delegierten des 18. Parteitages (1939) hatten das Parteivolk schon fünf Jahre zuvor vertreten. Die Zahl der Parteimitglieder fiel zwischen 1933 und 1938 von 3,5 auf 1,9 Millionen, und Zehntausende bezahlten die Zugehörigkeit zur Partei, zum Komsomol, zur Komintern buchstäblich mit ihrem Leben.

Noch verheerender waren möglicherweise die Auswirkungen in der Armee, wo ein Großteil der Generäle und Obersten zumindest die Stellung, wenn nicht das Leben verlor. Die spektakuläre Verhaftung, Aburteilung und Liquidierung des Marschalls der Sowjetunion und stellvertretenden Verteidigungsministers M. N. Tuchatschewski, der als Schöpfer der modernen Roten Armee galt machte den Anfang. Sein Fall riss fast die gesamte militärische Führungsspitze mit in den Abgrund: 3 (von 5) Marschällen, 13 (von 15) Armeekommandeuren, 110 (von 195) Korpskommandeuren und über die Hälfte aller Divisions- und Brigadekommandeure wurden wie er verhaftet und zum großen Teil hingerichtet.

Doch der Terror richtete sich nicht nur gegen Mitglieder der Partei und der Armee, er hauste vernichtend auch unter den eben mühsam aufgebauten wirtschaftlichen und gesellschaftlichen „Kadern“, den neuen, nachrevolutionären Eliten: in der Metallindustrie und im Transportwesen, im Flugzeug- und im Schiffsbau, unter Fabrikdirektoren, Beamten in Wirtschaftsministerien, im diplomatischen Dienst. Offenkundig begannen die Repressionen nicht selten als Maßnahmen gegen lokale Parteifunktionäre, die als „Trotzkisten“ oder „Rechtsabweichler“ festgenommen wurden, und setzten sich dann nach unten bei den Führungskräften von Wirtschaft und Gesellschaft fort.

Wieder andere Zielgruppen hatten Operationen im Visier, die

sich – als Anti-Spionage-Aktionen gestartet – gegen Angehörige nationaler Minderheiten richteten: Hunderttausende finnischer, estnischer, lettischer, litauischer, polnischer, deutscher, ukrainischer, rumänischer, griechischer, türkischer, koreanischer und japanischer Nationalität wurden zwischen 1934 und 1937 verhaftet, Zehntausende deportiert oder auch liquidiert. Und diesen Operationen lief, wie neuere Untersuchungen gezeigt haben, eine weitere Terrorwelle parallel, die sich gegen ehemalige „Kulaken" richtete, die angeblich ihre Sondersiedlungen zu verlassen oder sich unter die einheimische Bevölkerung zu mischen versuchten, aber auch gegen andere regimefeindliche, „kriminelle" Elemente. Das Politbüro rief die Lokalbehörden im Juli 1937 dazu auf, sie sofort zu verhaften, die feindseligsten zu erschießen und gab entsprechende Richtzahlen vor. Der Vorgang scheint in mehrfacher Hinsicht symptomatisch zu sein: Die Initiative ging von oben aus, was nicht ausschloss (wie in diesem Falle auch), dass den Partei- und Polizeibehörden vor Ort die vorgegebenen Richtzahlen nicht ausreichten, sie den Plan „übererfüllten", so dass mehr Personen verhaftet und liquidiert wurden, als ursprünglich veranschlagt.

Wieviele Sowjetbürger den Großen Säuberungen zum Opfer fielen, wie viele abgeurteilt und hingerichtet wurden, wie viele für Jahre und Jahrzehnte in Gefängnissen und Arbeitslagern verschwanden, wird kontrovers diskutiert. Um zumindest eine Orientierung zu geben: Es ist dokumentiert, dass allein in den Jahren 1937/38 der NKWD 1575000 Menschen verhaftete, 1345000 abgeurteilt und 681692 hingerichtet wurden. Die Zahl der Häftlinge in den Arbeitslagern und -kolonien, die der Lagerhauptverwaltung (russ. Abk. GULAG) unterstanden und das Land wie eine Inselgruppe durchzogen, hatte sich seit Mitte des Jahrzehnts verdoppelt und betrug 1938 1,9 Millionen. In diesen Zahlen noch nicht enthalten sind die etwa 900000 Verbannten in den „kulakischen" Sondersiedlungen. Der Terrorapparat war zugleich ein weitverzweigtes Wirtschaftsimperium, beteiligt an Großbauten, in der Holzindustrie, im Agrarsektor, in Steinkohle-, Gold- und Nickelbergwerken. Unter Zuhilfenahme der – erst Ende der 80er/ Anfang der 90er Jahre freigegeben – Archivunterlagen zu den amtlichen Volkszählungen berechneten Studien die „Bevölkerungsverluste" zwischen 1927 und 1939 auf 10–12 Millionen, die Opfer der Hungersnot (5–8 Millionen) eingerechnet. Doch auch diese Zahlen blieben nicht unwidersprochen, und so wird das Problem, das Ausmaß des Stalinistischen Terrors, soweit es überhaupt in Zahlen zu messen ist, die Historiker wohl noch des längeren beschäftigen.

4. Von der „kollektiven Sicherheit" zum Pakt mit Hitler

Ziel und Aufgabe der sowjetischen Außenpolitik hatte Stalin seit Mitte der 20er Jahre wiederholt umrissen: Die Krise in der kapitalistischen Welt spitze sich immer mehr zu, die Spannungen wüchsen; die Überproduktion verschärfe den Kampf um die Märkte; nationale Befreiungsbewegungen setzten sich in den Kolonialländern zur Wehr; die Welt treibe auf einen neuen Krieg hin. Um so entschlossener müsse die Sowjetunion mit ihrer Friedenspolitik fortfahren. Sie dürfe niemandem eine Handhabe geben, den „innerkapitalistischen" Konflikt auf die UdSSR abzulenken. Wenn – dann werde die Sowjetunion als letzte in die Auseinandersetzungen eingreifen, um als noch unverbrauchte Macht den Ausschlag geben zu können.

Schutz des Erreichten, Primat der Sicherheit blieb weiterhin die Devise. Ihr hatte sich auch die Komintern, die Internationale der kommunistischen Parteien unterzuordnen; die Forderung der Weltrevolution durfte die Existenz Sowjetrusslands nicht gefährden. Erst recht galt das, nachdem im Innern die neue Politik der forcierten Industrialisierung und Kollektivierung begonnen hatte. Denn kurz- und mittelfristig schwächte sie die Sowjetunion eher als sie zu stärken. Gefahr schien vor allem in Ostasien zu drohen. Hier hatte (1931) Japan die Mandschurei angegriffen, nach ihrer Eroberung (1932) den Satellitenstaat Mandschukuo ausgerufen und Gespräche über einen (von Moskau angebotenen) russisch-japanischen Nichtangriffspakt scheitern lassen.

Die Sowjetführung demonstrierte Friedenswillen. Seit Herbst 1927 nahm eine sowjetische Delegation an den Abrüstungsverhandlungen des Völkerbunds teil und überraschte mit einem Vorschlag, der die allgemeine und vollständige Abrüstung (von der Vernichtung von Waffen und Munition bis zur Abschaffung von Kriegsministerien und Generalstäben) vorsah. Im Sommer 1928 beschloss die sowjetische Führung den Beitritt zum Briand-Kellogg-

Pakt, der den Krieg als Mittel zur Lösung internationaler Streitfälle verurteilte, wobei die Unterzeichner feierlich erklärten, auf ihn als Werkzeug nationaler Politik in den zwischenstaatlichen Beziehungen verzichten zu wollen (der Verteidigungsfall war davon ausgenommen). Anfang 1929 brachte Moskau seine westlichen Anrainerstaaten (Polen, Rumänien, Estland und Lettland) dazu, den Pakt vorfristig (vor seiner Ratifizierung durch die übrigen Vertragsstaaten) in Kraft zu setzen. Die Sowjetregierung hatte seit Mitte der 20er Jahre Nichtangriffspakte mit der Türkei, Afghanistan, Litauen und Persien geschlossen. Diese Politik setzte sie Anfang der 30er Jahre fort. 1931/32 wurden mit Finnland, Lettland, Estland, Polen und Frankreich entsprechende Abkommen ausgehandelt und unterzeichnet. 1933 ging die Sowjetunion auf das Angebot Mussolinis ein, und schloss auch mit dem faschistischen Italien einen Nichtangriffsvertrag.

Die Machtergreifung Hitlers veränderte die politische Landschaft erneut. Zwar zeigte sich die Sowjetunion auch gegenüber dem nationalsozialistischen Deutschland gesprächsbereit, doch zwangen dessen Innen- wie Außenpolitik zur Neuorientierung. Nachdem – Anfang 1934 – Deutschland und Polen einen Nichtangriffspakt geschlossen hatten und Berlin es gegenüber der Sowjetunion ablehnte, gemeinsam die Sicherheit und Unabhängigkeit der baltischen Staaten zu garantieren, bahnte sich der Kurswechsel an. Ein erster Schritt dazu war die Annäherung an den Völkerbund, den Deutschland und Japan 1933 verlassen hatten. Im Herbst 1934 trat die UdSSR dem Völkerbund offiziell bei. Gleichsam zur Begründung sagte der Volkskommissar des Äußeren, Litwinow, im Januar 1935, der Friede sei „unteilbar“ und könne nur durch gemeinsame „kollektive Anstrengungen und materielle Garantien“ gesichert werden. Was Litwinow nicht sagte, für die sowjetische Außenpolitik aber sicher eine Rolle spielte: Solange die „innerkapitalistischen“ Gegensätze, zwischen den faschistischen Staaten und den westlichen Demokratien erhalten blieben, verhinderten sie eine gemeinsame Aktion gegen die Sowjetunion. Mit dem Ziel der Erhaltung des mitteleuropäischen Status quo und der Eindämmung Hitler-Deutschlands schloss die UdSSR 1935 mit Frankreich und der Tschechoslowakei einen Beistandspakt.

Der Beitritt zum Völkerbund und die Annäherung an den Westen schlugen sich auch in der Kominternpolitik nieder. Zwar sah man den Faschismus weiterhin als „Werkzeug des Monopolkapitals“ und Ausgeburt der „bürgerlich-kapitalistischen Gesellschaftsordnung“; doch Faschismus an der Macht sei mehr als ein Regierungswechsel, sei der Übergang von der Staatsform der „bürgerlichen Demokratie“ zur „offenen terroristischen Diktatur“. Hatte die Komintern Ende 1933 noch die Sozialdemokratie zu den Hauptfeinden gezählt, so setzte sich bald danach die Auffassung durch, dass der Kampf gegen den Faschismus von Kommunisten und Sozialdemokraten gemeinsam, in einer „Einheitsfront“, geführt werden müsse. Ja, man ging sogar noch weiter und forderte ein Kampfbündnis verschiedener Klassen und Schichten, ihren Schulterschluss zur „Volksfront“.

Die Aktionsgemeinschaft mit bürgerlichen Kreisen und Regierungen bedeutete keine Aufgabe der weltrevolutionären Zielsetzungen. Zwar versprach man im Kampf gegen „Faschismus und Reaktion“ die Grundlagen der bürgerlich-demokratischen Ordnungen mit zu verteidigen. Dort aber, wo sich revolutionäre Situationen ergaben, wollte man die Chance einer sozialistischen Entwicklung durchaus nutzen. So konnten Einheitsfrontregierungen, wie der Vorsitzende der Komintern, G. M. Dimitrow, ausdrücklich betonte, in einer Reihe von Ländern Vorstufe für den Übergang zur „Diktatur des Proletariats“ werden.

Das war für den Westen Grund genug, misstrauisch zu bleiben: etwa wenn die Sowjetunion 1936/37 im Spanischen Bürgerkrieg die Volksfrontregierung gegen die revoltierenden Militärs unterstützte; oder wenn sie sich bei den anhaltenden Auseinandersetzungen in China um einen Burgfrieden zwischen der Kuomintang und den Kommunisten Mao Tse-tungs bemühte. Umgekehrt beschwor jedes tatsächliche oder vermeintliche Nachgeben des Westens gegenüber den faschistischen Mächten das alte sowjetische Einkreisungstrauma: Als im Herbst 1936 Italien Abessinien überfiel, blieb die Reaktion des Völkerbundes schwächlich, und dass der Westen am Beschluss, im Spanischen Bürgerkrieg nicht zu intervenieren, festhielt, begünstigte Franco, der von Hitler und Mussolini massiv unterstützt wurde. Dass Deutschland, Italien und Japan sich 1936/37 zu einem Antikominternpakt zusammenschlossen, Japan in China weiterhin eine expansive Politik betrieb und die Gefahr eines sowjetisch-japanischen Konflikts in Ostasien wuchs, verstärkte die Moskauer Befürchtungen.

Gleichzeitig spitzte sich auch die Lage in Mitteleuropa immer mehr zu: Im März 1938 hatte der NS-Staat Österreich annektiert, und von der Tschechoslowakei forderte Hitler die Abtretung des Sudetenlandes. In der Hoffnung, einen Krieg zu vermeiden, gaben die Westmächte nach (Münchner Abkommen) und zwangen die Regierung in Prag zum Einlenken. Die Sowjetunion, die 1935 mit der Tschechoslowakei einen Beistandspakt abgeschlossen hatte, wurde dabei nicht konsultiert. Im Frühjahr des folgenden Jahres erfolgte, wie man im rüden Jargon der Nationalsozialisten sagte, die Zerschlagung der „Resttschechei".

Seit München sah die Sowjetunion ihre Politik der „kollektiven Sicherheit" als gescheitert an: Es war nicht mehr auszuschließen, dass die Westmächte ihre Differenzen mit den faschistischen Staaten beilegten, vielleicht sogar Hitler freie Hand für seine Ostpolitik einräumten. Vielleicht wollten sie – so Stalins Mutmaßung – die Sowjetunion als Prellbock gegen den Faschismus einsetzen, sich von ihr „die Kastanien aus dem Feuer holen" lassen. Dem damit drohenden Zweifrontenkrieg (in Ostasien gegen Japan, in Mitteleuropa gegen Deutschland) sah sich die Sowjetführung weder politisch noch militärisch und wirtschaftlich gewachsen. Im Frühjahr 1939 wurde der bisherige Leiter der Außenpolitik Litwinow entlassen und durch Molotow ersetzt.

Seit Anfang des Jahres intensivierten sich die Gespräche mit dem Deutschen Reich. Die parallelen Verhandlungen mit den Westmächten ergaben, dass man in Paris und London eine Garantieerklärung für Finnland, Estland, Lettland, Polen, Rumänien, die Türkei, Griechenland und Bulgarien anstrebte, der auch die Sowjetunion beitreten sollte. Der Vorschlag eines förmlichen Dreibundes (zwischen England, Frankreich und der UdSSR) stieß dagegen auf Widerstand; ebenso widersetzte man sich den sowjetischen Wünschen, ihr vertraglich weitreichende Interventionsrechte in den baltischen Staaten und ein Durchmarschrecht durch Polen zuzugestehen. Das wechselseitige Misstrauen bestand fort und wurde durch die Gespräche noch verfestigt.

Als im Sommer 1939 das Gerücht umging, Berlin und London seien dabei, ihre Meinungsverschiedenheiten auszuräumen, forcierte die Sowjetunion ihre Verhandlungen mit Deutschland. Das Ergebnis war ein vollständiger Kurswechsel der sowjetischen Außenpolitik: Am 19. August 1939 wurde in Berlin ein deutschsowjetisches Kreditabkommen unterzeichnet, das der UdSSR ein Darlehen in Höhe von 200 Millionen Reichsmark einräumte (mit 7jähriger Laufzeit und rückzahlbar in Rohstofflieferungen). In der Nacht vom 23. auf den 24. August folgte in Moskau die Unterzeichnung eines deutsch-sowjetischen Nichtangriffspaktes, in dem sich beide Vertragspartner verpflichteten, „sich jedes Gewaltaktes, jeder aggressiven Handlung und jedes Angriffs gegeneinander" zu enthalten. Bei kriegerischen Verwicklungen mit dritten Mächten sollte der nichtbetroffene Teil Neutralität wahren.

VII. Der „Große Vaterländische Krieg" (1939–1945)

Welches Motiv für Stalin letztendlich das entscheidende war, die Fronten zu wechseln und sich mit dem nationalsozialistischen Deutschland zu verbinden, wissen wir nicht. Dass folgende Überlegungen eine Rolle spielten, dürfte kaum von der Hand zu weisen sein: Der Nichtangriffspakt lenkte Hitler von der Sowjetunion ab, die Gefahr eines Zweifrontenkrieges gegen Deutschland und Japan schien – zumindest vorerst – gebannt. Der Vertrag gab Deutschland Rückendeckung für den (unverkennbar) geplanten Angriff gegen Polen; dass solch ein Angriff zu einer größeren „innerkapitalistischen" Auseinandersetzung führen würde, musste – nach den Garantieerklärungen Englands und Frankreichs für Polen – als sehr wahrscheinlich gelten. Da dann mit dem raschen Sieg einer Seite nicht zu rechnen war, versprach der Konflikt beide potentiellen Gegner der Sowjetunion zu schwächen. Und der UdSSR blieb immer noch die Chance, zu einem späteren Zeitpunkt in die Auseinandersetzung einzugreifen, um „den Ausschlag" zu geben.

Gleichzeitig gab der Pakt der Sowjetunion freie Hand für erhebliche Gebietserweiterungen. In einem geheimen Zusatzprotokoll (dessen Text erst nach Kriegsende bekannt wurde) hatten die Vertragspartner ihre Interessensphären in Osteuropa abgegrenzt. Für den Fall einer territorialen Veränderung zählten Finnland, Estland und Lettland zur sowjetischen Zone, Litauen und das Gebiet um Wilna zur deutschen. Die Sowjetunion meldete ihr Interesse an Bessarabien an, und „für den Fall einer territorial-politischen Umgestaltung der zum polnischen Staat gehörenden Gebiete" steckte man auch dort die Positionen ab: Die sowjetische Seite beanspruchte dabei jene Gebiete für sich, die sie im polnisch-sowjetischen Konflikt 1920 verloren hatte. Die endgültige Entscheidung, ob Polen als unabhängiger Staat erhalten bleiben oder überhaupt von der Landkarte getilgt werden sollte, behielt man sich vor. Dieses Problem sollte zur gegebenen Zeit – zwischen beiden Regierungen, „im Wege einer freundschaftlichen Verständigung" – geregelt werden.

Ist das oben unterstellte Kalkül richtig, so verlief für Stalin zunächst alles nach Plan. Am 1. September 1939 erfolgte der deutsche Angriff auf Polen, zwei Tage später die Kriegserklärung Englands und Frankreichs an Deutschland. Der große „innerkapitalistische" Krieg hatte begonnen. Die Sowjetunion blieb in der Rolle des Zuschauers. Doch nicht lange, nur bis zum deutschen Überfall im Juni 1941.

Der deutsche Überfall bedrohte nicht nur die Existenz des Staates; jetzt ging es auch um Sein oder Nichtsein seiner Bevölkerung. Die Vernichtung des Bolschewismus, die wirtschaftliche Ausbeutung des Landes, die Unterjochung des „östlichen Untermenschen" und die Gewinnung von „neuem Lebensraum für die arische Herrenrasse", das waren erklärtermaßen Hitlers Ziele. Wie weit hatte die Rote Armee die Säuberungen der 30er Jahre überstanden? Wie leistungsfähig war die sowjetische Wirtschaft? Wie politisch verlässlich die Bevölkerung? Niemand konnte hierauf eine sichere Antwort geben. Die außenpolitischen Gebietsgewinne, die man im Pakt mit Hitler erreicht hatte, schmolzen rasch dahin. Schlimmer noch: die sowjetische Aggressionspolitik gegenüber Polen, Finnland und den baltischen Staaten belastete nachhaltig das Verhältnis zu den neuen Verbündeten, zu Großbritannien und den USA.

Was kaum einer erwartet hatte, geschah: Die Sowjetunion überstand die Herausforderung. Ja, die Ereignisse schienen die Richtigkeit der Stalinschen Politik, der forcierten Industrialisierung und Kollektivierung im Nachhinein zu bestätigen. Die gemeinsame Existenzbedrohung, die gemeinsame Erfahrung des „Großen Vaterländischen Krieges", wie der Zweite Weltkrieg in der UdSSR hieß, ließ Bevölkerung und Staat enger zusammenrücken, enger als es Revolution und kommunistische Ideologie je vermochten. Und die Sowjetunion ging gestärkt aus dem schrecklichsten aller Kriege hervor: als zweite Weltmacht hinter und neben den USA.

1. Im Bund mit dem nationalsozialistischen Deutschland

Dass Stalin tatsächlich im Pakt mit Hitler die Wiederherstellung des Russischen Reiches in den Grenzen von 1914 beabsichtigte, zeigte sich rasch. Am 17. September rückte die Rote Armee in Ostpolen ein. Polen sei als Staat „zerfallen und nicht mehr existent", so rechtfertigte die Sowjetunion ihre Entscheidung, deshalb sei auch der sowjetisch-polnische Nichtangriffspakt vom 25. Juli 1932 ohne weitere Bindekraft. Als Grund für ihr Eingreifen gab die Sowjetführung den Schutz der Weißrussen und Ukrainer an, die in den ostpolnischen Gebieten lebten.

Ein deutsch-sowjetischer „Grenz- und Freundschaftsvertrag" regelte am 28. September 1939 die, wie es dort hieß, „nach dem Auseinanderfallen des bisherigen polnischen Staates" entstandenen Fragen. Ein geheimes Zusatzprotokoll bestätigte im wesentlichen die Grenzabsprachen, wobei allerdings nun die Gebiete von Lublin und Warschau der deutschen, Litauen der sowjetischen Interessensphäre zugeschlagen wurden.

Ende September/Anfang Oktober zwang die Sowjetunion die baltischen Staaten zum Abschluss von „Beistandsabkommen", in denen Estland, Lettland und Litauen den sowjetischen Streitkräften weitreichende Stationierungsrechte zugestehen mussten. An Finnland wurden ähnliche Forderungen gestellt, doch es widersetzte sich. Daraufhin kündigte die Sowjetregierung – Ende November – den 1932 geschlossenen finnisch-sowjetischen Nichtangriffsvertrag. Zwei Tage später fielen starke Verbände der Roten Armee, unterstützt von Luftwaffe und Flotte, in Finnland ein.

Doch man hatte Finnland abermals unterschätzt. Die Operationen liefen sich schon nach wenigen Tagen fest. Die Sowjetunion wurde Mitte Dezember 1939 vom Völkerbund als „Aggressor" verurteilt und aus der Staatengemeinschaft ausgestoßen. Der britische Botschafter verließ Ende des Jahres demonstrativ Moskau, und selbst ein Eingreifen zugunsten Finnlands wurde erwogen. Stalin steckte deshalb zurück und gab sich mit kleineren Grenzkorrekturen zufrieden. Im März 1940 beendete ein sowjetisch-finnischer Friedensvertrag den „Winterkrieg".

Die Notwendigkeit zur Rücksichtnahme auf die Westmächte entfiel nach Hitlers Blitzsiegen; zwischen April und Juni 1940 überrannten deutsche Truppen Dänemark, Norwegen, Belgien, die Niederlande, Frankreich und warfen die britische Festlandsarmee über den Kanal zurück. Nun nahm auch Stalin seine aktive, expansive Außenpolitik wieder auf. Mitte Juni 1940 rückte die Rote Armee – nach vorausgegangen Ultimaten – in Litauen, Lettland und Estland ein; neue prosowjetische Regierungen ersetzten die alten. Wahlen wurden abgehalten, und – wie nicht anders zu erwarten – beschlossen die daraus hervorgegangenen Volksvertretungen einstimmig, ihre Länder zu „sozialistischen Sowjetrepubliken" zu machen und Anträge auf Aufnahme in die Sowjetunion zu stellen.

Am 26. Juni 1940 richtete die Sowjetunion auch an Rumänien ein Ultimatum und verlangte die Abtretung Bessarabiens und der nördlichen Bukowina. Auf deutschen Rat hin verzichtete die rumänische Regierung auf militärischen Widerstand. Anfang Juli wurde das Gebiet besetzt, Anfang August formell dem sowjetischen Staatsgebiet eingegliedert. Ein deutsch-sowjetischer Vertrag regelte die Aussiedlung der dort lebenden Deutschen.

Die Sowjetunion hatte im Februar 1940 mit Deutschland ein Wirtschaftsabkommen geschlossen, das dem NS-Staat bereits für das erste Vertragsjahr die Lieferung von 1000000t Futtergetreide und Hülsenfrüchten, 900000t Erdöl, 100000t Chromerz, 500000t Manganerz und anderes mehr zusicherte. Bei neuen Verhandlungen im November 1940 verlangte die sowjetische Seite für die Fortdauer der wohlwollenden Neutralität umfangreiche Gegenleistungen. In seinen Unterredungen mit Hitler umschrieb sie Molotow wie folgt: völlige Einverleibung Finnlands, Abtretung auch der südlichen Bukowina durch Rumänien, Anerkennung Bulgariens als Teil der sowjetischen Sicherheitszone und sowjetische Luft- und Marinestützpunkte (auf türkischem Gebiet) am Eingang zum Schwarzen Meer. Offenkundig definierte die Moskauer Führung inzwischen alte zaristische Wunschträume als sowjetische Sicherheitsinteressen. Und Außenminister Ribbentrop gegenüber ging Molotow sogar noch weiter. In einer Skizze der Fernziele reklamierte er Ungarn, Jugoslawien, Griechenland, das westliche Polen und die Ostsee-Einfahrt für die sowjetische Sicherheits- und Interessenzone.

Eine Einigung wurde hierüber (wie auch über den deutschen Gegenvorschlag eines „Kontinentalblocks", unter Einschluss Japans) nicht erzielt. Dass Deutschland, angewiesen auf rumänische Erdöllieferungen, den Bestand des rumänischen Reststaates garantiert hatte, empfand Stalin als Übergriff in die sowjetische Interessensphäre. Das gleiche galt für Finnland, aus dem die deutsche Rüstungswirtschaft inzwischen 60 % der Nickel-Jahresproduktion bezog. Zwar kam es im Januar 1941 zum Abschluss eines neuen deutsch-sowjetischen Handelsabkommens, das die bilateralen Wirtschaftsbeziehungen noch zu intensivieren versprach; es sicherte Deutschland unter anderem die Lieferung von 2,5 Millionen Tonnen Getreide zu. Aber die Differenzen blieben spürbar.

Alle sowjetischen Versuche, über eine geschickte Handhabung der Wirtschaftsbeziehungen (durch Lieferzusagen einer- und Lieferstockungen andererseits) die eigene Position zu stärken, endeten im Frühjahr 1941. Nachdem die italienische Offensive in Griechenland im Winter 1940/41 gescheitert war und hier die Bildung einer alliierten Südostfront drohte, entschied sich Hitler zum Entlastungsangriff. Deutsche Truppen marschierten in Bulgarien, Jugoslawien und Griechenland ein und besetzten binnen zweier Monate das Land bis hinunter zur Peloponnes. Die deutschen militärischen Erfolge veranlassten die Sowjetregierung, erneut und allein auf einen Ausgleich mit Deutschland zu setzen; alle britischen Annäherungsversuche wurden zurückgewiesen.

2. Der deutsche Überfall

Seit Sommer 1940 hatte Hitler den Krieg gegen die Sowjetunion vorbereiten lassen, im Dezember die endgültige „Weisung" zum „Unternehmen Barbarossa" gegeben (wie der Deckname für den Russlandfeldzug auf deutscher Seite hieß). Kalkül und Dogma, Strategie und Ideologie, Welt- und Rassenpolitik flossen dabei in eins und sind auch im Nachhinein kaum zu trennen. Nur eines war dieser Krieg in seiner Zielsetzung von deutscher Seite nicht, ein „Präventivkrieg" in des Wortes eigentlicher Bedeutung. Daran ändert der Umstand nichts, dass auch Stalin expansive Ziele verfolgte. Das galt für das ideologische Fernziel der Weltrevolution

Abb. 15: Im Sommer und Herbst 1941 stießen die deutschen Panzerspitzen auf Moskau vor. Nachdem ihnen Mitte Oktober der Einbruch in die stadtnahen Verteidigungsstellungen gelungen war, verlegte Stalin die Regierung nach Kuibyschew, erklärte Moskau zur „Festung" und verhängte den Belagerungszustand. In fieberhafter Eile wurden zur Verteidigung der Hauptstadt neue Kräfte herangeführt, die Zivilbevölkerung zur Durchführung von Schanzarbeiten mobilisiert (obiges Bild zeigt Moskauer Bürger/Frauen beim Ausheben von Panzergräben) – gegen einen Feind, der sich zum Ziel gesetzt hatte, Moskau dem Erdboden gleich zu machen.

ebenso wie für die strategischen Nahziele, die man zur Absicherung des eigenen Machtbereichs anstrebte, nicht zuletzt im Pakt mit Hitler erreichen wollte oder bereits erreicht hatte.

Es deutet mittlerweile einiges darauf hin, dass in Moskau seit Frühjahr 1941 ein Umdenken, was Deutschland und seine Absichten betraf, begonnen hatte. Wenn dem so war, scheinen die diesbezüglichen Überlegungen bis zum Frühsommer noch nicht zu einem Abschluss gekommen zu sein. Auf westliche Warnungen, Deutschland bereite den Angriff auf die Sowjetunion vor, reagierte die Moskauer Führung jedenfalls nicht. Noch Mitte Juni ließ Stalin umlaufende Gerüchte offiziell dementieren: Sie würden von britischer Seite bewusst lanciert. Sein Kalkül war wohl noch immer, solange Hitler in den Konflikt mit dem Westen verstrickt war, würde er einen zusätzlichen Krieg im Osten nicht wagen. Das Kalkül war vernünftig und trotzdem falsch. Am 22. Juni 1941, frühmorgens um 3 Uhr, überschritten deutsche Truppen auf ganze Länge die sowjetische Grenze. Das „Unternehmen Barbarossa" war angelaufen.

In drei Keilbewegungen, die im Norden auf Leningrad, in der Mitte auf Moskau und im Süden auf die Ukraine zielten, stießen die deutschen Heeresverbände rasch ins Innere des Landes vor. Bereits Mitte Juli besetzten sie die Stadt Smolensk, über 600 km jenseits der Grenze, Anfang September schlossen sie Leningrad ein, im gleichen Monat fiel Kiew, und Anfang Oktober begann der Großangriff auf Moskau, während die deutschen Truppen im Süden gleichzeitig auf Kursk, Belgorod und Charkow vorrückten. Ein weiterer „Blitzsieg" schien sich anzubahnen. Hitler hatte bereits Anfang Juli vom Ural als der künftigen Reichsgrenze gesprochen und seine „grundsätzliche Entschlossenheit" bekundet, Leningrad und Moskau „dem Erdboden gleichzumachen, um zu verhindern, dass Menschen darin bleiben, die wir dann im Winter ernähren müssten".

Doch das eingeschlossene Leningrad ergab sich nicht, und der Angriff auf Moskau blieb im Herbstschlamm stecken. Neue, aus Sibirien kommende Verbände der Roten Armee übernahmen die Verteidigung der Hauptstadt, brachten den deutschen Vorstoß zum Stehen und gewannen – in einer Gegenoffensive zu Jahresende – erstmals verlorenen Boden zurück. Der Blitzkrieg war gescheitert. Für die deutsche Wehrmacht, auf den hereinbrechenden Winter nicht vorbereitet, waren die Kämpfe so verlustreich, dass sie erst im Juni 1942 in der Lage war, eine neue Großoffensive zu beginnen. Ihr Angriff zielte auf das Donezbecken, das schwerindustrielle Zentrum im Süden der Ukraine, und die sowjetischen Ölfelder am Kaspischen Meer.

Unter dem Druck der Sommeroffensive räumte die Rote Armee im Juli 1942 das Gebiet am Unterlauf von Donez und Don; deutsche Truppen rückten nach, nahmen die Stadt Rostow und stießen im Süden bis auf den Hauptkamm des Kaukasus und im Osten bis ans Wolgaknie bei Stalingrad vor. Die deutsche Ostfront hatte damit eine Länge von über 3000 km erreicht, und der Aggressor seine Kräfte weit überspannt (vgl. Karte 4). Der Herbst und der Winter 1942/43 brachten die endgültige Wende. Die Belagerung

Stalingrads scheiterte. Die 6. Armee unter General Paulus wurde Mitte November 1942 eingeschlossen und musste Ende Januar/Anfang Februar 1943 kapitulieren. Etwa zur gleichen Zeit wurden Kursk, Rostow und (wenn auch nur für kurze Zeit) Charkow von der Roten Armee zurückerobert und im Norden eine erste Bresche in den Belagerungsring um Leningrad geschlagen.

Der Versuch der Wehrmacht, im Sommer 1943 (in der Panzerschlacht am Kursker Bogen) das Blatt noch einmal zu wenden, misslang. Nun riss die Rote Armee, unterstützt von Partisanenbewegungen im Rücken des Feindes, die Initiative endgültig an sich. Mit Großoffensiven am mittleren und südlichen Frontabschnitt eroberte sie das Donezbecken zurück und erreichte im November 1943 Kiew. Bis Anfang Januar 1944 stieß sie über die westliche Ukraine an die ehemalige polnisch-sowjetische Grenze vor, sprengte im Norden endgültig die Blockade Leningrads und hatte drei Monate später im Süden die rumänische Grenze erreicht. Im Herbst 1944 standen die sowjetischen Truppen vor Warschau und Budapest. Bukarest und Sofia waren bereits gefallen, Rumänien und Bulgarien aus der Kriegskoalition mit den Achsenmächten ausgeschieden und nach Umbildung der Regierungen der Anti-Hitler-Koalition beigetreten. Damit begann die letzte Phase des Krieges. Anfang 1945 rückte die Rote Armee in Ostpreußen, Pommern, Schlesien und Österreich ein. Anfang April eroberte sie Wien, Anfang Mai Berlin. Bei Unterzeichnung der bedingungslosen Kapitulation am 7./9. Mai 1945 war das ganze ehemalige deutsche Staatsgebiet – mit Ausnahme eines kleinen Restes, der von Sachsen über Böhmen nach Oberösterreich und Kärnten reichte – von Alliierten Streitkräften besetzt.

3. Staat und Gesellschaft im Kriege

Die sowjetische Führung hatte alle Warnungen vor dem deutschen Angriff in den Wind geschlagen, die drohende, ja tödliche Gefahr nicht wahrhaben wollen. Als der deutsche Überfall dann erfolgte, stürzte er das Land in ein Chaos. Die Fronttruppen wurden überrannt, große Teile der Luftwaffe am Boden zerstört. Die vorher gegebene Anweisung, sich nicht „provozieren" zu lassen, sorgte bei manchen Einheiten wohl für zusätzliche Verwirrung; sinnlose

Durchhalteparolen vermochten den deutschen Vormarsch nicht zu stoppen, erhöhten nur die Verluste. Bis Ende des Jahres waren 3 Millionen sowjetischer Soldaten in deutsche Kriegsgefangenschaft geraten, die Gesamtverluste bereits auf 5 bis 6 Millionen gestiegen. Dass sich Stalin, als ihm der deutsche Angriff gemeldet wurde, auf seine Datscha zurückzog und eine Woche lang nicht ansprechbar war, erscheint wie ein Sinnbild für die herrschende Sprach-, Rat- und Kopflosigkeit.

Schon in den ersten Tagen wurde auch die gesamte sowjetische Militärstrategie hinfällig; ihr Ziel war es, jeden ausbrechenden Konflikt – in einer Offensive – sofort auf das Territorium des Gegners zu tragen. Dahinter stand das Misstrauen gegenüber der eigenen Bevölkerung. Es schien sich in den Anfangstagen des Krieges zu bestätigen. Deutsche Truppen wurden auf dem Baltikum und in der Ukraine mitunter freudig begrüßt. Doch die ortsansässige Bevölkerung lernte schnell, dass die eben noch Umjubelten nicht als Befreier gekommen waren; ihre Führung hatte sich die „Ausrottung der Bolschewisten und Juden“ sowie die „Dezimierung und Unterwerfung der slawischen Massen unter deutsche Herrschaft“ zum Ziel gesetzt. Zusammen mit der Wehrmacht kamen „Einsatzgruppen“ und „-kommandos“ der SS; ihren Massenerschießungen fielen schon in den ersten Monaten Hunderttausende zum Opfer. Deportationen in die Arbeits- und Vernichtungslager folgten.

Diese Erfahrung, die Konfrontation mit dem rassenideologischen Vernichtungskampf, den der deutsche Aggressor gegenüber der sowjetischen Zivilbevölkerung führte, festigte den Widerstandswillen; ließ Führung und Bevölkerung enger zusammenrücken; half mit, dass die von oben verfügten Maßnahmen griffen. So war bereits am 22. Juni 1941 ein Gesetz über den Ausnahmezustand erlassen worden, der es den Militärbehörden erlaubte, alle exekutive und judikative Gewalt an sich zu ziehen. Und am 30. Juni wurde an der Spitze des Staates ein (nur wenige Personen umfassendes) „Staatskomitee für Verteidigung“ gebildet, das in seinen Händen alle Staatsmacht vereinte; alle Bürger, Partei-, Sowjet- und Militärorgane waren aufgefordert, seinen Weisungen bedingungslos zu folgen. Den Vorsitz führte Stalin; bereits Generalsekretär der Partei und Vorsitzender des Rates der Volkskommissare, übernahm er im Juli 1942 auch die Leitung des Volks-

Abb. 16: Anfang September 1941 hatte sich der Blockadering um Leningrad geschlossen, und der Oberbefehlshaber der Heeresgruppe Nord bat das Oberkommando des Heeres um Weisung, was für den Fall eines Übergabeangebots zu geschehen habe. Hitler entschied, ein etwaiges Kapitulationsangebot auszuschlagen; Leningrad sollte ausgehungert werden, seine Bevölkerung „auf Kosten der deutschen Heimat zu ernähren", wäre „nicht zu verantworten". Im Winter 1941/42 musste die Tagesration für Brot auf 125 gr. reduziert werden, allein im Monat Dezember wurden in der Stadt über 53 000 Hungertote registriert. Auch das Stromnetz, die Wasserversorgung und die Kanalisation brachen, unter den Schlägen der deutschen Artillerie und Luftwaffe, zusammen. Unser Bild zeigt Frauen, die ein von deutschen Fliegerbomben getroffenes Wohnviertel räumen. Die Blockade konnte vollständig erst im Januar 1944 gesprengt werden – nach 900 schrecklichen Tagen.

kommissariats für die Verteidigung und im August das Oberkommando über die Armee. Dass er sich im Spätherbst 1941, als die Regierungsbehörden ins Hinterland verlegt wurden, entschloss, in Moskau zu bleiben und auf dem Roten Platz die traditionelle Oktoberparade abzunehmen, war von erheblicher psychologischer Wirkung. Es zeigte, dass die Staatsführung weder die Hauptstadt noch gar den Krieg bereits verloren gab.

Noch im Sommer und Herbst 1941 war es gelungen, Hunderte von Fabrikanlagen zu demontieren und vor den heranrückenden deutschen Truppen in Sicherheit zu bringen. Sie wurden in Hunderttausenden von Eisenbahnwaggons verfrachtet und jenseits des

Abb. 17: In dringlichen Appellen beschwor die Sowjetführung die patriotische Gesinnung ihrer Bürger, ihren Widerstandswillen im „Großen Vaterländischen Krieg". „Wir verteidigen die Heimat Moskau" heißt es auf obigem Plakat. Es zeigt im Hintergrund die mittelalterliche Kremlmauer mit dem Erlöser-, dem St. Nikolaus- und dem Arsenalturm, und nur wer ganz genau hinschaut, entdeckt auch ein Eckchen des Leninmausoleums. Auf anderen Plakaten trat dem Sowjetbürger die personifizierte „Mutter Heimat" entgegen, die ihn zu den Fahnen rief und an das militärische Treuegelöbnis erinnerte. Eine neue Staatshymne ersetzte die bisher bei entsprechendem Anlass gespielte und gesungene „Internationale", die neue Hymne begann mit den Worten „Unzerstörbare Union freier Republiken, die das Große Russland für immer vereint ..." Filme (wie Eisensteins „Alexander Newski" und „Iwan IV.") ließen die Geschichte, die „heroische Vergangenheit" Russlands wieder erstehen und stellten Stalin als autokratischen Verteidiger und Mehrer des Reiches in die patriotische Ahnenreihe.

Ural gebracht; die Arbeiter folgten. Eine gewaltige Leistung. Doch sie vermochte die Einbrüche im Produktionsvolumen allenfalls abzumildern; schließlich hielten die deutschen Truppen schon nach 5 Monaten ein Gebiet besetzt, das zuvor weit über die Hälfte der sowjetischen Kohle, Roheisen-, Stahl- und Aluminiumerzeugung und fast 40 % der Getreideproduktion geliefert hatte. So war zum Jahreswechsel 1941/42 das Volumen der Schwer- und Grundstoffindustrie auf ein Fünftel der Juniwerte gefallen. Nur durch Aufbietung aller Kräfte und ihre Konzentration auf die Belange der Rüstung war es möglich, die Notlage zu überstehen. Dass die Bevölkerung hungerte und fror, musste in Kauf genommen werden. Besonders dramatisch waren die Zustände in Leningrad, wo während der deutschen Blockade über eine halbe Million Menschen an Unterernährung und Erfrierungen starben.

Mit der Besserung der militärischen Lage entkrampfte sich auch etwas das Verhältnis zwischen politischer Führung und Bevölkerung. In der Kultur- und Bildungspolitik verfolgte die Regierung nun einen liberaleren Kurs. Das Verhältnis von Staat und orthodoxer Kirche entspannte sich, wie seit langem nicht; viele vakante Priesterstellen und Bischofssitze durften wieder besetzt werden, selbst die Neuwahl eines Patriarchen wurde erlaubt. In den Maschinen-und-Traktoren-Stationen, Sowchosen und im Transportwesen verschwanden die ungeliebten „Politabteilungen", und in der Armee wurde das politische Kontrollinstrument der Kriegskommissare 1942 abgeschafft. Die Aufwertung des Militärs, seine Anerkennung als eigenständige Kraft schlug sich auch in anderen Entwicklungen nieder. So wurden seit 1942 wieder „Garderegimenter" aufgestellt, die Armeeangehörigen in „Mannschaften", „Unteroffiziere", „Offiziere" und „Generalität" eingeteilt, und die Offiziere erhielten die seit der Revolution verpönten goldenen Schulterstücke zurück.

Bei der Mobilisierung der Armee wie der gesamten sowjetischen Bevölkerung setzten Partei und Regierung immer weniger auf proletarische Parolen und immer mehr auf russischen Patriotismus. Sie beschworen den Durchhaltewillen mit der Erinnerung an die große heroische Vergangenheit, an den Freiheitskampf des russischen Volkes gegen den Deutschen Orden (im 13. Jahrhundert), gegen die Mongolen (im 14. Jahrhundert), gegen die Polen (Anfang des 17. Jahrhunderts) und gegen Napoleon (1812), an die

Abb. 18: Der Kampf – buchstäblich ums Überleben – machte aus der sowjetischen Bevölkerung eine Schicksalsgemeinschaft. Er ließ Volk und Führung enger zusammenrücken, als dies die kommunistische Ideologie je vermocht hatte. „Für die Heimat, für Stalin" (Za rodina, za Stalina), hieß die berühmte Losung. Der siegreiche Ausgang des Krieges steigerte Stalins persönliches Ansehen enorm. Im Nachhinein ließ sich damit – scheinbar – auch die harsche, unmenschliche Politik der 30er Jahre rechtfertigen und seinem „Weitblick" zuschreiben. Obiges offizielles Photo zeigt Stalin in der Geste des Großen Lehrmeisters (die ikonographischen Parallelen zur Darstellung der „Mutter Heimat" auf gleichzeitigen Kriegsplakaten sind schwerlich zu übersehen).

Fürsten, Feldherrn und Bürger, die sich im Kampf für die russische Heimat und das russische Vaterland hervorgetan hatten. Diese Parallelen hatte Stalin bereits in seiner Ansprache zum Jahrestag der Oktoberrevolution 1941 gezogen, sie gipfelten in seinem Trinkspruch auf das „Wohl des russischen Volkes“, die „hervorragendste Nation unter allen zur Sowjetunion gehörenden Nationen“ im Mai 1945.

Dass der Bannstrahl jene Völkerschaften traf, die in Verdacht gerieten, mit dem Feind zu kollaborieren, war die Kehrseite des großrussischen Nationalismus. Präventiv oder als Maßnahme der Vergeltung wurden zwischen 1941 und 1944 die Wolgadeutschen, die Karatschaier und die Kalmücken, die Tschetschenen und die Inguschen, die Balkaren und Krimtataren aus ihren Siedlungsgebieten (zwischen Kaukasus und Mittlerer Wolga) vertrieben und nach Mittelasien deportiert. Das gleiche Verdikt traf auch jene, die für Stalin und das Vaterland nicht „alles“, also auch das Leben gegeben hatten und in deutsche Kriegsgefangenschaft geraten waren; sie mussten bei ihrer Befreiung mit Einweisung in ein Zwangsarbeitslager rechnen. Gar nicht zu reden von jenen, die wie General Wlassow unter deutscher Schirmherrschaft eine antibolschewistische Befreiungsarmee aufzustellen versuchten; ihnen drohte der Tod.

4. Die Sowjetunion in der Kriegsallianz

Der deutsche Überfall hatte 1941 die Sowjetunion und die Westmächte zu Bundesgenossen gemacht. Doch er ließ nicht vergessen, was vorher geschehen war. So schwand das gegenseitige, prinzipielle Misstrauen nie: weder die Erinnerung der Westmächte an den Hitler-Stalin-Pakt und die Politik der Sowjetunion gegenüber Polen und Finnland; noch die Furcht Stalins vor einem Arrangement der Westmächte mit dem nationalsozialistischen Deutschland. Das erschwerte die Kooperation von Anfang an. Dass man schließlich doch zu einer intensiveren Zusammenarbeit, zu Absprachen, einer Koalition kam, lag nicht zuletzt daran, dass die Sowjetunion unerwartet lange dem deutschen Angriff widerstand und schließlich sogar selbst das Geschehen auf dem europäischen Kriegsschauplatz diktierte.

Was Stalin von seinen Bundesgenossen wollte, machte er ihnen rasch klar: materielle Hilfe als Ersatz für die Ausfälle im eigenen Land; die Eröffnung einer zweiten Front in Westeuropa, die in der bedrängten Lage Entlastung schuf; und Grenzgarantien für den territorialen Bestand, die im Pakt mit Hitler erreichten Neuerwerbungen eingeschlossen. Obwohl die Westmächte der Sowjetunion kaum größere Überlebenschancen gaben, lag es auch in ihrem Interesse, dass sie möglichst lange dem deutschen Angriff widerstand. So versprach man umfangreiche Materiallieferungen, die nach Überwindung von Anfangsschwierigkeiten auch anliefen und die Sowjetunion bis 1945 mit lebenswichtigen Nahrungsmitteln, Rohstoffen, Ausrüstungsgütern und fahrbarem Material versorgten; dazu gehörten, um nur eine Zahl zu nennen, über 350000 LKWs und fast 50000 Jeeps, mehr als die Sowjetunion zur gleichen Zeit selbst produzierte.

Zur raschen Errichtung einer „zweiten Front" in Westeuropa ließen sich Roosevelt und Churchill allerdings nicht drängen. Mehrfach versprochen, wurde der Zeitpunkt immer wieder verschoben. An den strategischen Beratungen, die den Entscheidungen vorausgingen, war die sowjetische Seite nicht beteiligt, an den Verhandlungen mit Italien nach dem Sturz Mussolinis 1943 ebensowenig, was die Beziehungen gespannt hielt und Stalin bewog, mit der Option einer eigenen Deutschlandpolitik (Gründung des „Nationalkomitees Freies Deutschland" aus Kriegsgefangenen), auch mit der Möglichkeit eines Separatfriedens, zu drohen. Als die „zweite Front" im Juni 1944 schließlich zustande kam, war sie nicht mehr kriegsentscheidend, für Stalin nur noch die Bestätigung, dass die Alliierten die Hauptlast des Krieges gegen Deutschland die Sowjetunion alleine tragen ließen.

Auf empörte Ablehnung stieß die Sowjetunion auch, als sie im Winter 1941/42 zum ersten Mal die Forderung nach Anerkennung der (im Bunde mit Deutschland erreichten) Grenzen formulierte; besonders im Falle Polens schien dies undenkbar, hatten doch Frankreich und England wegen Verletzung der polnischen Integrität Deutschland 1939 den Krieg erklärt. Dies widersprach auch den Prinzipien, wie sie Roosevelt und Churchill im August 1941 (in der sog. „Atlantik-Charta") formuliert hatten. Sie lehnten darin „territoriale Veränderungen, die nicht mit dem frei zum Ausdruck gebrachten Wunsch der betreffenden Völker übereinstimmen", ausdrücklich ab und plädierten für eine Welt, die das Selbstbestimmungsrecht der Völker, die Freiheit des Handels und den internationalen Verzicht auf Gewaltanwendung garantierte.

Mit der Wende von Stalingrad wuchs die Überzeugung, dass die Sowjetunion den deutschen Angriff nicht nur überstehen, sondern als stärkste Kontinentalmacht aus dem Zweiten Weltkrieg hervorgehen würde. Für Roosevelt und Churchill bedeutete dies zugleich, dass eine stabile Nachkriegsordnung nur mit der Sowjetunion, nicht gegen sie geschaffen werden konnte; das bewog beide – u. a. auf der Konferenzen von Teheran (Ende 1943) und Jalta (Anfang 1945) – zu Zugeständnissen. Sie betrafen die Grenzfragen, das Polenproblem, die Stellung der Sowjetunion in Osteuropa und in der geplanten Weltorganisation der „Vereinten Nationen". Selbst wenn die definitiven Regelungen einem künftigen Friedensvertrag vorbehalten bleiben sollten, nahm man die Annexionen Stalins aus den Jahren 1939/40 nun stillschweigend hin, schlug für Polen die „Westverschiebung" bis zur Oder vor und räumte der Sowjetunion eine Sicherheits- und Einflusszone in Osteuropa ein, zu der auch ein „sowjetfreundliches" Polen gehören sollte. Wie die USA, England und Frankreich sollte auch die Sowjetunion in der geplanten Weltorganisation eine Sonderstellung erhalten, mit ständigem Sitz und Vetorecht im Sicherheitsrat. Als Geste des Entgegenkommens hatte Stalin seinerseits – im Mai 1943 – die 1919 geschaffene Kommunistische Internationale aufgelöst.

Die Kriegskonferenzen hatten im Westen den Eindruck verstärkt, dass man mit Stalin „reden" könne. Das Maß der Übereinstimmung war besonders groß, wo es um den gemeinsamen Gegner, Deutschland ging. Dass er als Hauptschuldiger am Krieg zur Rechenschaft gezogen, hart bestraft werden müsse, war unstrittig und unstrittig auch die Überzeugung, dass sich Deutschland nicht auf die Prinzipien der Atlantik-Charta berufen, territoriale Integrität fordern dürfe. Mehrere Modelle, es aufzuteilen, wurden erwogen, Gebietsabtretungen an Polen und die Sowjetunion besprochen; und einvernehmlich plante man die künftigen Besatzungszonen und die Modalitäten ihrer Verwaltung. Ob dieses Deutschland noch in der Lage war, Reparationsleistungen in Höhe von 10 Milliarden Dollar aufzubringen, schien den Westalliierten indes fraglich, und so schoben sie eine entsprechende Forderung Stalins in Jalta erst einmal auf die lange Bank.

Doch nicht Deutschland, sondern Polen war und blieb das ungelöste Problem. Das Verhältnis Moskaus zur polnischen Exilregierung in London erwies sich als irreparabel, vor allem nachdem deutsche Stellen im Frühjahr 1943 bei Smolensk (in Katyn) Massengräber mit den Leichen von über 4000 polnischen Offizieren entdeckt hatten; sie waren bei der Besetzung Ostpolens 1939 in die Hände der Roten Armee gefallen. Dass die Londoner Exilregierung eine internationale Untersuchung forderte, veranlasste Stalin, die Beziehung zu ihr abzubrechen und sich einen eigenen polnischen Gesprächspartner zu schaffen. Mit Vorrücken der Roten Armee wurde im Sommer 1944 ein „Polnisches Komitee der nationalen Befreiung" gegründet, das unter Bezeichnung „Lubliner Komitee" bekannt und wenig später von Moskau als einziger Repräsentant Polens anerkannt wurde. Aus ihm ging eine kommunistisch dominierte, prosowjetische Regierung hervor; ihr überantwortete Stalin die 1944/45 Stück um Stück zurückeroberten polnischen Gebiete sowie die ehemals deutschen Territorien östlich der Oder und Neiße – als fait accompli und ungeachtet westlicher Proteste.

Schon die Stalinsche Polenpolitik gab Anlass genug, die alten Vorbehalte gegen den sowjetischen Bündnispartner bestätigt zu finden. Das Misstrauen schien im gleichen Maße zu wachsen, wie die neue Einfluss- und Interessensphäre der UdSSR Gestalt anzunehmen begann: Schon im Dezember 1943 hatte Stalin mit der tschechoslowakischen Exilregierung (unter E. Beneš) einen „Vertrag über Freundschaft, gegenseitige Hilfe und Zusammenarbeit nach dem Kriege" abgeschlossen, der das Land auf eine prosowjetische Außenpolitik festlegte. Die Feindstaaten Rumänien, Bulgarien und Ungarn wurden 1944/45 von der Roten Armee besetzt und durch Einsetzung sowjetfreundlicher Regierungen auf den gleichen Kurs gebracht. In Jugoslawien und Albanien siegten kommunistisch geführte Partisanenbewegungen, was auch in Belgrad und Tirana den sowjetischen Einfluss zu garantieren schien. Und im Frühjahr 1945 waren Truppen der Roten Armee – vor den Westalliierten – in Wien und Berlin.

VIII. Der Aufstieg zur Weltmacht (1945–1953)

Mitte Juli 1945 traf Stalin erneut den amerikanischen Präsidenten und den britischen Premier, im Schloss Cecilienhof in Potsdam. Seit Jalta war nur ein halbes Jahr vergangen. Doch inzwischen hatte Deutschland kapituliert; was davon übrig geblieben war, wurde in Besatzungszonen aufgeteilt und die gesamte Staatsgewalt den alliierten Militärkommandanten übertragen. Auch der pazifische Krieg stand vor dem Abschluss. Im August warfen die USA zwei Atombomben auf Hiroshima und Nagasaki, Anfang September kapitulierte Japan. Dennoch war von einer Siegesstimmung in Potsdam wenig zu spüren. Das lag nicht allein daran, dass Roosevelt kurz vorher gestorben und sein ehemaliger Vice (Harry S. Truman) nach Potsdam gekommen war; und dass für Churchill Unterhauswahlen anstanden, die noch während der Konferenz zu seiner Ablösung als Premier führen sollten. Die Einbrüche im Atmosphärischen waren prinzipieller Natur. Der Wegfall des gemeinsamen Gegners ließ die Gegensätze wieder stärker hervortreten und entzog der bisherigen Allianz Zug um Zug den Boden.

In der britischen und amerikanischen Führung hatten Auftreten und Vorrücken der Roten Armee Ernüchterung und wachsendes Befremden ausgelöst. Die Übergriffe gegen die Zivilbevölkerung, die Vergewaltigungen und die privaten Beutezüge, der amtlich verfügte Abtransport von Nahrungsmitteln und Industriegütern, die Massenverhaftungen und Regierungsumbildungen, schließlich der Rigorismus, die Politik der vollendeten Tatsachen, mit der man im „befreundeten" Polen den sowjetischen Kurs durchzusetzen versuchte – so hatten sich die Westalliierten die Befreiung Europas vom Faschismus nicht vorgestellt. Sie erinnerten Stalin an das Selbstbestimmungsrecht der Völker, an die in Jalta abgegebene Erklärung zur Durchführung demokratischer Wahlen; nur dann sei man zur Anerkennung der Regierungen bereit und könne die Aufnahme ihrer Staaten in die Organisation der „Vereinten Nationen" befürworten; und sie fügten mahnend hinzu, dass die besprochenen Grenzziehungen noch der endgültigen Bestätigung bedürften.

Für Stalin stellten die Westalliierten damit wieder in Frage, was sie – aus seiner Sicht – der Sowjetunion längst zugestanden hatten; wenn sie von der mangelnden demokratischen Legitimation der Regierungen in Osteuropa sprachen, hielt er ihnen entgegen, dass auch die italienische und die französische Regierung nicht aus Wahlen hervorgegangen waren; wenn gemeinsam gegen Diktaturen eingeschritten werden solle, dann auch gegen die Regime in Spanien und Argentinien; und wenn die Partner Mitsprache in Osteuropa verlangten, stand aus seiner Sicht der Sowjetunion gleiches Recht in Westeuropa, im Mittelmeer oder in Nordafrika zu, wobei er etwa einen Dardanellenstützpunkt und eine sowjetische Treuhandschaft über die ehemaligen italienischen Kolonien (z.B. Libyen) in die Diskussion warf.

Die Differenzen schlugen auch auf das deutsche Problem durch. Zwar blieben sich die Kriegsalliierten einig, dass Deutschland bestraft, entmilitarisiert und entnazifiziert, seine Wirtschaft entflochten und seine Bevölkerung politisch umerzogen werden müsse. Doch wenn Stalin darüber hinaus Reparationen in Milliardenhöhe zum Wiederaufbau der Sowjetunion und die Beteiligung an der Ruhrkontrolle verlangte, stieß er auf Ablehnung, so wie umgekehrt der westliche Vorstoß, die Grenzen noch einmal zur Diskussion zu stellen, scheiterte. So blieb als einziger, provisorischer Ausweg die Festschreibung des machtpolitischen status quo. Er sah für Deutschland vor, dass jede der Siegermächte ihre Reparationsforderungen vornehmlich in der eigenen Besatzungszone befriedigte und in ihr praktizierte, was sie unter Entmilitarisierung, Entnazifizierung, Demokratie und Umerziehung verstand. Und in Europa gewannen die de-facto-Grenzen und -Einflusssphären normative Kraft, eine Regelung, die den Kern einer neuen, bipolaren Weltordnung in sich barg, mit den beiden, sich formierenden Weltmächten als Gravitationszentren, den USA und der Sowjetunion.

1. Der Wiederaufbau der sowjetischen Wirtschaft

Nach außen gehörte die Sowjetunion zu den Siegermächten; doch im Inneren war sie ein zerstörtes, ja verwüstetes Land. Dem deutschen Vorstoß bis zur Wolga 1941/42 folgte 1943/44 der Rückzug, der die Strategie der „verbrannten Erde“ anwandte: Dabei wurden Ansiedlungen dem Erdboden gleichgemacht, Fabriken gesprengt, Schachtanlagen geflutet, Eisenbahnverbindungen unterbrochen, demontiert, unbrauchbar gemacht. Nach einer sowjetischen Verlustbilanz fielen ihr 70000 Dörfer, 1700 städtische Ansiedlungen, 32000 Betriebe und Industrieunternehmen, 98000 Kolchosen, 1900 Sowchosen, 2900 Maschinen- und Traktorenstationen, 65000 km Eisenbahnverbindungen zum Opfer. Die Zahl der Gefallenen und Ziviltoten lässt sich nur schätzen, man spricht heute von 27 Millionen. 25 Millionen waren obdachlos.

Für den Wiederaufbau der Wirtschaft hatte die sowjetische Führung Hilfe aus dem Westen fest eingeplant. Von ihren Reparationsforderungen an Deutschland, aus der laufenden Produktion und in Form von Demontagen, war schon die Rede. Außerdem ging man davon aus, dass die USA, um eine Überproduktionskrise zu vermeiden, noch auf längere Zeit auf den sowjetischen Absatzmarkt angewiesen bleiben würden. Doch bereits im Sommer 1945 stellten die USA ihre Lieferungen ein, und auch die Reparationsleistungen blieben weit hinter den sowjetischen Erwartungen zurück. So musste die Wirtschaftspolitik vor allem auf die eigenen Kräfte setzen, und sie knüpfte dort an, wo sie in den 30er Jahren aufgehört hatte.

Bereits im Sommer 1945 hatte die Staatliche Planbehörde (gosplan) den Auftrag erhalten, den Entwurf eines neuen (4.) Fünfjahrplans vorzulegen; er wurde im März 1946 vom Obersten Sowjet angenommen. In der Setzung seiner Prioritäten rangierten – wie schon in der Vorkriegszeit – Investitionen vor Konsum, Fabriken und Großbauten vor Wohnhäusern, Städte vor Dörfern. Im Mittelpunkt standen die Schwerindustrie und das Eisenbahnwesen; 87,9 % aller Investitionen sollten in den Produktionsmittelsektor, nur 12,1 % in die Leicht- und Lebensmittelindustrie fließen. Ein Großteil der Investitionen diente dem Wiederaufbau der zerstörten Industrien im Westen, doch die neuen Industriestandorte jenseits des Ural sollten deshalb nicht aufgegeben wurden. Die Gesamtstrategie bescherte rasche Erfolge (die Planziele im schwerindustriellen Bereich wurden bis 1950 sogar übererfüllt), hatte jedoch auch ihre Mängel: Die „alten" und größten Industriezweige, mit Vertretung und Gewicht in den entsprechenden Ministerien, beanspruchten den Großteil der Ressourcen für sich; Konsumentenwünsche (wie die Hoffnung auf eine Verbesserung der Versorgungslage mit Gebrauchsgütern), aber auch technische Neuerungen der Kriegszeit (z.B. auf dem Gebiet der Kunststoffe und synthetischen Chemie) blieben außen vor. Die sowjetische Wirtschaft wurde gleichsam auf dem Stand der 30er Jahre eingefroren.

Das galt auch für die Landwirtschaft. Während des Krieges hatte es die Regierung geduldet, dass die private Nutzung von Boden zunahm; und die Reduzierung der zur Verfügung stehenden Arbeitskräfte brachte es vielfach mit sich, dass die Felder von Kleingruppen (etwa mit einer Familie als Kernbestand) bestellt wurden. Das ließ manche sogar auf die Aufhebung des Kolchossystems nach dem Kriege hoffen. Doch im September 1946 verfügte die Sowjetführung, die „Verletzungen des Kolchosstatuts" seien rückgängig zu machen: Alles Land, das Privatpersonen oder Institutionen während des Krieges für die Eigenversorgung erworben oder sich angeeignet hatten, sollte zurückgegeben werden. Im gleichen Jahr wurde als neues Aufsichtsorgan der „Rat für Kolchosangelegenheiten" eingerichtet. Im Frühjahr darauf verstärkte die Staatsführung noch den zentralen Zugriff, indem sie den Kolchosen die Vorlage detaillierter Aussaatpläne verpflichtend vorschrieb und gleichzeitig die absolute Priorität der Staatsversorgung und die strikte Einhaltung des Kolchosstatuts bestätigte.

Seit Ende der 40er Jahre ging die Staatsführung noch einen Schritt weiter, kritisierte die Kolchosen als zu klein und die Arbeitsorganisation in Kleingruppen (mit 6 bis 10 Mitgliedern) als rückständig. Deshalb sollten jeweils mehrere Kolchosen zu Großkolchosen zusammengefasst und in jeder die Arbeit nach dem Brigadesystem reorganisiert werden (wobei eine Brigade bis zu 100 Mitglieder umfasste). So reduzierte sich die Zahl der Kolchosen binnen kurzem um 60 %. Wäre es nach N. S. Chruschtschow (seit

1949 im Zentralkomitee zuständig für die Landwirtschaft) gegangen, hätte man gleich auch die Dörfer aufgelöst und die Bauern in Agrostädten zusammengefasst; doch das hierfür nötige Investitionsvolumen machte solche Überlegungen zu bloßen Gedankenspielen.

Unter solchen Voraussetzungen erholte sich die Landwirtschaft nur langsam. Nach einer Dürre suchte 1946, vom Westen kaum bemerkt, erneut eine Hungerkatastrophe die Ukraine, Moldawien, das Schwarzerdegebiet, die untere und mittlere Wolga heim; Schätzungen sprechen von 500 000 bis 1 Million Hungertoten (wobei an den Folgen, an Krankheiten und Epidemien, noch einmal soviel gestorben seien). Dass es dabei wie in den 30er Jahren zu Fällen von Kannibalismus kam, lässt das Ausmaß des Elends ahnen. Die Regierung antwortete (im Oktober 1946) auf ihre Weise, mit einem Dekret zur „Verteidigung des Staatlichen Getreides"; es bot die Handhabe, um bereits in den folgenden zwei Monaten Zehntausende von Bauern zu Lagerhaft zu verurteilen und Tausende von Kolchosvorsitzende wegen „Sabotage" bei der Steuereinzugskampagne festzunehmen. Im Juni 1947 stieß die Führung mit zwei Dekreten nach, die jede „Missachtung des Eigentums des Staates oder einer Kolchose" mit Lagerhaft von 5 bis 25 Jahren bedrohten; bis zum Ende der Stalinzeit wurden nach diesen Dekreten 1,3 Millionen Menschen abgeurteilt.

Auch 1950 lag der Umfang der Getreideernte und der Bestand an Kühen noch deutlich unter dem Vorkriegsstand (1940) und die Pro-Kopf-Produktion an Getreide und Fleisch im Durchschnitt der Jahre 1946–50 bei etwa 65 % des Standes von 1913, und selbst im folgenden Jahrfünft 1951–1955 erreichte sie noch nicht den vorrevolutionären Umfang. Die Bauern blieben Sowjetbürger zweiter Klasse. Was der Staat an Aufkaufpreisen zahlte, reichte mitunter kaum zur Deckung der Transportkosten (die anfielen, um das Getreide zur nächsten Ablieferungsstelle zu bringen), von den Gestehungskosten ganz zu schweigen. Mit der Durchführung der Währungsreform (im Dezember 1947) wertete die Regierung allen Bargeldbesitz im Verhältnis 1 : 10 ab und nahm den Bauern damit praktisch alle Ersparnisse aus der Kriegszeit. Gemessen an dem, was die Kolchosbauern in ihren Kollektivwirtschaften an Lohn erhielten, mussten sie 1948/50 etwa 20 Tage arbeiten für ein Flasche Wodka, 60 Tage für ein Kilogramm Butter, 1 Jahr für einen Anzug einfacher Qualität. Ein Überleben war nur durch die Nutzung des privaten Hoflandes möglich. Auch der Staat war auf dessen Erzeugnisse angewiesen. Schließlich wurden hier auf 5 % des Gesamtlandes (1950) fast bzw. über 70 % des Fleisches sowie der Kartoffeln und der Milch und fast 90 % der Eier erzeugt.

2. Die Disziplinierung von Gesellschaft, Kultur und Wissenschaft

Der Krieg hatte die sowjetische Gesellschaft verändert: die ungezählten Millionen Frauen, die in der Produktion für das Überleben und den Sieg gekämpft hatten; die frühreifen Kinder, die in diesen schweren Jahren ohne Väter und Großväter aufgewachsen waren; die 4–5 Millionen Sowjetbürger, „Ostarbeiter" und Kriegsgefangenen, die 1945/46 aus Deutschland und anderen Ländern zurückgeführt und repatriiert wurden; die über 10 Millionen, die aus den Frontgebieten in die östlichen Landesteile evakuiert worden waren und nun in ihre ursprünglichen Wohngebiete zurückzukehren hofften; die über 11 Millionen Soldaten, die gegen den Feind gekämpft hatten und mit der siegreichen Roten Armee aus dem Westen heimkehrten. Von ihnen vor allem wird berichtet, dass sie ein nicht geringes Selbstbewusstsein und große Erwartungen mit zurück brachten.

Doch sie hatten zu lernen, dass alle Hoffnungen auf ein Ende der Anspannung verfrüht waren. Jeder erfuhr es am eigenen Leibe. Von den Bauern war bereits die Rede, und in der Stadt blieben die Löhne niedrig, die Arbeitszeiten lang, die Güter knapp, die Preise hoch und die Wohnverhältnisse katastrophal. Die Androhung drakonischer Strafen suchte Arbeitsdisziplin und innere Ordnung aufrecht zu erhalten. Die Repatrianten hatten erst ein „Kontroll- und Filtrierlager" zu durchlaufen; selbst wenn etwas mehr als die Hälfte ins Zivilleben zurückkehren durften (und damit der Einberufung zur Armee, der Überstellung in die Arbeitsarmee oder Aburteilung samt Einweisung in ein Straflager entgingen), stießen sie bei den Lokalbehörden nicht selten auf Misstrauen, auf den stillen oder offenen Vorwurf, „Verräter" und „Volksfeinde" zu sein. Und nicht leichter, wenn auch aus anderen Gründen, fiel die Wiedereingliederung ins Zivilleben den 8,5 Millionen, die aus dem

Armeedienst ausschieden, vor allem dann, wenn sie direkt von der Schulbank einberufen worden waren. Auch sie mussten viele Hoffnungen begraben, selbst wenn sie nicht ganz erloschen und später zum Nährboden der späten 50er und frühen 60er Jahre werden sollten.

Dass auch Kunst und Wissenschaft den neuverordneten Gleichschritt nicht störten, dafür sorgte die Kulturpolitik des Zentralkomitees; Sekretär ihrer Agitation- und Propaganda-Abteilung war Andrej Schdanow. Die Abkehr vom liberaleren Kurs der Kriegszeit leitete die ZK-Entschließung vom 14. August 1946 ein, die sich gegen zwei Leningrader schöngeistige Zeitschriften richtete. Ihnen wurde vorgeworfen, Werke des Satirikers M. Soschtschenko und der Lyrikerin A. Achmatowa abgedruckt zu haben, deren Schaffen als „nicht-“ und „antisowjetisch“, „fremd“ und „bösartig“, „ideenlos“ und „apolitisch“, „dekadent“ und „pessimistisch“ zu gelten habe. Der ZK-Entschließung folgend, wurde die Redaktion der einen Zeitschrift ausgewechselt, die andere ganz eingestellt. Soschtschenko und die Achmatowa verloren ihre Mitgliedschaft im sowjetischen Schriftstellerverband, was einem Publikationsverbot gleichkam. Ein Exempel für die Überprüfung und Säuberung weiterer Redaktionsstuben war geschaffen.

Aufgabe des Schriftstellers, so erläuterte Schdanow den ZK-Beschluss, sei die „Erziehung menschlicher Seelen“; er stehe dabei an der „ideologischen Front“, im Kampf gegen alles Bürgerliche und für die Parteilinie. Eine entsprechende Entschließung des Zentralkomitees zum Repertoire der Theater erging am 26. August; sie kritisierte die Dominanz nicht-sowjetischer, bürgerlicher Stücke und verordnete Abhilfe. Am 4. September nahm sich das Zentralkomitee des Films an, Beschlüsse zur Oper, Musik und Bildenden Kunst folgten. Sie forderten „Parteilichkeit“, „Volkstümlichkeit“ und „Optimismus“; „formalistische Richtungen“ galten als unsowjetisch, volksfeindlich und zersetzend, als Ausdruck eines „vaterlandslosen Kosmopolitismus“.

Vaterlandsloser Kosmopolitismus lief dem geforderten Sowjetpatriotismus zuwider, mit russischer Geschichte und Kultur als Leitstern. Dass daneben wenig Raum blieb für eine „Sonderrolle“ anderer Nationen, musste auch das „Jüdische Antifaschistische Komitee“ erfahren. 1942 mit Wissen und Willen der sowjetischen

Abb. 19: Der Aufstieg zur Weltmacht fand im Ausbau der Hauptstadt seinen sinnhaften Ausdruck. Vor der Revolution hatten die goldenen, silbernen und blauen Kuppeln unzähliger Kirchen und Klöster, die die niedrigen Häuser überragten, das Aussehen Moskaus bestimmt. Nach der Revolution wurden von den 450 Kirchen 250 abgerissen und 1935 ein erster Generalplan für eine Rekonstruktion der Stadt, die Neuanlage von Straßen und Alleen und die Errichtung repräsentativer Großbauten (Ministerien, Hotels, Bibliotheken) vorgelegt. Auf dem Platz der 1931 gesprengten Christ-Erlöser-Kathedrale sollte nach dem Entwurf der Architekten Iofan, Schtschuko und Helfreich aus dem Jahr 1934 (unser Bild) ein 420 Meter hoher „Palast der Sowjets" entstehen, mit einer Kongresshalle für über 20000 Teilnehmer und einer 70 Meter hohen Leninstatue auf der Spitze. Durch den Krieg unterbrochen, wurden die Planungen für die Rekonstruktion Moskaus – in den Dimensionen noch einmal gewaltig gesteigert – unmittelbar nach Kriegsende wieder aufgenommen. Auf Beschluss des Ministerrates von 1947 entstanden auch jene 7 Stalin-Hochhäuser, die Moskau eine ganz neue, zukunftsweisende Silhouette geben sollten und sie noch heute prägen. Der „Palast der Sowjets" wurde allerdings nie gebaut, der Plan dazu unter Chruschtschow endgültig aufgegeben, die gleichnamige Metrohaltestelle in „Kropotkinskaja" umbenannt und auf dem vorgesehenen Bauplatz ein Freibad errichtet.

Regierung gegründet, um die Juden weltweit zu mobilisieren und die Bildung einer zweiten Front zu beschleunigen, hatten ihm die Behörden Anfang 1945 die Publikation eines „Schwarzbuches" über die NS-Verbrechen an den Juden mit der dekuvrierenden Begründung untersagt, sein Leitgedanke sei, die Deutschen hätten die Sowjetunion nur deshalb angegriffen, um die Juden auszurotten. Ganz in diesem Sinne hatte der Chef der Staatssicherheit im Oktober 1946 dem Komitee „nationalistische Tendenzen" vorgeworfen. Im Dezember 1947 wurden mehrere Mitglieder des Komitees verhaftet, wenige Wochen später dessen Vorsitzender (der Schauspieler und Regisseurs S. Michoels) ermordet und Anfang der 50er Jahre dem Komitee der Prozess gemacht; er endete damit, dass 13 der 15 Angeklagten zum Tode verurteilt und hingerichtet wurden. Kosmopolitismus, Überbewertung des Westens und ungenügende Berücksichtigung der national-russischen Traditionen – solchen Vorwürfen sahen sich auch Philosophen, Juristen und Historiker ausgesetzt, etwa wenn sie sich mit westlicher Philosophie, bürgerlichen Rechtsideen, europäischer Geschichte beschäftigten, bürgerlicher Herkunft waren oder jüdische Namen trugen. Ausdruck dieser anti-kosmopolitischen, sowjetpatriotischen Grundhaltung waren die zahllosen, peinlichen bis lächerlichen Versuche, bei allen wissenschaftlichen Entdeckungen oder technischen Erfindungen nachzuweisen, dass sie ein Russe vorher gemacht oder zumindest die Hand mit im Spiel hatte. In die Auseinandersetzungen um den Stellenwert der Sprache im allgemeinen und des Russischen im besonderen mischte sich Stalin selbst mit ein (um auf den Siegeszug des Russischen in der Geschichte abzuheben).

Sowjetisiert sollten schließlich auch die Naturwissenschaften werden. Dabei stieg der Bauernsohn und Autodidakt Trofim Lysenko zur Koryphäe einer neuen, sowjetischen Biologie auf. Lysenko hatte seit Ende der 20er Jahre mit der Abkürzung der Reifezeit bei Kulturpflanzen experimentiert und darauf aufbauend eine Theorie entwickelt, wonach Erbanlagen durch Änderung der Lebensbedingungen gezielt verändert werden könnten. Dies versprach praktische Erfolge in der Landwirtschaft und schien eine biologistische Untermauerung der soziologischen Theorie des Marxismus zu liefern, des Glaubens, durch eine radikale Umformung der gesellschaftlichen Verhältnisse auch einen neuen

Abb. 20: Im Moskauer Stadtbild sollten sich die Hochhäuser (Ministerien, Universitäten, Bahnhöfe, Hotels und Wohngebäude) wie die neuen Kathedralen, Kathedralen des Fortschritts ausnehmen. Von den verbliebenen, sehr viel kleineren Kirchen wurden die meisten Museen. Doch viele ihrer Stilelemente fanden sich in den neuerrichteten, barocken, mit Gemälden, Mosaiken, Plastiken, Stukkatur und prunkvollen Leuchtern überreich ausgestatteten U-Bahnhöfen wieder. Sie sollten der Hauptstadt neuen Glanz und weltstädtische Pracht verleihen, wohl aber auch zeigen, dass nun die Prioritäten anders gesetzt wurden.

Menschentypus schaffen zu können. Ökonomisches und politisches Wunschdenken machten Lysenkos Theorie zur herrschenden Lehre. Sie beeinflusste nachhaltig nicht nur die sowjetische biologische Forschung, sondern auch ihre natur- und humanwissenschaftlichen Nachbardisziplinen.

3. Die Doppelherrschaft von Partei- und Staatsbürokratie

1945/46 kehrte die Sowjetunion zur verfassungsrechtlichen Normalität zurück. Das Staatskomitee für Verteidigung wurde aufgelöst und das nach der Verfassung höchste Staatsorgan, der Oberste Sowjet, neu gewählt. In den Kriegsjahren kaum je versammelt, trat er nun wieder häufiger zusammen. Doch wie schon in der Vorkriegszeit besaß er mehr repräsentative als wirkliche Entscheidungsfunktionen.

Die Regierungsgewalt lag seit Kriegsende wieder beim Rat der Volkskommissare; er wurde im März 1946 in „Ministerrat" umbenannt. Diverse Rüstungsministerien verschwanden, zivile traten an ihre Stelle. Dabei wuchs der Regierungsapparat durch Ausgliederung immer neuer Ressorts gewaltig; gab es 1937 18 Ministerien (die damals noch Volkskommissariate hießen), so 1947 58. Sie betreuten die verschiedensten Wirtschaftszweige und Regionen beim Wiederaufbau. Bei den Mitgliedern und Leitern war vor allem ökonomischer und technischer Sachverstand gefragt.

Die Partei sollte verlorenes Terrain und ihre politische Führungsrolle gegenüber Staat und Armee, Wirtschaft und Gesellschaft zurückgewinnen. Das Politbüro begann, wieder regelmäßig zu tagen; auch das Zentralkomitee tauchte aus der Versenkung auf und wählte ein neues Sekretariat; für 1952 wurde ein neuer Parteitag vorbereitet, der erste seit 1939. Als Vorsitzender des Ministerrates und Generalsekretär der Partei verband Stalin in Person und mit Hilfe seiner Geheimkanzlei die beiden Stränge der Macht, der politischen Entscheidungs- und Kontrollstrukturen.

Wie sich dieses Nebeneinander von Partei und Staat, verbunden durch die übermächtige Figur eines Stalin, in der Praxis ausnahm, ist nicht ganz leicht zu bestimmen; das galt schon für die Führungsebene, erst recht für die Verhältnisse draußen im Lande.

Gewiß hatte der „Generalissimus", nun auf dem Höhepunkt seiner Karriere, die Macht, sich in alles und jedes einzumischen; doch wie es scheint, zog er sich, je älter er wurde, mehr und mehr aus dem politischen Tagesgeschäft zurück und überließ viele, ja die meisten Dinge ihrer Eigengravitation. Ihre Planung und Durchführung blieb Aufgabe einer immer gigantischere Ausmaße annehmenden Ministerialbürokratie. Innerhalb ihrer gewannen die Vertreter einzelner Ressorts, Industriezweige und Wirtschaftsregionen besonderes Gewicht, was sich in erheblichem politischen Einfluss und Zugriff auf Ressourcen niederschlug. Ihnen stand eine Partei gegenüber, die sich mehr und mehr zur breiten Massenbewegung auswuchs; obwohl 3 Millionen ihrer Vollmitglieder und Kandidaten im Krieg umkamen, nahm sie zwischen 1939 und 1945 von 2,3 auf 5,7 Millionen zu. Ob das auch mehr Macht oder nur mehr Integrationsprobleme nach sich zog, muss offen bleiben. Bei der Vielzahl an personellen Verbindungen (alle Fachminister waren selbstverständlich auch Parteimitglieder) gab es eine genaue Abgrenzung von Partei und Staat ohnehin nur in der Theorie.

Die genannten Konstellationen machten Gruppenbildungen, Koalitionen und Auseinandersetzungen auf den verschiedensten Gebieten möglich. Dass es sie gab, ist unstrittig, deren Ausmaß und Struktur im einzelnen zu bestimmen, gleichwohl schwierig; bei mangelnder Quelleneinsicht blieben alle Versuche fragmentarisch und die Gefahr, sich in die Plausibilität von Spekulationen zu flüchten, groß. Selbst die Hintergründe der „Leningrader Affaire" ließen sich bisher nicht vollständig aufklären: Als 1948 Schdanow starb, der Leningrader Parteiführer gewesen war und als potentieller Nachfolger Stalins galt, wurde die gesamte ortsansässige Partei- und Sowjetführung verhaftet und erschossen. Es ist gewiss möglich, dass es hier um eine politische Abrechnung mit den Leningradern, ihrem im Krieg gewachsenen Selbstbewusstsein ging, und es darf unterstellt werden, dass von der Affaire besonders Malenkow profitierte, der in der Hierarchie vorrückte. Aber sind Ziele und Träger der Aktion damit bereits hinreichend umschrieben? Nicht restlos geklärt ist auch die Frage, ob die Auflösung des Politbüros, dessen Integrierung in ein größeres Präsidium auf dem 19. Parteitag 1952, nur das Vorspiel einer neuen, bereits geplanten Parteisäuberung sein sollte; Chruschtschow deutete später an, dass Stalin damit seine immer mächtiger werdende Führungsgruppe (besonders

Malenkow und Berija) wieder loszuwerden gedachte*. Und: hing die Verhaftung prominenter Kremlärzte – wie sie die „Prawda" im Januar 1953 bekannt gab, von denen auffällig viele jüdische Namen trugen, verbunden mit dem Vorwurf, sie seien Agenten ausländischer Nachrichtendienste und zionistischer Bewegungen gewesen – damit irgendwie zusammen? Letzte Sicherheit fehlt auch hier.

Immerhin erinnern uns die letztgenannten Ereignisse daran, dass das Regime – auch nach Übergang zur „Normalität" 1945/46 – eine Diktatur blieb: mit ungebrochener Macht der Geheimpolizei und einem weitverzweigten System von Zwangsarbeitslagern, die sich seit 1946/47 mit Millionen neuer Häftlinge füllten. Denn überall suchte man nun – mit Verschärfung des „Kalten Krieges" – nach „Spionen" und „Vaterlandsverrätern", die den Aufstieg der Sowjetunion zur Weltmacht zu „sabotieren" versuchten.

4. Die Formierung des Sowjetimperiums

Es deutet einiges darauf hin, dass Stalin die Fortsetzung der Kriegskoalition ihrem Bruch wohl vorgezogen hätte. Nur in der Allianz war auf westliche Kredite, die Fortsetzung der amerikanischen Lieferungen und die Durchsetzung der Reparationsforderungen zu hoffen. Nur mit ihrer Hilfe schien ein rascher Wiederaufbau möglich, ein Ziel, bei dem innen-, sicherheits- und machtpolitische Überlegungen kaum zu trennen waren.

Die sowjetische Führung hatte dabei wohl ein Arrangement im Auge, das auf einer Art großmachtpolitischer Gleichberechtigung beruhte: Die UdSSR erkannte die Dominanz der USA und Großbritanniens im Westen an, bei umgekehrten Verhältnissen in Osteuropa. So wie verschiedene westeuropäische Regierungen seit der letzten Phase des Krieges durch kommunistische Vertreter erweitert worden waren, wollte sich die UdSSR den zentralen Einfluss in Osteuropa sichern, im politischen System wie in der Wirtschaft,

* Umgekehrt haben Berija, Malenkow, Molotow und Chruschtschow – wie sowjetische Historiker seit Ende der 80er Jahre zu zeigen suchten – wenig getan, um – als sie Anfang März 1953 von Stalins Schlaganfall informiert wurden – die notwendige, rasche medizinische Hilfe zu organisieren; ob sich der Tatbestand „unterlassener Hilfeleistung" oder gar „Verschwörung" erhärten lässt, steht dahin, ob die Hilfe lebensrettend gewesen wäre, erst recht.

ohne das Mehrparteiensystem und das Privateigentum an Produktionsmitteln völlig abzuschaffen. Die Schwäche der eigenen, sowjetischen Position lag darin, dass man der westlichen Forderung nach freien Wahlen nicht zustimmen konnte; sie hätten in den meisten Ländern unweigerlich zum Machtverlust der kommunistischen Parteien (und damit auch des sowjetischen Einflusses) geführt. Und die Sowjetunion hatte der amerikanischen Wirtschaftsoffensive, dem Angebot von Krediten und Wiederaufbauhilfe nichts Vergleichbares entgegenzusetzen. Wollte sie ihren (alten und neuen) weltpolitischen Anspruch dennoch aufrecht erhalten, blieb nur die ideologisch mehr oder weniger verbrämte Gewalt.

Potsdam und die nachfolgenden Konferenzen der Außenminister hatten 1945/46 die Unvereinbarkeit der Standpunkte erwiesen. Je mehr die USA auf freie Wahlen und Mitsprache in Osteuropa drängten, desto rigoroser wurden die sowjetischen Maßnahmen zur Festigung der Macht und zum Ausbau der errungenen Positionen: in Rumänien und Bulgarien, Jugoslawien und Albanien, Ungarn und der Tschechoslowakei, in Polen und in der deutschen Besatzungszone. Selbst wenn das Vorgehen in den einzelnen Ländern variierte, wies es gemeinsame Grundzüge auf: Dazu gehörte die Einbindung der „bürgerlichen" Parteien in einen „Demokratischen Block" oder eine „Vaterländische Front", wobei „Block" und „Front" eindeutig von den Kommunisten dominiert wurden; Bodenreformen und Verstaatlichungsprogramme, die tief in die traditionelle Wirtschafts- und Sozialstruktur eingriffen; sowie bilaterale Abkommen, die die neuen Staaten an die Sowjetunion banden.

Die USA deuteten dies als Wiederaufnahme der weltrevolutionären Traditionen und verkündeten im Frühjahr 1947, angesichts von Bürgerkriegsunruhen in Griechenland und der Türkei, ihre Entschlossenheit, jeder weiteren kommunistischen Expansion entgegenzutreten (die sog. „Truman-Doktrin"). Als flankierende Maßnahme wurde im Sommer 1947 ein wirtschaftliches Wiederaufbauprogramm (bekannt als „Marshall-Plan") gestartet, das den daran teilnehmenden europäischen Ländern umfangreiche amerikanische Hilfe versprach. Ihre wirtschaftliche Stabilisierung sollte der Anfälligkeit für kommunistische Ideen den Boden entziehen. Die Kriegsallianz war endgültig zerbrochen, die Auseinandersetzung in einen „Kalten Krieg“ übergegangen, der die Welt in eine westliche und eine östliche Hemisphäre teilte.

Die sowjetische Führung antwortete mit Schulterschluss im eigenen Lager, forcierte seine Uniformierung im Innern und seine Abschottung nach außen (vgl. Karte 4 im Anhang). Unter Moskauer Druck wagte keiner der osteuropäischer Staaten, auf das Angebot des Marshall-Plans einzugehen. Ihre kommunistischen Parteien vereinbarten im September 1947 eine noch engere Zusammenarbeit unter der Führung der KPdSU (Gründung eines „Kommunistischen Informationsbüros“, der Kominform). In staatsstreichartigen Aktionen drängten sie die bürgerlichen Parteien noch weiter an den Rand des politischen Geschehens und die Sozialdemokraten zur Zwangsvereinigung mit den Kommunisten; in Rumänien geschah dies im Februar, in der Tschechoslowakei im Juni, in Ungarn im Juli, in Bulgarien im August und in Polen im Dezember 1948, die SBZ hatte, mit der Gründung der SED, im April 1946 dafür das Grundmuster geliefert. Parallel dazu wurden große Säuberungsaktionen innerhalb der kommunistischen Parteien durchgeführt; ihnen fielen Gegner des harten Kurses („Versöhnler“) und Verfechter eines eigenen Weges zum Sozialismus („nationalkommunistische Abweichler“) zum Opfer. Denn die Sowjetunion wurde nun in allem und jedem zum großen Vorbild: beim Erlass neuer Staatsverfassungen, beim Übergang zur Planwirtschaft, bei der Enteignung der Schlüssel- und beim forcierten Ausbau der Schwerindustrie, bei der Kollektivierung der Landwirtschaft, in der Kirchen-, Schul- und Wissenschaftspolitik. Nur Jugoslawien vermochte sich dem Versuch der Gängelung zu entziehen und brach 1948 mit Moskau.

Als Gegenstück zum Marshall-Plan und zur westlichen „Organisation für europäische wirtschaftliche Zusammenarbeit“ (OEEC) entstand 1949 auf sowjetische Initiative der „Rat für Gegenseitige Wirtschaftshilfe“(RGW, auch COMECON), mit der UdSSR als Mittelpunkt und dem Rubel als Leitwährung; hatten bis dahin manche osteuropäischen Staaten über die Hälfte (ja bis zu 80 und mehr Prozent) ihres Außenhandels mit westlichen Staaten abgewickelt, so ging dieser Anteil nun drastisch zurück. Mitte der 50er Jahre sollte auch die militärpolitische Zusammenarbeit institutionalisiert werden: mit der Gründung des „Warschauer Paktes“, als Gegenstück zur NATO.

Der Kalte Krieg, seine ideologischen und machtpolitischen Rivalitäten drohten wiederholt, in einen offenen Konflikt zwischen den sich formierenden Blöcken, in einen dritten Weltkrieg umzuschlagen. Besonders brisant erschien die Lage in der Mitte Europas und in Ostasien. In der Mitte Europas wurde Deutschland, einst Klammer der Allianz, zum Sinnbild und Gradmesser ihrer Gegensätze; an ihnen zerbrach das gemeinsame Besatzungsregime. Die Gegensätze schlugen sich nieder in der Ausbildung unterschiedlicher Wirtschafts- und Gesellschaftssysteme und führten 1948/49 zur Gründung zweier separater, in die Machtblöcke integrierter deutscher Staaten. War in der Mitte Europas der Status quo damit fixiert, schien er sich in Ostasien wenig später zugunsten der östlichen Seite zu verschieben: Im Frühjahr 1949 siegten die Kommunisten in China, und ein Jahr später unterstützten sie nordkoreanische Streitkräfte bei ihrem Angriff auf den Süden des Landes. Mit einem Mandat des UN-Sicherheitsrates (der sowjetische Delegierte nahm an der Sitzung nicht teil) griffen die USA zugunsten Südkoreas ein; Ergebnis war auch hier die Festschreibung der Teilung.

IX. „Tauwetter“ und Entstalinisierung (1953–1964)

Am 5. März 1953 starb Stalin. Er hinterließ keinen eigentlichen Nachfolger. Die Macht wurde aufgeteilt. G. M. Malenkow, der als primus inter galt, wurde 1. Parteisekretär und Ministerpräsident. L. P. Berija, schon bisher der Kopf der Geheimpolizei, übernahm die Leitung der Ministerien für Inneres und Staatssicherheit. Zum Vorsitzenden des Präsidiums des Obersten Sowjets (und damit nominellem Staatsoberhaupt) avancierte K. Je. Woroschilow, ein 72jähriger Marschall der Sowjetarmee. W. M. Molotow wurde Außen-, N. A. Bulganin Verteidigungsminister, beide hatten diese Ämter schon einmal unter Stalin innegehabt. Nachdem man die wichtigsten Staatsämter unter sich aufgeteilt hatte, bedachte man im nachhinein auch Nikita Sergejewitsch Chruschtschow, Parteichef der Stadt Moskau, einer der Sekretäre des Zentralkomitees und Agrarexperte: Er sollte sich nun ganz auf die Arbeit im Zentralkomitee konzentrieren und wurde im September dessen 1. Sekretär, nachdem Malenkow bereits im Frühjahr dieses Parteiamt aufgegeben hatte.

Nach außen hin war an die Stelle der Alleinherrschaft eine „Kollektive Führung“ getreten, die die wichtigsten Ämter im Staate von einander trennte: die Führung der Regierung, der Armee, des Geheimdienstes, der Partei, der Außenpolitik und den Vorsitz des Obersten Sowjet (verbunden mit der Rolle des Staatsoberhauptes). Doch das Bild trog. Intern waren bereits heftige Machtkämpfe im Gange; sie hatten schon an Stalins Totenbett begonnen, und im Rückblick war die Phase der kollektiven Führung nur ein Zwischenspiel. Binnen weniger Jahre gelang es Chruschtschow, zur zentralen Figur in der Sowjetführung aufzurücken. Mit ihm gewann die Partei ihre alte Führungsrolle zurück, gegenüber Regierung und Verwaltung, Geheimdienst und Armee. Durch Abrechung mit den Verbrechen der Vergangenheit, für die er Stalin persönlich verantwortlich machte, suchte ihr Chruschtschow verlorenes Vertrauen zurückzugewinnen, durch Abschaffung des Terrorsystems und das Angebot der Partizipation dem Sowjetstaat neue Lebenskraft zuzuführen.

Dass dem sozialistischen System, nicht dem kapitalistischen Westen die Zukunft gehörte, davon war Chruschtschow zutiefst überzeugt, es zu beweisen, das ehrgeizig gesteckte Ziel: Binnen eines Jahrzehnts, so verkündete er Anfang der 60er Jahre, werde man die USA in allen wichtigen Belangen ein- und überholen. Insofern sah er auch keinen Grund, in den außenpolitischen Zielen zurückzustecken und den Plan eines „sozialistischen Weltsystems" aufzugeben. Nur die Methode sollte, ja musste sich ändern, der Wettbewerb zwischen den Systemen „friedlich" ausgetragen werden: Denn im Zeitalter von Atomwaffen und ballistischen Raketen, wie sie inzwischen beide Seiten besaßen, bedrohte jeder neue, thermonuklear geführte Weltkrieg die Existenzbedingung der Menschheit als solcher und war ein Verbrechen an ihr. Das zwang zu „friedlicher Koexistenz".

Die Erfolge, die der neue Kurs in der Innen- und Justiz-, Wirtschafts- und Sozialpolitik erzielte, waren erheblich. Freilich, sie blieben meilenweit hinter den selbst gesteckten Zielen zurück. Ehrgeizige Versprechungen hatten überzogene Erwartungen geweckt. Rückschläge vertieften die Enttäuschung. In der Bevölkerung wie auch in der politischen Führung. Die neue Freiheit schuf neue Unsicherheit, wer sie nutzte, stieß rasch an ihre Grenzen. Das galt in Sonderheit für die „sozialistischen Bruderländer" und ihre Versuche, eigene Wege zu gehen. Selbst wo solche Versuche – mit Gewalt – unterbunden werden konnten, offenbarten sie Risse im „sozialistischen Lager". Auch das Bemühen, mit der kapitalistischen Welt einen modus vivendi zu finden, war nur begrenzt erfolgreich. Das Grundmisstrauen blieb, auf beiden Seiten.

1. Der Kampf um die Nachfolge

Die neue Kollektive Führung signalisierte Entgegenkommen, gegenüber der eigenen Bevölkerung und nach außen: Anfang April wurden die staatlichen Einzelhandelspreise um 10 % gesenkt, bei manchen Produkten waren die Reduktionen sogar noch höher, und die Löhne sollten im gleichen Jahr um 3 % steigen. Hatte es schon in der späten Stalinzeit Ansätze einer außenpolitischen Neuorientierung gegeben, so nannte Malenkow nun – bei der Trauerfeier am 9. März – die Erhaltung und Festigung des Friedens als Hauptziel: Es sei möglich, dass die beiden Systeme für lange Zeit neben einander bestünden und friedlich mit einander konkurrierten. Und eine Woche später fügte er vor dem Obersten Sowjet hinzu, es gebe zur Zeit keine Streitfrage, die nicht auf der Grundlage gegenseitiger Vereinbarungen gelöst werden könne, im Verhältnis zu allen Staaten, auch gegenüber den USA.

Auch Berija, als Geheimdienstchef nicht gerade beliebt, scheint im Frühjahr 1953 nach Kräften versucht zu haben, mit Kritik an der Arbeit der Sicherheitsorgane, mit Aufgeschlossenheit gegenüber den Forderungen der nichtrussischen Nationalitäten, mit Offenheit für neue Wege in der Außenpolitik, kurzum: als Reformpolitiker neues Format und breitere Unterstützung zu finden: So gab das von ihm geführte Innenministerium bekannt, dass das sogenannte „Ärztekomplott" wie die angebliche „Verschwörung der mingrelischen Nationalisten" in Georgien eine Erfindung jener waren, die sie „entdeckt" hatten. Noch im März trat er mit dem Vorschlag hervor, im Innern die Macht der Sondergerichte einzuschränken, einen Großteil der Lagerinsassen, da sie keine wirkliche Gefahr für Staat und Gesellschaft darstellten, zu amnestieren und die Aufsicht über das Lagersystem dem Justizministerium zu übertragen. In der Außenpolitik demonstrierte er Bereitschaft, den Gesprächsfaden mit dem Westen wieder aufzunehmen. So war er federführend an einem Memorandum des Präsidiums des Ministerrates beteiligt, das sich mit der Situation in Deutschland befasste und der Regierung in Ost-Berlin empfahl, ihre Politik des forcierten Aufbaus des Sozialismus noch einmal zu überdenken, die Kollektivierung der Landwirtschaft angesichts des bäuerlichen Widerstandes zu stoppen, den Glauben der Bevölkerung in Recht und Ordnung wiederherzustellen und Kurs auf die Schaffung eines vereinten, demokratischen, friedliebenden und neutralen Deutschland zu nehmen. Berijas Mitstreiter sahen hinter diesen und vergleichbaren Aktivitäten vor allem seinen Drang zur Macht. Sie warfen ihm vor, versucht zu haben, mit „hinterlistigem Intrigenspiel" den Führungskern der Partei zu spalten, „Zwist zwischen den Völkern der UdSSR" zu säen, bürgerlich-nationalistische Elemente ermuntert und den Aufbau des Sozialismus in der DDR zur Disposition gestellt zu haben: Im

Sommer 1953, nach Ausbruch und Niederschlagung des Arbeiteraufstandes in der DDR wurde er aller Ämter enthoben, verhaftet und erschossen.

Doch am neuen Kurs wurde festgehalten, in der Innen- wie in der Außenpolitik. Im August 1953 kündigte Malenkow – bei seiner Etatrede vor dem Obersten Sowjet – an, dass zur Verbesserung der Versorgungslage die Konsumgüterproduktion angekurbelt werden sollte, statt wie bisher einseitig die Schwerindustrie zu fördern. Und in der Außenpolitik glaubte man wohl – mit der Niederschlagung des deutschen Aufstandes vom 17. Juni – Stärke und Handlungsfähigkeit der neuen Regierung hinreichend unter Beweis gestellt zu haben; wenig später wurde die erste sowjetische Wasserstoffbombe erfolgreich getestet, sichtbares Zeichen, dass die UdSSR im Begriffe war, im atomaren Rüstungswettlauf mit den USA gleichzuziehen.

Tatsächlich setzte man sich Anfang 1954 nach langen Jahren wieder an einen Tisch: Im Januar/Februar trafen sich die Außenminister der 4 Besatzungsmächte in Berlin, um über das Deutschlandproblem zu beraten. Und im April nahm sich eine Gesprächsrunde in Genf das Indochinaproblem vor. Doch die Verhandlungen zeigten schnell, dass die Zielvorstellungen noch immer diametral auseinanderliefen. Die Westmächte hielten an ihrem Ziel der Befreiung Ostdeutschlands (und Osteuropas) fest, während die Sowjetunion als Voraussetzung für das friedliche Miteinander gerade die Anerkennung der im 2. Weltkrieg geschaffenen Lage forderte. Malenkows außenpolitische Initiative war gescheitert, bevor sie noch recht begonnen hatte.

Auch seine Wirtschaftspolitik, sein Versuch, Konsumgüterindustrie und Schwerindustrie gleichgewichtig zu fördern, blieb weit hinter den Hoffnungen und Erwartungen zurück, von der Landwirtschaft ganz zu schweigen. Alles gleichzeitig zu wollen, überschätzte die vorhandenen Ressourcen bei weitem und machte es keinem recht, weder denen, die – aus militärstrategischen Überlegungen – vor einer „weiteren Vernachlässigung der Schwerindustrie“ warnten, noch jenen, die – aus allgemein innenpolitischen Gründen – die anhaltend schlechte Versorgungslage beklagten. Das Zentralkomitee übernahm diese Kritik und beschloss Ende Januar 1955 (auf Vorschlag des 1. Sekretärs des ZK N. S. Chruschtschow) eine Reihe von wirtschaftspolitischen Maßnahmen, die als

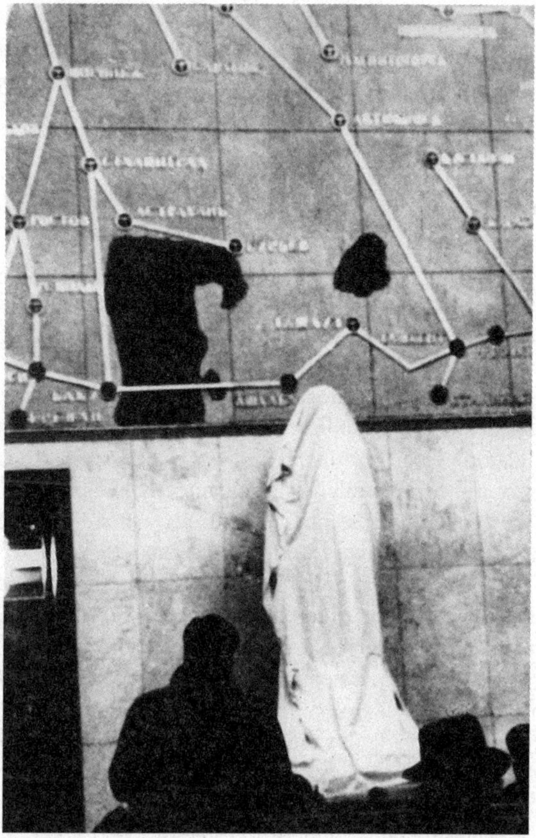

Abb. 21: Partei und Staat, aber auch sich selbst vom Trauma der Vergangenheit zu befreien, war ein schwieriger Prozess. Chruschtschows Geheimrede auf dem 20. Parteitag (1956) leitete ihn ein. 24 Stunden danach verhüllte bereits ein weißes Tuch das Stalin-Denkmal auf dem Moskauer Flughafen Wnukowo (obiges Bild). Die öffentliche Abrechnung erfolgte auf dem 22. Parteitag (1961). Nun wurde über Nacht Stalins Leichnam aus dem Mausoleum geholt, sein Name über dem Eingangstor getilgt und die Stadt Stalingrad in Wolgograd umgenannt. Chruschtschow machte für die Verbrechen der 30er Jahre Stalin persönlich und den um seine Person veranstalteten „Kult" verantwortlich, nicht aber die kommunistische Partei, die alle Beschlüsse und Entscheidungen mitgetragen hatte, ebensowenig zweifelte er an deren Richtigkeit, die forcierte Industrialisierung und die Kollektivierung eingeschlossen. Eine Haltung, die auch den jungen, knapp 30jährigen Parteitagsdelegierten aus der Region Stawropol nachhaltig prägen sollte: Michail Gorbatschow.

Missbilligung und Korrektur des bisherigen Kurses verstanden werden mussten. Malenkow zog daraus die Konsequenz und bat im Februar 1955 um Entbindung vom Amt des Regierungschefs. Neuer Vorsitzender des Ministerrates wurde Bulganin, dessen Posten als Verteidigungsminister übernahm G. K. Schukow, ein hochdekorierter Weltkriegsgeneral.

Mehr und mehr zog Chruschtschow, als Parteichef, nun auch die Außenpolitik an sich, über den Kopf des amtierenden Außenministers (Molotow) hinweg. Zusammen mit Bulganin prägte er dabei einen neuen Stil: die Reisediplomatie. Gemeinsam besuchten sie Belgrad, um das Verhältnis zu Jugoslawien zu verbessern. Ende Juli fuhren sie zum Genfer Gipfeltreffen in die Schweiz. Im Herbst empfingen sie eine große deutsche Delegation unter Leitung Konrad Adenauers in Moskau. Ende des Jahres waren Chruschtschow und Bulganin wieder unterwegs, diesmal in Indien, Burma und Afghanistan – für Kremlchefs ganz ungewöhnliche Aktivitäten. Und im Frühjahr und Sommer darauf setzten sie die neue Linie fort, mit Staatsbesuchen in London und Helsinki. Mehr Weltoffenheit – das demonstrierte auch die große Zahl ausländischer Besucher, aus westlichen und blockfreien Staaten, die nun nach Moskau eingeladen und empfangen wurden. Doch trotz aller Rührigkeit bewegte sich in der Außenpolitik nicht eben viel, die Fronten waren festgefahren.

Erheblich tiefer ging der innenpolitische Einschnitt, wie ihn der 20. Parteitag vom Februar 1956 mit sich brachte. Die offiziellen Verlautbarungen klangen wenig dramatisch, aber bald nach Abschluss der Sitzungen tauchte im Westen der Text einer „Geheimrede“ auf, die Chruschtschow am 25. Februar 1956 vor den Parteitagsdelegierten verlesen hatte. Sie enthielt eine Generalabrechnung mit den Stalinschen Fehlern und Verbrechen, angefangen mit jenem mysteriösen Mord an Kirow im Dezember 1934 bis zum ominösen „Ärztekomplott“ im Januar 1953. Er sprach an, was man im Westen längst wusste, worüber in der Sowjetunion aber nicht geredet werden durfte: die Unterdrückung linker und rechter „Volksfeinde“, wobei die Formel vom „Volksfeind“ die Handhabe für die physische Vernichtung lieferte; die Terrorjustiz der Schauprozesse mit ihren absurden und widersinnigen Beschuldigungen und unter Folter erzwungenen „Geständnissen“; die Liquidierung der Altbolschewiki und die Vernichtung der neuen Führungskader;

die Massenverhaftungen und Massenexekutionen, schließlich die Deportation ganzer Völkerschaften und Nationen. Hatte die Sowjetführung schon seit 1953 ein milderes Klima in der Innen- und Kulturpolitik geduldet („Tauwetter" hat man diese Entwicklung nach einer 1953 erschienenen Novelle Ilja Ehrenburgs genannt), so leitete sie nun selbst den Prozess der Entstalinisierung ein. Mit der Entfernung Stalins aus dem Mausoleum auf dem Roten Platz fand er im Oktober 1961 (nach dem 22. Parteitag) seinen Höhepunkt und vorläufigen Abschluss.

Die Frage, was die Entstalinisierung für den Zusammenhalt des eigenen Lagers, für das Verhältnis zu den anderen sozialistischen Staaten bedeutete, stellte sich überraschend schnell und mit ganzer Schärfe. In Polen kam es im Frühsommer 1956 zu Unruhen, in Ungarn im Herbst des gleichen Jahres zu einem offenen Aufstand. Die sowjetische Herrschaft in Osteuropa schien bedroht. Ob es vor allem diese Ereignisse oder mehr die Maßnahmen der Innenpolitik waren, jedenfalls formierte sich führungsintern der Widerstand. So sah sich Chruschtschow im Sommer 1957 vor einer schwierigen Situation: Exregierungschef Malenkow (jetzt Minister für Kraftwerke), Molotow (im Juni 1956 als Außenminister entlassen), Kaganowitsch (1. Stellv. Ministerpräsident) forderten im Präsidium des Zentralkomitees offen die Absetzung des 1. Sekretärs, und die Mehrheit schloss sich ihnen an. Chruschtschow überstand die prekäre Lage, indem er dafür sorgte, dass die internen Vorgänge an die Außenwelt drangen, die Präsidiumsmitglieder sich genötigt sahen, die Fragen der Absetzung des Parteichefs dem ZK-Plenum vorzulegen; Verteidigungsminister Schukow stellte Militärflugzeuge zur Verfügung, damit die ZK-Mitglieder rechtzeitig nach Moskau gebracht werden konnten. Chruschtschow gewann das ZK für seine Politik. Die Hauptgegner (nun „Anti-Partei-Gruppe" genannt) verloren alle ihre Ämter und ihre Helfer, und Sympathisanten ihren Einfluss.

Auch Marschall Schukow, für seine Mithilfe im Juni noch vom Kandidaten zum Vollmitglied des ZK-Präsidiums aufgestiegen, büßte im Oktober alle seine Posten ein. Erneut lautete der Vorwurf, der Entlassene habe die „führende Rolle der Partei" negiert. Ob Schukow tatsächlich auf einer Sonderstellung des Militärs beharrte, oder gar, wie Chruschtschow ihm später vorwarf, bonapartistische Neigungen zeigte, ist nicht zu klären. Doch der Vorgang unterstrich die starke, unangreifbare Position, die der Parteichef inzwischen erreicht hatte. Es war deshalb auch keine Überraschung, dass Chruschtschow, als Bulganin im März 1958 als Regierungschef zurücktrat, zusätzlich den Vorsitz im Ministerrat übernahm.

2. Die Entstalinisierung von Staat und Gesellschaft

Sowjetrussland, entstanden als „Diktatur des Proletariats", sei zu einem „Staat des ganzen Volkes" geworden und die KPdSU, gegründet als „Klassenorganisation", zu einer echten „Volkspartei", so stand es im stolzen Rückblick des Parteiprogramms, das der 22. Parteitag im Herbst 1961 verabschiedete. Es brachte auf eine gängige Formel, worum es Chruschtschow in der Innen- und Gesellschaftspolitik ging: Der Dualismus zwischen Staat und Gesellschaft, Erbe der Stalinzeit, sollte überwunden, die Kluft zwischen beiden geschlossen werden.

Um das Vertrauen in den Staat, in Recht und Ordnung wiederherzustellen, mussten die Massenrepressionen aufhören und die Sicherheitsorgane wieder engerer Kontrolle unterstellt werden. Die öffentliche Kritik an ihnen begann bereits im April 1953. Im Sommer des gleichen Jahres erfuhr die sowjetische Öffentlichkeit von Verhaftung und Parteiausschluss des scheinbar allmächtigen Polizei- und Geheimdienstchefs Berija. Die nachfolgende Säuberung der Sicherheitsorgane von seinen Anhängern bildete den Auftakt für ihre Reorganisation. Innenministerium und Sicherheitsorgane wurden getrennt, letztere in einem „Komitee für Staatssicherheit" (KGB) zusammengefasst, staatsanwaltschaftlicher Aufsicht unterstellt und die alten Sondergesetze von 1934 und 1937 aufgehoben.

Nach Amnestieerlassen kamen zahlreiche Lagerhäftlinge frei, erste Rehabilitierungen wurden vorgenommen, und in der Presse begann eine Kampagne, die auf die Bedeutung der „Sozialistischen Gesetzlichkeit" (gemeint war die strenge Einhaltung der bestehenden Gesetze) hinwies. Der 20. Parteitag stellte sich im Februar 1956 ausdrücklich hinter diese Politik. Das gesamte Administrativsystem der Zwangsarbeitslager (GULAG) wurde aufgelöst.

Dass Alexander Solschenizyns Lagererzählung „Ein Tag im Leben des Iwan Denissowitsch“ erscheinen durfte, unterstrich die Ernsthaftigkeit der Bemühungen. Die Politik der Rehabilitierungen bezog auch die auf Befehl Stalins nach Mittelasien deportierten ethnischen Gruppen mit ein, teilweise verbunden mit der Erlaubnis, in ihre früheren Siedlungsgebiete zurückzukehren.

Eine umfangreiche Rechtsreform folgte. Zwischen 1958 und 1964 wurden Neukodifizierungen des Gerichtsverfassungsgesetzes, des Straf- und Zivilgesetzbuches sowie des Straf- und Zivilprozessrechtes vorgenommen. Das Bemühen, sich von der Vergangenheit, der Rechtsunsicherheit der Stalinzeit abzusetzen und einen neuen Anfang zu machen, war dabei allenthalben greifbar. So sollte es Sondergerichtsbarkeit künftig nicht mehr geben, die Beweislast im Strafprozess durfte nicht länger auf den Beschuldigten abgewälzt werden, die Aussageerpressung wurde verboten, der Grundsatz „nullum crimen, nulla poena sine lege“ hatte künftig auch im Sowjetrecht zu gelten, was rückwirkenden Erlass von Strafgesetzen ausschloss, und als „Verbrechen“ sollte angesehen werden, was den rechtlich fixierten Tatbestand eines Verbrechens erfüllte. Das Pochen auf das Legalitätsprinzip, die Einhaltung der „sozialistischen Gesetzlichkeit“ und die Verteidigung des neuen Rechtspositivismus verstieg sich zum Diktum: Kein noch so hohes (gemeint: politisches) Ziel rechtfertige eine Gesetzesverletzung.

Der geschilderten Rechtsentwicklung lief eine zweite parallel, ergänzte sie nach sowjetischem Selbstverständnis; sie war greifbar in der Gesetzgebung gegen „Parasiten“ und in der Einrichtung von „Kollegen- und Kameradschaftsgerichten“. Die erste richtete sich gegen „antisoziale, parasitäre Elemente“, die von „nicht-erarbeitetem Einkommen“ lebten, wozu Spekulanten und Halbkriminelle ebenso zählen konnten wie Nichtsesshafte und Bettler; die Einrichtung der Kameradengerichte diente der Erziehung der Bürger, zu einer besseren „kommunistischen Arbeitsmoral“, zur Beachtung der Regeln des „sozialistischen Gemeinschaftslebens“, zur Entwicklung eines Kollektivgefühls und gegenseitiger Hilfsbereitschaft. Beiden war gemeinsam, dass nicht ordentliche Gerichte, sondern Gesellschaftsausschüsse Recht sprachen und – zum Teil empfindliche – Strafen verhängen konnten. Gemessen an den oben beschriebenen Bemühungen um mehr Rechtssicherheit waren Parasitengesetzgebung und Kollegenrechtsprechung dysfunktional:

Sie durchbrachen (oder störten zumindest) das Rechtsprechungsmonopol der ordentlichen Gerichte, die Tatbestandsbeschreibungen waren oft sehr vage und von der Unbefangenheit der Richter war kaum auszugehen. Aber die politische Führung verband damit eben ihre eigenen Ziele: die Annäherung der Gesellschaft an den Staat und des Staates an die Gesellschaft. Die Gesellschaft sollte die Einhaltung der sozialen Normen mit überwachen, im Betrieb und im Büro, am Studienort und im Wohnblock.

Auf der gleichen Linie lagen die „Freiwilligen Milizverbände", deren Gründung im Februar 1959 vom ZK und Ministerrat beschlossen wurde. Zu ihnen konnte sich jeder melden, der 18 Jahre alt war; organisatorisch getrennt und unabhängig von der regulären Miliz (also Berufspolizei), sollten sie sich am Schutz der öffentlichen Ordnung beteiligen. Mehr Beteiligung hieß auch die Devise für die Belegschaften in den Betrieben. Das eigentlich Neue waren die seit 1958 geschaffenen „Ständigen Produktionsberatungen": Von den Belegschaften gewählt, hatten sie die Aufgabe, Produktionspläne und Produktionsprozess des eigenen Betriebes zu diskutieren, technische und organisatorische Verbesserungen anzuregen und damit zur Steigerung der Produktion beizutragen.

Die partizipationsfeindliche, extreme Konzentration aller Wirtschaftsbefugnisse auf Gesamtstaatsebene war schon vorher beseitigt worden, per Gesetz vom 10. Mai 1957. Es hatte fast sämtliche Wirtschaftsfachministerien in Moskau und in den Unionsrepubliken aufgelöst und die Sowjetunion in über 100 Wirtschaftsverwaltungsbezirke aufgeteilt, an deren Spitze jeweils „Volkswirtschaftsräte" standen. Die Betriebe wurden dabei den Volkswirtschaftsräten und die Volkswirtschaftsräte selbst den Ministerräten der Unionsrepubliken unterstellt. Das völlig neue System schuf offenkundig eine Fülle operativer Koordinierungsprobleme. Die Versuche, sie zu meistern, schlugen sich in einer Flut gesetzlicher Nachbesserungen nieder; sie setzten noch im gleichen Jahr ein – und gingen 1962/63 in eine erneute, vollständige Reorganisation der Wirtschaftsverwaltung über.

Das Bemühen, die Kluft zwischen Staat und Gesellschaft, politischer Führung und Bevölkerung zu schließen, bezog auch die Partei mit ein. Inhaltsleere, Massenferne, Funktionärsdünkel und schlichte Unfähigkeit, das galt für sie ebenso wie für die von ihr beherrschten Sowjets. Chruschtschow sprach die Mängel auf dem

20. Parteitag offen an. „Belebung der Parteiorganisationen", das hieß zunächst, dass die restriktive Aufnahmepolitik aufgehoben und frische Kräfte in die Partei aufgenommen werden sollten. Doch die Hauptcrux bestand für Chruschtschow darin, dass bei vielen Funktionären falsche Vorstellungen über den Sinn der Parteiarbeit bestanden. Vielfach erschöpfte sie sich in „gegenstandslosem politischen Schwadronieren". Bereits auf dem 20. Parteitag hatte er personelle Konsequenzen angekündigt und scheint sie in den folgenden Jahren auch gezogen zu haben. Nach den vorhandenen statistischen Daten zu schließen, kam es zu einem umfangreichen Revirement der Kader, auf allen Ebenen der Organisation.

Schließlich sollte die Partei auf eine neue Rolle vorbereitet werden: Die historische Reminiszenz, die Revolution gemacht und die Arbeiterklasse organisiert zu haben, genügte als Legitimationsbasis nicht mehr. Nach Chruschtschows Vorstellungen musste sie sich den neuen Wirtschafts- und Gesellschaftsproblemen stellen, an ihrer Lösung mitwirken, in der Industrie wie in der Landwirtschaft, beim Wohnungsbau wie bei der Einführung neuer Techniken, in der Kommunalwirtschaft wie im Kolchos. Mit eben diesem Ziel wurde seit Herbst 1962 die Parteiorganisation, von der Basis bis hinauf zur Gebietsebene, in zwei Stränge aufgeteilt: einen agrarischen und einen industriellen Zweig. Die Umgruppierung und Umstrukturierung machte organisatorische Maßnahmen größten Ausmaßes nötig, und zu den alten Problemen gesellten sich neue, weil keineswegs klar war, wie sich die Parteiverwaltung von den bestehenden (agrarischen und industriellen) Fachverwaltungen abgrenzen sollte.

Doch generell am Machtmonopol, am Führungsanspruch der KPdSU zu zweifeln, kam Chruschtschow nicht in den Sinn. Unerschüttert glaubte er an die Überlegenheit des sozialistischen Systems und seine marxistisch-leninistischen Grundlagen. So machte er auch nicht das System und seine Fortentwicklung, sondern Stalin als Person für die Fehler und Verbrechen der Vergangenheit verantwortlich, ja vermied selbst den Begriff des „Stalinismus" und sprach statt dessen von „Auswüchsen des Persönlichkeitskultes" (um sie schon terminologisch abzusetzen von Begriffen wie „Marxismus" und „Leninismus"). Dass die weltanschauliche Basis des Staates keineswegs aufgegeben war, es eher um ihre Revitalisierung und Stärkung ging, verdeutlichte unter anderem die Kirchenpolitik: Sie war rigoroser als die der späten Stalinzeit. Allein im Bereich der russisch-orthodoxen Kirche wurden Ende der 50er/Anfang der 60er Jahre über 10000 Kirchen (die Hälfte ihres Bestandes) geschlossen und die Zahl der „registrierten" Priester ging im gleichen Zeitraum von 33000 auf 8000 zurück. Gleiches gilt für die Kulturpolitik. Wer nach verheißungsvollen Anfängen ein Ende der Zensur erhofft hatte, wurde enttäuscht. So durfte B. Pasternaks Revolutionsroman „Doktor Schiwago" in der Sowjetunion selbst nicht erscheinen, und als der Autor dafür (1958) mit dem Nobelpreis ausgezeichnet wurde, musste er die Annahme verweigern.

3. Der vermeintlich kurze Weg zum kommunistischen Wohlfahrtsstaat

Malenkow war an der Wirtschaftsentwicklung gescheitert. Er hatte an Symptomen herumlaboriert, an Löhnen und Preisen, Schwerpunktsverlagerungen versprochen, ohne ein Mittel, ein Programm, eine Vision erkennen zu lassen, wie die Lage generell, schnell und dauerhaft zu ändern, zu verbessern sei. Chruschtschow besaß beides, ein Programm und eine Vision, und vermittelte Optimismus und Entschlossenheit, sie zu verwirklichen. Er versprach Wohlstand und soziale Sicherheit, den großen Schritt in eine blühende, kommunistische Zukunft.

Ausgangspunkt war für ihn die Agrarpolitik und das Ziel, die sowjetischen Versorgungsprobleme ein für allemal zu lösen. Ein ganzes Bündel von Maßnahmen sollte dazu beitragen. Ihr Kernstück bildete ein großangelegtes, ja spektakuläres Neulandprogramm, wie es im März 1954 vom ZK beschlossen und sogleich zu realisieren begonnen wurde. Außerhalb der traditionellen Agrarwirtschaftsräume sollten dabei 13 Millionen Hektar an landwirtschaftlicher Nutz- und Saatfläche neu erschlossen werden, in einem Gürtel, der sich von den Steppengebieten an der mittleren Wolga bis nach Südsibirien und in den Norden von Kasachstan hinzog.

In einer riesigen, in der Geschichte bisher nicht dagewesenen Aktion wurden Hunderttausende für den Einsatz im Osten, für die

Bewältigung der großen, patriotischen Aufgabe angeworben. Manche nur für eine Ernte, viele für die dauernde Ansiedlung. Ein Strom von Baumaterialien, Maschinen und Traktoren begleitete sie. Um Güter hin- und Getreide abtransportieren zu können, wurde eine gewaltige Ausweitung des Eisenbahnnetzes nötig. Ein neuer Pioniergeist sollte geweckt werden – und stellte sich bei den Siedlern auch ein. Da es in den Neugebieten keine eingesessene Bauernschaft gab, brauchte auf ihre Interessen auch keine Rücksicht genommen zu werden, und die Partei konnte die Agrarproduktion in einer Weise organisieren, wie sie seit jeher glaubte, dass es am effektivsten, fortschrittlichsten und vernünftigsten sei: So entstanden vor Ort auf Getreideanbau spezialisierte Staatsbetriebe, Sowchosen mit 20000 bis 40000 ha, schon der Größe wegen eher einem Industrieunternehmen als einem Bauernhof vergleichbar.

Die Ernte 1954 war ein großer Erfolg, und so erweiterte man die Neulandaktion noch einmal: bis zu einer Fläche von 30 und mehr Millionen Hektar (die Zahlen gehen da etwas auseinander), was ungefähr der Anbaufläche Kanadas entsprach. Eine zweite große Kampagne, mit dem Ziel einer gewaltigen Steigerung der Futtermittelproduktion, sollte die Neulandaktion ergänzen. Vermehrter Maisanbau hieß dafür das Zauberwort. Im Januar 1955 nahm das Plenum des ZK den Chruschtschowschen Antrag an, die Fläche für Futtergetreide von 3,5 auf 25 Millionen Hektar zu steigern, und zwar wiederum in kürzester Zeit, wobei die in Mittelasien für Brotgetreide neuerschlossenen Flächen Kapazitäten für den Anbau von Futtergetreide in den europäischen Teilen der Sowjetunion freimachen sollten.

Doch miserable Ernten zeigten, dass sich nur bestimmte klimatische Regionen für den Maisanbau eigneten, und auch in Mittelasien stellten sich – nach sehr ermutigenden Anfängen – bald Rückschläge ein, die frühzeitig die Grenzen des Neulandprogramms ahnen ließen. Man hatte zu sehr auf das natürliche Potential der Böden gesetzt und mehrjährige Durchschnittszahlen für Niederschläge im Kopf, ohne zu berücksichtigen, dass der Großteil auf die Monate von April bis Oktober entfiel (wenn die Verdunstungsquote besonders hoch war) und die Regenmenge von Jahr zu Jahr stark schwankte (was das Risiko von Dürrejahren schwer kalkulierbar machte). Mit dem Umpflügen und Bebauen der Böden wuchsen zugleich die Gefahren von Erosion

Abb. 22: Als überzeugter, begeisterter Anhänger der forcierten Industrialisierung und Kollektivierung hatte Chruschtschow Ende der 20er Jahre Karriere gemacht: Seit 1932 war er zweiter Parteichef von Moskau, 1934 (knapp 40jährig) Mitglied des Zentralkomitees. Die eigenen Erfahrungen standen zweifellos Pate, als er 1954 die Neulandkampagne ins Werk setzte: In einem neuen großen Aufbruch, getragen von begeisterten Jungkommunisten, sollte die Stagnation der späten Stalinzeit überwunden werden. Wie damals – etwa in Magnitogorsk, siehe S. 85 – waren es Tausende, die auszogen, nach Osten gingen, um auf einer terra incognita, aus dem Nichts den „Sozialismus aufzubauen". Wie damals lebten sie in Zelten, bevor die neuen Siedlungen („Agrostädte") entstanden (unser Bild). Sie sollten helfen, die Versorgungsengpässe ein- für allemal zu lösen, ohne die Grundpositionen der sowjetischen Agrarpolitik aufzugeben.

und Versalzung, Erscheinungen, denen mit einer unterentwickelten Agrartechnik nur schwer beizukommen war, gegen Witterungsunbilden (wie heiße Steppenstürme, eisige Kaltluftmassen oder frühzeitigen Wintereinbruch) war sie ohnehin machtlos.

Chruschtschow wäre nicht Chruschtschow gewesen, wenn sich seine Agrarpolitik allein auf die Hauptziele, die Neulandaktion und die Ausweitung des Futtermittelanbaus beschränkt hätte. Eine Fülle anderer Aktivitäten lief parallel, einander ergänzend und modifizierend; wo Einzelmaßnahmen nicht den gewünschten Erfolg zeigten, wurden sie zurückgenommen und durch neue ersetzt, die den ersten u. U. völlig zuwiderliefen. So hatte man die private Viehzucht, um nur zwei Beispiele zu geben, zunächst gefördert, als die Futtermittelprobleme aber wuchsen, die Bauern aufgefordert, den privaten Viehbestand „freiwillig" an den Kolchos zu verkaufen. Ein ähnliches Auf und Ab erlebten die Kolchosen: Zunächst in ihren Kompetenzen gestärkt, finanziell besser gestellt und von der Mitsprache der Maschinen-und-Traktoren-Stationen (die seit 1958 aufgelöst wurden) befreit, betrieb die Staatsführung anschließend verstärkt ihre Zusammenlegung und Umwandlung in Staatsbetriebe.

Die Ziele waren hochgesteckt: Der im Herbst 1958 verabschiedete Siebenjahresplan sah eine Steigerung des agrarischen Output bis 1965 um 70 % vor; das neue 1961 verabschiedete Parteiprogramm versprach sogar, die Gesamtproduktion der Landwirtschaft innerhalb von 10 Jahren auf das Zweieinhalbfache, innerhalb von 20 Jahren auf das Dreieinhalbfache zu steigern. Tatsächlich stieg die Agrarproduktion – trotz der riesigen Anstrengungen – bis 1965 nur um 14 % (statt der geplanten 70 %) und bei Getreide gar nur um 7 %. Wenn es, wie das Parteiprogramm sagte, eine „unerlässliche Voraussetzung für die Entwicklung des Kommunismus" war, eine „blühende, allseitig entwickelte Landwirtschaft aufzubauen", so war der Weg in den kommunistischen Zukunftsstaat noch weit: Gemessen in Durchschnittswerten lag die Pro-Kopf-Produktion an Getreide in der ersten Hälfte der 60er Jahre nur geringfügig höher als 1913.

Ähnlich groß war die Kluft zwischen Planung und Realität, Anspruch und Wirklichkeit bei der industriellen Entwicklung. Das Parteiprogramm von 1961 ging davon aus, dass das Volumen der sowjetischen Industrieproduktion innerhalb der nächsten 10 Jahre auf das Zweieinhalbfache stieg, womit es den Stand der amerikanischen Industrieproduktion überflügeln würde; binnen 20 Jahren sollte das Volumen mindestens auf das Sechsfache anwachsen und die USA weit hinter sich lassen. Tatsächlich wurden beachtliche Erfolge erzielt. Doch die industriellen Zuwachsraten der 30er Jahre ließen sich nicht wiederholen, ja zeigten schon in der zweiten Hälfte der 50er Jahre fallende Tendenz. So erwies sich das Gerede vom Ein- und Überholen der USA als bloßer Wunschtraum, selbst wenn der Abstand geringer wurde: Machte das sowjetische Bruttosozialprodukt 1950 32,7 % des amerikanischen aus, so 1965 45 %. Rechnete man das Bruttosozialprodukt im übrigen auf die Bevölkerung um, so lag die UdSSR (in der Pro-Kopf-Produktion) Mitte der 60er Jahre erst an 20. Stelle, weit zurück hinter den „eigentlichen" Industrienationen.

Gleiches galt für die übrigen Versprechungen des Parteiprogramms. Wohl verbesserte sich Schritt für Schritt der Lebensstandard der sowjetischen Bevölkerung. Doch das Parteiprogramm hatte – für die nächsten 10, 20 Jahre – eine Überflussgesellschaft mit einem Lebensstandard „höher als in jedem kapitalistischen Land" versprochen; die rasche Vergrößerung des Realeinkommens werde noch vom „schnellen Wachstum der Warenmenge und Dienstleistungen" übertroffen; binnen eines Jahrzehnts werde das „Wohnraumproblem gelöst" und der „Wohnraummangel behoben" sein, im zweiten ergänzt durch den „Wegfall der Mieten"; auch die Benutzung der kommunalen Verkehrsmittel sollte in diesem Zeitraum unentgeltlich werden und für Gasversorgung und Heizung nichts mehr gezahlt werden müssen; die Sowjetunion würde zum Land mit der kürzesten Arbeitszeit, vom Übergang zur 35-Stunden-Woche (binnen 10 Jahren) war die Rede und (darauffolgend) von der unentgeltlichen Verpflegung der Arbeiter und Angestellten in Werkskantinen. Wenn nicht von Anfang an, Mitte der 60er Jahre wurde es immer klarer: Das waren nicht Ziele, sondern Illusionen.

4. Friedliche Koexistenz oder Weltrevolution?

Im Herbst 1957 gelang es sowjetischen Wissenschaftlern, vor den Amerikanern, einen ersten Satelliten in eine Umlaufbahn um die Erde zu bringen, den berühmten „Sputnik". Gestärkt durch diesen Erfolg, erneuerte Chruschtschow (zwei Tage darauf, in einem Interview mit der „New York Times") das sowjetische Angebot eines Weltfriedensabkommens und der Abrüstung, auf der Basis friedlicher Koexistenz der beiden Gesellschaftssysteme. Mit dem Sputnikstart habe die UdSSR bewiesen, dass sie – anders als die USA – über weitreichende Interkontinentalwaffen verfügte; sie verhandle also nicht aus einer Position der Schwäche. Ballistische Raketen und thermonukleare Waffen hätten Rüstung im herkömmlichen Sinne überholt, würden in einem neuen Krieg den Tod von millionen und abermillionen Menschen bedeuten und das Lebenswerk vieler Generationen mit einem Schlag zerstören. Er fuhr fort: „Daher müssen wir mehr denn je Vernunft an den Tag legen und lernen, wie gute Nachbarn zusammenzuleben".

Abb. 23: Am 4. Oktober 1957 brachte die Sowjetunion eine Gerätekapsel von 58 cm Durchmesser und knapp 84 kg schwer in eine Umlaufbahn um die Erde; ihr Name „Wegbegleiter" (russ. sputnik). Die 4 Stabantennen sandten 3 Monate lang Ortungssignale von 1 W Leistung aus. Am 3. November 1957 startete Sputnik 2, der als erstes Lebewesen die Hündin „Laika" in den Weltraum brachte. Zwei Jahre später zerschellte die Sonde „Lunik 2" (einen Wimpel mit Hammer und Sichel im Gepäck) auf dem Mond. Am 12. 4. 1961 folgte der 1. bemannte Raumflug; das Raumfahrzeug hieß „Osten 1" (Wostok), der Kosmonaut J. Gagarin (unser Bild). Alle diese Erfolge waren den sowjetischen Wissenschaftlern jeweils vor den Amerikanern gelungen. Sputnik, Laika und Gagarin, die technische Höchstleistung in der Raumfahrt trugen zur Überzeugung der politischen Führung bei, den Westen auch auf anderen Gebieten in absehbarer Zeit ein- und überholen zu können. Der 22. Parteitag erhob diese Überzeugung zum Programm.

Die richtige Einsicht in die schwindende Bedeutung des Ost-West-Gegensatzes angesichts der wachsenden Bedrohung der gesamten Zivilisation durch den Atomtod hielt Chruschtschow nicht davon ab, die alte Konfrontationsideologie – schon bald darauf – erneut zu beschwören. Zum 40. Jahrestag der Oktoberrevolution wiederholte er (Anfang November 1957) die gesamte Litanei von der sich verschärfenden Dauerkrise des Kapitalismus, von den antagonistischen Gegensätzen innerhalb der kapitalistischen Welt, die sich immer mehr vertieften, vom systemimmanenten Wachstum des Militarismus und Imperialismus, vom Zerfall des Kolonialsystems, in dem die Systemkrise des Kapitalismus ihre Zuspitzung erfahre, und von der Überlegenheit der kommunistischen Ideologie und dem künftigen Sieg des Sozialismus. Schließlich hatten Bulganin und Chruschtschow im Sommer 1957 bei einem Besuch der finnischen Hauptstadt verkündet: „Mit Butter eingefettet", das heißt: wenn erst die Versorgungsprobleme gelöst seien, überwinde die kommunistische Ideologie rasch alle Schranken und eisernen Vorhänge.

Vertrauensbildende Maßnahmen, wie Chruschtschow sie gefordert hatte, waren dies nicht gerade, eher eine Kampfansage. Was blieb vom Grundsatz der „friedlichen Koexistenz" und der „Nichteinmischung in innere Angelegenheiten", wenn dies verdeckte Einmischung, Förderung von Oppositions- und Unterstützung von Bürgerkriegsparteien nicht ausschloss? Dass es die Sowjetunion mit ihren Grundsätzen so genau selbst nicht nahm, hatte sich im Jahr zuvor gezeigt, als sie den ungarischen Volksaufstand niederschlug. Was war also ein Versprechen der Nichteinmischung wert? Die eigene Warnung von den Gefahren eines Atomkrieges und die Mahnung abzurüsten hielten Chruschtschow im Folgejahr (1958/59) auch nicht davon ab, mit ultimativen Forderungen eine Berlinkrise heraufzubeschwören oder 1960 nach dem Abschuss eines amerikanischen Aufklärungsflugzeuges bei Swerdlowsk die Pariser Gipfelgespräche einfach platzen zu lassen. Von etwaigen Vorleistungen der Sowjetunion konnte somit keine Rede sein.

Doch auch die Vereinigten Staaten waren nicht bereit, von ihren Grundpositionen abzurücken. Was die Sowjetunion von ihnen verlangte, lief auf die Anerkennung des Status quo und die Aufgabe aller roll-back Hoffnungen (also die Zuversicht, alle kommunistischen Erweiterungen in Osteuropa rückgängig zu machen) hinaus. Dass sich ein rüstungspolitisches Patt anbahnte, wobei die USA noch immer ein Übergewicht an Atomwaffen besaßen, die Sowjetunion aber bei der Entwicklung der Interkontinentalraketen führte, erleichterte ihnen die Entscheidung nicht, im Gegenteil: Als Antwort auf den Sputnikstart beschloss der nationale Sicherheitsrat am 12. November 1957 trotzig, die Produktion der Mittelstreckenraketen zu erhöhen, die Entwicklung der Interkontinentalraketen zu beschleunigen und die Grundlagen zur Entwicklung einer zweiten Generation von Fernflugkörpern zu legen.

So ging die relative Entspannung, die Mitte des Jahrzehnts Stalins Tod gefolgt war, in der 2. Hälfte der 50er Jahre in eine neue Phase des Kalten Krieges über. Sie erlebte Anfang der 60er Jahre mit dem Berliner Mauerbau (1961) und der Kubakrise (1962) ihren Höhepunkt. Im Sommer 1961 riegelten Volkspolizei und Nationale Volksarmee der DDR Ostberlin entlang der Sektorengrenze hermetisch ab und stoppten damit den Flüchtlingsstrom aus der DDR in die Bundesrepublik; die Westmächte griffen nicht ein. Und im Herbst 1962 beugte sich die Sowjetunion einem amerikanischen Ultimatum und zog – nach einem Tage dauernden Nervenkrieg – ihre (kurz vorher aufgestellten) Mittelstreckenraketen aus Kuba ab. Die Kuba-Krise hatte die Welt, so bestätigte Chruschtschow Anfang November, „sehr, sehr nahe" an den Rand eines nuklearen Krieges gebracht.

Ob es diese Einsicht oder die Klärung der gegenseitigen Positionen war, jedenfalls verstärkten sich seit der Doppelkrise von 1961/62 die Gesprächskontakte. Am 4. November 1962 gab der amerikanische Präsident Kennedy die Einstellung der amerikanischen Kernwaffenversuchsserie im Pazifik bekannt, wenige Tage später zog Chruschtschow für die sowjetische Seite nach. Am 5. Dezember unterzeichneten die USA und die UdSSR ein Übereinkommen zur Zusammenarbeit in der friedlichen Weltraumforschung. Am 21. Mai 1963 folgte ein amerikanisch-sowjetisches Memorandum über die weitere Kooperation bei der friedlichen Nutzung der Kernenergie, eine entsprechende Vereinbarung aus dem Jahre 1959 wurde damit verlängert und erweitert. Am 20. Juni 1963 trafen die beiden Weltmächte ein Abkommen, das die Installation einer Direktverbindung (eines „roten Telefons") zwischen Moskau und Washington vorsah – zur Verhinderung eines irrtümlichen Kriegsausbruchs. Und am 25. Juli 1963 wurde in Moskau – zwischen den Regierungen der USA, Großbritanniens und der UdSSR – ein Teilabkommen für das Verbot aller Kernwaffenversuche in der Atmosphäre, im Weltraum und unter Wasser paraphiert.

Die Weltprobleme waren komplex, erforderten eine differenziertere Sicht; das galt nicht nur für die Beziehungen zum Westen, sondern auch für die Verhältnisse im eigenen, sozialistischen Lager. Im Mai 1955 hatte man noch in Warschau einen „Vertrag über Freundschaft, Zusammenarbeit und gegenseitigen Beistand" geschlossen, der – als Gegenstück zur NATO – die osteuropäischen „Volksdemokratien" und die UdSSR zu einer multilateralen Verteidigungsgemeinschaft („Warschauer Pakt", Abk. WPO) verband. Doch die nach Außen demonstrierte Einigkeit konnte kaum darüber hinwegtäuschen, dass im Inneren der Wunsch nach nationaler Selbstbestimmung wuchs. Im Juni 1953 gärte es in der DDR, drei Jahre später in Polen und Ungarn. Die Sowjetunion intervenierte, wo sie (wie in der DDR und in Ungarn) ihre Macht und den Zusammenhalt des Blockes unmittelbar bedroht sah. Doch da man in der Innen- und Außenpolitik selbst experimentierte, war auch den sozialistischen Bruderländern mehr Entwicklungsfreiheit kaum zu verwehren – womit sich der einmal begonnene Erosionsprozess insgeheim fortsetzte.

Einen Fall für sich bildete die Entwicklung der sowjetisch-chinesischen Beziehungen; die Wurzeln der Verstimmung reichten bis weit in die Zeit vor der chinesischen Revolution zurück. Aus chinesischer Sicht hatte sich die Sowjetunion schon in den 20er und 30er Jahren in China wie eine imperialistische Macht gebärdet, seither kaum dazugelernt, ihre Einstellung nach 1949 nicht grundsätzlich revidiert. Der seit Ende der 50er Jahre zwischen Moskau und Peking schwelende Konflikt, führte Anfang der 60er Jahre zum offenen Bruch. Die chinesische Kritik betraf nahezu alle Bereiche der neuen sowjetischen Innen- und Außenpolitik; sie stellte den Vorbildcharakter der Sowjetunion für die blockfreie Dritte Welt ebenso in Frage wie den Moskauer Führungsanspruch im sozialistischen Lager; ja nach handgreiflich ausgetragenen Grenzstreitigkeiten schien selbst eine militärische Konfrontation nicht mehr ausgeschlossen. Der sowjetisch-chinesische Konflikt strahlte auf Osteuropa zurück: Albanien schloss sich der chinesischen Seite an, Bulgarien schien zeitweilig eine ähnliche Entwicklung nehmen zu wollen, und im Windschatten der Auseinandersetzung suchte auch Rumänien verstärkt nach eigenen Wegen, selbst wenn es Mitglied des RGW und des Warschauer Paktsystems blieb. „Friedliche Koexistenz" oder „Weltrevolution"? Die Ziele begannen zu schillern, und auf den Landkarten des Kalten Krieges waren die Grenzverläufe in Bewegung geraten.

X. Zwischen Entspannung und Erstarrung (1964–1982)

Mitte Oktober 1964 überraschte die sowjetische Nachrichtenagentur TASS mit der amtlichen Mitteilung: Chruschtschow habe – „in Anbetracht seines hohen Alters und der Verschlechterung seines Gesundheitszustandes" – das Zentralkomitee der KPdSU um Entbindung von allen Partei- und Staatsämtern gebeten; das Plenum des ZK sei diesem Ersuchen nachgekommen und habe an seiner statt Leonid I. Breschnew zum Ersten Sekretär gewählt. Im Anschluss daran bestätigte das Präsidium des Obersten Sowjet die Entlassung aus dem Amt des Ministerpräsidenten und bestimmte Alexej N. Kossygin zum Nachfolger.

Zwei Tage später versicherte ein Leitartikel der „Prawda", das Prinzip der friedlichen Koexistenz von Staaten unterschiedlicher Gesellschaftsordnung und die Verhinderung eines thermonuklearen Krieges werde Generallinie der Partei bleiben. Man distanzierte sich zugleich von einer Politik des „Subjektivismus" und der „Phantasterei", der „übereilten Entscheidungen" und der „großsprecherischen Ankündigungen", des „Von-oben-alles-bestimmen-Wollens" und des „Ignorierens der praktischen Erfahrungen" sowie von der Neigung, die Entwicklung zum Kommunismus ihrer Eigengravitation, ihrem „Selbstlauf" zu überlassen; selbst wenn der Artikel es nicht sagte, aus dem Kontext war klar, dass die Vorwürfe der bisherigen Politik, Chruschtschow als Person galten. Sie verwiesen auf die eigentlichen Gründe seines Sturzes, auf Kernprobleme seiner Wirtschafts-, Innen- und Außenpolitik. Die industriellen Zuwachsraten fielen, allen Zukunftsversprechungen zu Trotz. Die Hoffung, mit dem großangelegten Neulandprogramm die Versorgungsprobleme ein für allemal zu lösen, war geschwunden. Nach der Rekordernte von 1958 blieben die Ernten von 1959, 60 und 61 weit unter den Erwartungen, und 1963 konnte eine Hungersnot nur vermieden werden, weil sich die Staatsführung entschloss, große Mengen von Getreide aus Kanada zu importieren. Der massenwirksame, populistische Appell, mit dem sich Chruschtschow über alle innenpolitischen Hindernisse hinweggesetzt hatte, verlor seine Kraft, als die versprochenen Erfolge ausblieben. Viel zu persönlich hatte er sich für seine Politik eingesetzt, um nicht auch als Person von ihren Misserfolgen getroffen zu werden. Seine Art, den Staat wie einen „patriarchalischen Bauernhof" zu führen, sein hemdsärmeliger Aktionismus, vor dem kein Amtsinhaber und keine Institution sicher war, hatte die „Kader", nicht zuletzt die eigene Parteiorganisation aufs höchste verunsichert und erschreckt. Und Kritik gab es auch an der Außenpolitik: Selbst wenn man zum Grundsatz der friedlichen Koexistenz keine Alternative sah, fehlten nicht Stimmen, die größere Anstrengungen für die Verteidigung des Landes und die Unantastbarkeit seiner Grenzen, einen kraftvolleren Einsatz für Stärke und Geschlossenheit der sozialistischen Staatengemeinschaft, mehr Führungsqualitäten in der Weltpolitik verlangten.

Der Neue an der Spitze der Partei, Leonid Breschnew, stammte aus einfachen Verhältnissen. In den 30er Jahren war er, während der schwerindustriellen Aufbaujahre, zum Ingenieur aufgestiegen und im Zweiten Weltkrieg politischer Kommissar. Chruschtschow hatte die Karriere gefördert; seit 1957 saß Breschnew im Parteipräsidium, seit 1960 führte er den Vorsitz im Präsidium des Obersten Sowjet. Selbst wenn er zunächst als Ziehkind Chruschtschows gegolten hatte, trat er nun rasch aus dessen Schatten. Nichts erinnerte im politischen Stil an den Förderer und Vorgänger. Zukunftsvisionen und -versprechungen waren Breschnews Sache nicht. So entfiel auch die Gefahr, daran erinnert und daran gemessen zu werden. Entscheidungen kamen stets erst nach langen Beratungen zustande, an denen der Parteivorsitzende möglichst alle Gruppen zu beteiligen suchte. Die Rolle des Maklers, die ihm dabei zufiel, enthob ihn der Notwendigkeit, sich selbst zu exponieren.

Dieses Taktieren mochte zu Anfang noch ein Zeichen der Schwäche sein, doch es sicherte nicht nur das politische Überleben, es legte die Grundlagen für den Ausbau der persönlichen Macht. Seine Stellung war bald die des „ersten Mannes", neben N. W. Podgorni (dem nominellen Staatsoberhaupt, zu dessen markantesten Eigenschaften wohl seine Farblosigkeit gehörte), A. N. Kossygin (dem Ministerpräsidenten, der als erfahrener Wirtschaftsfachmann galt), M. A. Suslow (im ZK zuständig für Fragen der Ideologie und in der kollektiven Führung die Graue Eminenz), schließlich A. A. Gromyko (der als langjähriger Außenminister im Westen zum „mister njet“, zur Personifizierung der Unverrückbarkeit sowjetischer Grundpositionen wurde). Als Parteichef führte Breschnew seit 1966 wieder den Titel eines „Generalsekretärs“ und benannte zum gleichen Zeitpunkt das „Parteipräsidium“ wieder in „Politbüro“ um. Mitte der 70er Jahre gab man seine Beförderung zum Armeegeneral bekannt und verlieh ihm den Marschallstern. Doch bis er 1977 – zum Parteivorsitz hinzu – auch das höchste Staatsamt, den Vorsitz im Präsidium des Obersten Sowjet übernahm, vergingen immerhin 13 Jahre.

Die neue, Chruschtschow beerbende Führung sah sich selbst als Garanten von Kontinuität und Stabilität. Sie wollte – so deutete der „Prawda“-Artikel bereits an – verlässlicher, weniger sprunghaft sein als die alte; jede Entscheidung sollte sorgsam geprüft, Bewährtes nicht leichtfertig über den Haufen geworfen werden. Wo Reformen – aus ihrer Sicht – zu weit gingen, wurden sie zurückgenommen: die Dezentralisierung der Wirtschaftsverwaltung, die Teilung der Parteiorganisation und ihre Einbindung in administrative Aufgaben, die Kritik an den Zuständen der 30er und 40er Jahre. Wo immer die neue Führung die Autorität des Obrigkeitsstaates bedroht sah, schritt sie ein, gegen politisch Andersdenkende, Schriftsteller, Menschenrechtsgruppen, Vertreter von nationalen Minderheiten, freilich ohne zu einem Ausmaß des Terrors zurückzukehren, wie ihn das Land während der Stalinzeit erlebt hatte. Sie verband, so hat man ironisch gesagt, einen Chruschtschowismus ohne Chruschtschow“ mit einem „Stalinismus ohne Stalin“.

Je länger sie währte, desto deutlicher wurden die Grenzen dieser Politik. Das Verfahren einer breiten Konsensbildung machte sie schwerfällig; das mochte noch angehen. Doch der Versuch, es ganz unterschiedlichen Interessengruppen recht zu machen, sie einzubinden, ging auf Kosten einer klaren Linie; so nahmen die Widersprüche sichtbar zu, in der Innen- wie in der Außenpolitik. Dabei schienen beide, Innen- wie Außenpolitik irgendwie festgelegt, ein großer Wechsel nicht in Sicht. Mit den Zukunftsvisionen schwand auch der Optimismus, zumal die Talfahrt des Wirtschaftswachstums nicht gestoppt werden konnte. Hatte man „mehr Stabilität“ in der Entwicklung versprochen, so schien sie nun überhaupt zu einem Stillstand zu kommen und der sichtbare, alters- und krankheitsbedingte Verfall des Staats- und Parteichefs wie ein Symbol für den Zustand des Gesamtsystems. Mit dem Gefühl der Stagnation griffen Lethargie, Resignation und Zynismus um sich. Auch der mutige Protest Einzelner vermochte diese Grundstimmung der gedrückten Hilflosigkeit, der ohnmächtigen Ernüchterung kaum aufzubrechen.

1. Das politische System: Von der Stabilisierung zur Stagnation

„Vertrauen in die Kader" – unter dieser innenpolitischen Devise war die neue Führung angetreten. Die Zeit der sich überschlagenden Reformen, der mehrfachen Reorganisation von Partei-, Staats- und Wirtschaftsstrukturen sollte vorüber sein, und die unter den leitenden „Kadern" umgehende Furcht, Stellung, Macht und Einfluss zu verlieren, ein Ende finden. Die Verunsicherung reichte hinauf bis an die Spitze. Schließlich hatte Chruschtschow innerhalb von 5 Jahren, zwischen 1956 und 1961 zwei Drittel der Mitglieder des Ministerrates, des Parteipräsidiums, der Parteigebietssekretäre und die Hälfte des Zentralkomitees ausgetauscht.

An die Stelle des Wechsels sollte Kontinuität, an die Stelle des ständigen Umbaus der beharrliche Ausbau treten. Die Partei ging dabei voran: Die Zahl ihrer Mitglieder stieg von 11,7 (1966) auf 17,4 Millionen (1981), der Umfang des Zentralkomitees von 195 (1966) auf 319 Vollmitglieder (1981). Bei der Überprüfung der Parteimitgliedschaft erhielten 1977 nur 2 % keinen neuen Parteiausweis; von den Vollmitgliedern, die auf dem 24. Parteitag (1971) ins ZK gewählt worden waren, wurden 5 Jahre später (auf dem 25. Parteitag) 90 % wiedergewählt; und als auf den Vorbereitungskonferenzen zum 26. Parteitag (1981) die Neuwahl der 156 Kreis- und Gebietssekretäre anstand, wurden nur 2 nicht in ihrem Amt bestätigt.

Die Erweiterung des Kaderbestandes geschah auf dem Wege der Kooptation. Breschnew, der Parteichef, wusste sie geschickt zu nutzen, um sich Freunde zu machen, Vertraute nachzuziehen und ein weitverzweigtes Patronagesystem aufzubauen. Es reichte hinein in alle Bereiche von Staat, Wirtschaft und Gesellschaft, denn

Abb. 24: Die Erinnerung an den Zweiten Weltkrieg sollte erhalten und gepflegt, seine Kollektiverfahrung an die nachwachsende Generation weitergegeben werden. Überall im Lande sah man „Junge Pioniere" (10–14jährige Schüler), die in Uniform, mit rotem Halstuch und mit Maschinenpistolen aus dem Weltkrieg an Kriegerdenkmalen „Ehrenwache" hielten (hier ein Bild aus der Hauptstadt der Usbekischen Unionsrepublik Taschkent). Und in Moskau war es Sitte, dass Brautleute am Hochzeitstag zum Grabmal des unbekannten Soldaten an die Kremlmauer fuhren und Blumen niederlegten.

die Partei führte über die wichtigsten Ämter (in der Regierung und in der Verwaltung, in der Industrie und in der Landwirtschaft, bei den Streitkräften und der Polizei, bei den Massenorganisationen und -medien) Buch und kontrollierte ihre Besetzung. Da Breschnew zugleich darauf sah, in die Entscheidungen des ZK und des Parteipräsidiums (das seit 1966 wieder Politbüro hieß) die wichtigsten Institutionen einzubinden, entstand nach außen hin der Eindruck harmonischer Einigkeit und Geschlossenheit.

Erst Studien der 90er Jahre vermittelten eine Vorstellung von der Arbeitsweise dieses höchsten Parteigremiums, das wie eine „Überregierung" fungierte; eine Ahnung von den immensen Papierbergen, die hier bewältigt, von den Tausenden von Fragen, die hier Jahr für Jahr besprochen und per Dekret entschieden wurden, wozu Hochbrisantes ebenso gehörte wie die vielen, vielen Trivialitäten;

von den Riten und ungeschriebenen Gesetzen der Entscheidungsfindung, die bei wichtigen Fragen alle zu Wort kommen ließen und damit einbanden, die Reihenfolge der Redner aber festlegten und die Einmütigkeit der Entscheidung garantierten; von den eingeschliffenen Erklärungen und Codewörtern, mit denen man Probleme erklärte und sich selbst betrog; von der Unfähigkeit, die Widersprüche zu bemerken, die etwa darin lagen, die Überlegenheit des eigenen Wirtschaftssystems zu preisen, sich gegenseitig dafür mit Orden zu behängen – ohne die Engpässe, die Agrarimporte aus dem Westen leugnen zu können; schließlich auch von der Selbstgefälligkeit der regierenden Kaste, die einen der Ihren auch dann nicht ablöste, wenn er kaum noch gehen und sprechen konnte.

Die sich so entwickelnden neuen Formen der Konsensbildung hat man als „bürokratische Partizipation", ihre Voraussetzungen als „Pluralismus der Institutionen" und die daraus resultierende Regierungsweise als ein „Regieren von Büroangestellten" beschrieben. Ihr Fundament bildete ein schier allumfassendes, stark hierarchisiertes, sich selbst ergänzendes politisches Klientelsystem, das die Zugehörigkeit zu bestimmten Rangstufen des Establishments (Stufen der sogenannten „Nomenklatura") mit entsprechenden Privilegien verband, die von der Möglichkeit des Einkaufs in Spezialgeschäften, der Bevorzugung bei Wohnungssuche und der Behandlung in besonderen Kliniken und Sanatorien bis zur Verfügungsgewalt über Staatskarossen und Regierungsdatschen reichte.

Die von Breschnew erreichte Stabilität des politischen Systems hatte freilich ihren Preis, sie alterte mit ihrem Schöpfer. Wenn 44 % der Mitglieder des ZK von 1966 ihren Platz auch 1981 noch innehatten, so bedeutete dies zugleich, dass die Zahl der über 66jährigen von 7 auf 37 anstieg; waren 1961 nur 27 % der ZK Mitglieder über 50, so Anfang der 80 Jahre 94 %. Im Ministerrat, wo das Durchschnittsalter vordem (1966) bei 58 gelegen hatte, fiel es nun mit der Pensionsgrenze (65) zusammen; und das Politbüro präsentierte sich vollends als ein Gremium der Greise, mit einem Durchschnittsalter von fast 70, wobei diejenigen, die zum inneren Kern gezählt wurden, meist noch deutlich älter waren. Selbst wenn es die Betroffenen nicht wahrnahmen oder nicht wahrhaben wollten: So wie sie selbst so näherte sich auch ihre Politik einem

Abb. 25: In 8-jähriger Bauzeit entstand auf dem Mamajew-Hügel, vor den Toren Stalingrads (das seit 1961 Wolgograd hieß) eine große Gedenkstätte. Im Mai 1959 begonnen, konnte sie im Oktober 1967 (zum 50jährigen Jubiläum der Oktoberrevolution) eröffnet werden. Sie wird überragt von der Monumentalstatue „Die Mutter Heimat ruft“: 52 m hoch, 7000 t schwer, aus Stahlbeton; schon das gezogene Schwert wiegt 9,5 Tonnen, und der ausgestreckte, nach Westen weisende Arm ist 20 m lang. Hier leisteten Soldaten der Wolgagrader Garnison ihren Fahneneid, erhielten Komsomolzen bei der Aufnahme in die Jugendorganisation ihre Ausweise, gaben die jungen Pioniere ihr feierliches Versprechen ab. Hier erfolgte im Oktober 1979 auch der „Olympia-Schwur“ der 500 sowjetischen Olympiakandidaten für die Spiele in Moskau.

genetischen Endpunkt; die Politik der Stabilität und Kontinuität hatte sich festgefahren, das politische System schwerfällig und immobil, sich selbst genügsam und reformunfähig gemacht, das Land in eine Sackgasse geführt.

2. Zwischen Markt und Macht: Grenzen des Wirtschaftswachstums

Die Kritiker an Chruschtschowschen Wirtschaftspolitik waren sich im Vorwurf der Hektik (der mangelnden Planung, Vorbereitung und Geduld bei der Durchführung der Reformen) einig. Doch befragt nach eigenen Vorstellungen, wiesen sie in ganz unterschiedliche Richtungen. Hatte für die einen Chruschtschow mit der Einrichtung der regionalen Volkswirtschaftsräte die Mittel sozialistischer Globalsteuerung leichtfertig aus der Hand gegeben, verwiesen die anderen auf den noch immer starken Zentralismus, die hohen Verteidigungsausgaben, das mangelnde Konsumangebot, den Kaufkraftüberschuss der privaten Hand, die Hortung von Gütern, den Arbeitszeitverlust bei ihrem Erwerb und den technologischen Rückstand, der selbst in der mangelnden Fähigkeit der Planbehörden zum Ausdruck kam, die anfallenden Datenmengen zu bewältigen.

Die neue Führung suchte in ihren 1965/66 anlaufenden Wirtschaftsreformen beide Intentionen zu verbinden: Sie löste, dem Wunsch der Moskauer Technokraten entsprechend, die regionalen Volkswirtschaftsräte auf, stellte die gesamtstaatlichen Wirtschaftsministerien (zum Teil unter ihrer alten Führung) wieder her und verstärkte die zentralistischen Entscheidungsstrukturen; gleichzeitig bemühte sie sich um Anreize für die Betriebe, mehr auf den Markt zu bringen, in der Industrie wie in der Landwirtschaft, und um eine Erweiterung der Westkontakte, die neue Technologie ins Land, mehr Autos auf die Straßen und zusätzliche Lebensmittel auf den Ladentisch schaffen sollten.

Der Liberalisierung waren dabei enge Grenzen gezogen: Alle Betriebe blieben in den Plan eingebunden und auf Planerfüllung fixiert; das ließ für größere Umstellungen von vorneherein wenig Spielraum. Die Unternehmen erhielten weder die Kompetenz, ihre Preise selbst festzusetzen; noch durfte eine Rationalisierung der

Produktion zur Entlassung von Arbeitern führen. Einen Abbau der staatlichen Kommandowirtschaft und eine engere Bindung der Löhne und Gehälter an den Ertrag, wie sie die Reformer um den Charkower Ökonomen E. Liberman und die Novosibirsker Sozialwissenschaftler forderten, lehnte die neue Führung ab. Das eine gefährdete aus ihrer Sicht die politische Stellung, die zentralen Befugnisse von Partei und Staat, das andere den sozialen Frieden.

Offenkundig wagte man nicht an jenem labilen Gleichgewicht zu rühren, wie es sich zwischen Staat und Arbeitnehmerschaft herausgebildet hatte. Man hat es ironisch mit der Formel umschrieben: Die eine Seite gab vor, zu arbeiten, die andere, sie dafür zu bezahlen. Die Arbeiterschaft akzeptierte die schlechte Entlohnung und die Verweigerung des Streikrechts zugunsten der sozialen Sicherheit, die ihnen das Arbeitsverhältnis bot. Sie hielt sich zugleich jedoch schadlos, indem sie die Dienstpflichten nicht allzu ernst nahm, einer möglichst lukrativen Nebenbeschäftigung nachging und die Arbeitstelle wechselte, sobald eine neue dafür bessere Perspektiven zu eröffnen schien. Der Staat tolerierte seinerseits dieses Verhalten. Er hatte eingesehen, dass er die bäuerliche Privatwirtschaft zur Grundversorgung der Bevölkerung brauchte, und er nahm auch die Bildung einer gewerblichen „Schattenwirtschaft" hin, selbst wenn er – mit mäßigem Erfolg – zu verhindern suchte, dass die Werkzeuge und Materialien hierfür aus der ersten Arbeitsstätte, dem Staatsbetrieb entnommen, entwendet wurden. Miserable Bezahlung, geringe Arbeitsdisziplin, niedrige Produktivität in den Staatsbetrieben und hohe Fluktuation bedingten sich so gegenseitig.

Diesen Teufelskreis aufzubrechen, war die neue Wirtschaftspolitik nicht in der Lage. Ja angelegt auf die Einbindung auch widersprüchlicher Interessen, bot sie dafür nicht einmal eine Perspektive. So gestand sie der Landwirtschaft zwar höhere staatliche Aufkaufpreise zu und verringerte damit den Einkommensabstand zwischen Kolchosbauern und städtischen Arbeitern. Doch die Differenz (Schätzungen sprechen von einem knappen Drittel) blieb noch immer beträchtlich, die Landflucht hielt an, und die höheren Beschaffungspreise ließen das Agrarsubventionssystem weiter ins schier Uferlose steigen; denn die Führung wagte – aus den oben bereits genannten Gründen – nicht, die gestiegenen Preise an den Endverbraucher weiterzugeben.

Abb. 26: Eine nicht wegzudenkende Institution blieb in jeder größeren Stadt der Kolchosmarkt. Hier verkauften Kolchosbauern oder Besitzer von Gartengrundstücken ihre selbsterzeugten landwirtschaftlichen Produkte: Obst, Gemüse, Blumen, Eier, Milch, Fleisch. Dabei bestimmten Angebot und Nachfrage den Preis. Meist waren die Waren erheblich teurer als in staatlichen Einzelhandelsläden, aber eben auch erheblich besser in der Qualität. Zwar ging der Anteil des Kolchosmarkthandels am gesamten Einzelhandelsumsatz erheblich zurück und lag nach offiziellen Angaben 1980 nur noch bei 2,7 %. Doch seine Bedeutung geben diese Zahlen nur unzureichend wieder: Bei Nahrungsmitteln lag der Anteil deutlich höher, bei Qualitätsnahrungsmitteln erst recht (hier ein Bild vom Kolchosmarkt in Tadschikistan).

Im industriellen Sektor hatten die Wirtschaftsreformen am Fall der Wachstumsrate ohnehin wenig geändert, und der angestrebte Ausbau der Konsumgüterindustrie blieb seit Anfang der 70er Jahre erheblich hinter den Planzahlen zurück. Dennoch konnte sich die Führung, fixiert auf das Einvernehmen mit den Konservativen und das Bündnis mit den Militärs, weder entschließen, den Zentralismus, das Zwangssystem der administrativen Kommandowirtschaft zu lockern, noch die Rüstungsausgaben zu reduzieren, obwohl ihr

Anteil am Nettosozialprodukt höher war als in den westlichen Industriestaaten und noch immer stärker stieg als das Wirtschaftswachstum. Dahinter verbarg sich eine unverminderte Aufrüstungspolitik, die – je länger desto mehr – auf die Außenpolitik und ihre Entspannungsbemühungen gegenüber den westlichen Industriestaaten zurückschlug. Entspannung aber war zugleich die Voraussetzung für die Intensivierung der Wirtschaftsbeziehungen und den im Rahmen der Wirtschaftsreformen gesuchten Nahrungsmittel- und Technologietransfer. Der Stopp der westlichen Lieferungen Anfang der 80er Jahre machte deutlich, dass sich auch die Wirtschaftspolitik in ihren selbstgelegten Fallstricken verheddert hatte.

Ein Umschwung schien nicht in Sicht: Die Wirtschaftsreformen waren verpufft, ohne den Trend zu wenden; die politische Führung beharrte auf sozialistischer Planwirtschaft und konnte doch die wachsende Bedeutung der privaten Schattenwirtschaft nicht verhindern; und die Bevölkerung sah die Ökonomie schwieriger und die Versorgungsengpässe größer werden.

3. Nonkonformes Denken, Samizdat und Menschenrechtsbewegung

Bereits 1962/63, als Innen- und Außenpolitik an ihre Grenzen stießen, die großen wirtschaftlichen Erfolge ausblieben, die Raketen aus Kuba abgezogen werden mussten und der Konflikt mit China sich verschärfte, wurden die Zügel der Kulturpolitik deutlich angezogen. Chruschtschowsche Ausfälle gegen abstrakte Malerei und moderne Musik bildeten, mit sicherem Instinkt für den Massengeschmack, den Auftakt, doch bald wurde klar, dass die unbequeme und widerborstige Literatur mitgemeint war: Sie sollte erneut auf die Grundsätze sozialistischer Kunst, auf „Parteilichkeit", „optimistischen Fortschrittsglauben" und „Volksverbundenheit" verpflichtet werden.

Der Machtwechsel und die Abkehr vom Kurs der Entstalinisierung verstärkten diese Tendenz. Mit ihr begann eine Periode, in der viel für die Schublade und den eigenen Freundeskreis geschrieben wurde. Manuskripte kursierten, wurden mit mehreren Durchschlägen abgetippt und weitergereicht. Eine eigene Schreibmaschinenkultur alternativen Denkens entstand, und Texte erlangten erhebliche Verbreitung, ohne je gedruckt zu sein. „Samizdat" („Selbstverlag") hat man dieses System genannt, in ironischer Analogie zu „Gosizdat" und „Goslitizdat", den allmächtigen Staatsverlagen, in denen die systemkonforme Literatur erschien. Manche Manuskripte wurden auch jenseits der Grenzen gedruckt, im „Tamizdat" (im „Dortverlag"), wie man sagte, verbunden mit der Zuversicht, dass einzelne Exemplare den Weg zurück ins Land fänden oder Auslandssender über den Inhalt informierten.

Das ganze war für die Autoren nicht ungefährlich. So wurden im September 1965 die Schriftsteller A. D. Sinjawski und Ju. M. Daniel (die unter den Pseudonymen Terz und Arschak im Westen und im Samizdat Erzählungen und Satiren veröffentlicht hatten) verhaftet und im Februar 1966 wegen „Diffamierung des Sowjetsystems" zu 7 bzw. 5 Jahren Zwangsarbeit verurteilt. Der Prozess war als ein Signal gedacht, und die Härte der Strafe sollte abschreckend wirken. Neu an ihm war tatsächlich, dass Autoren wegen des Inhalts ihrer Texte verurteilt wurden, nicht wegen angeblicher „Spionagetätigkeit" (wie in den 30er Jahren) oder wegen „parasitärem Lebenswandel" (wie Anfang 1964 noch der Lyriker I.A. Brodski). Der Prozess rief weltweite Proteste hervor; wichtiger noch – er blieb auch im Inneren nicht ohne Folgen. So hatten in der Hoffnung, eine Wiederaufnahme des Verfahrens zu erreichen, im Januar 1967 4 Sowjetbürger (unter ihnen A. Ginzburg) ein selbsterstelltes Gerichtsprotokoll im Samizdat veröffentlicht und es an den KGB und Abgeordnete des Obersten Sowjet geschickt. Auch sie wurden verhaftet, im Januar 1968 vor Gericht gestellt und zu 5 Jahren verurteilt.

Aus den Protesten, Diskussionen und Reaktionen, die beide Urteile, sich verstärkend, auslösten, ging eine politische Bewegung zum Kampf für Grund- und Menschenrechte hervor. Formell ins Leben gerufen wurde sie Anfang der 70er Jahre durch den prominenten Atomphysiker Andrei Sacharow. Ihre Mitglieder beriefen sich, politisch nicht ungeschickt, auf die Rechtsgarantien der sowjetischen Konstitution, wandten die politischen Parolen von der „Achtung der Verfassung" und der „Einhaltung der sozialistischen Gesetzlichkeit" gegen ihre Propagandisten und erinnerten die Sowjetregierung an die UN-Menschenrechtsdeklaration, unter der auch ihre Unterschrift stand. In einer „Chronik

Abb. 27: Obwohl sich Breschnew Zeit ließ, bevor er zum Amt des Parteichefs auch das höchste Staatsamt, den Vorsitz im Präsidium des Obersten Sowjet, übernahm, galt er schon bald als die unangefochtene Leitfigur. Je länger er dies war, desto stärker machten sich – seit Mitte der 70er Jahre – Tendenzen eines neuen Personenkults bemerkbar, wie man ihn seit Stalin nicht mehr gekannt hatte. Der Parteichef zeigte sich gern in Marschalluniform, mit zahllosen Orden auf der Brust, an Feiertagen schmückte sein haushohes Konterfei die Fassaden von öffentlichen Gebäuden (wie auf unserem Bild zu den Maifeierlichkeiten in Moskau), und offenkundig störte es ihn auch nicht, wenn man seine verschiedenen Funktionen unter dem Begriff „vožd'" (Führer) zusammenfasste.

der laufenden Ereignisse", deren erste Nummer bereits im Frühjahr 1968 im Samizdat erschien, berichteten sie von Grundrechtsverletzungen, was auch Vorfälle religiöser und nationaler Diskriminierung mit einschloss. Und nachdem im Sommer 1975

L. Breschnew in der finnischen Hauptstadt die Schlussakte der „Konferenz für Sicherheit und Zusammenarbeit in Europa" unterzeichnet hatte, gründete im Mai 1976 Ju. Orlow, Physikprofessor und Mitglied der Armenischen Akademie der Wissenschaften, eine erste „Helsinki-Gruppe"; sie setzte sich zum Ziel, die in „Korb 3" vereinbarte „Erleichterung menschlicher Kontakte" zu überwachen.

Hinter dem Anliegen, Verfassungs- und Menschenrechtsverletzungen zu monieren, standen unterschiedliche Motive: religiöse, nationale und allgemein-humanitäre. Entsprechend groß war das Spektrum der politischen Überzeugungen: Sahen sich die einen (wie der Historiker R. Medwedew) als „Sozialisten" und forderten „Zurück zu Lenin", entwickelten andere (wie etwa A. Sacharow) eine westlichen Überzeugungen vergleichbare „liberal-demokratische" Grundhaltung, während wieder andere (wie A. Solschenizyn) in ihrer Opposition am ehesten als traditionsbewußte „Neoslawophile" zu beschreiben waren, die den westlichen liberalen Kapitalismus ebenso verwarfen wie den heimischen Bolschewismus. Doch gleich welcher Richtung, sie alle setzten mit ihrem Engagement Karriere, Freiheit und Gesundheit aufs Spiel. Vom KGB bespitzelt und nicht selten drangsaliert, verloren sie ihre beruflichen Stellungen und alle legalen Möglichkeiten zu publizieren, wurden unter dem Vorwurf der „Verletzung der öffentlichen Ordnung" oder der „Diffamierung des Sowjetsystems" verhaftet, zu Gefängnis oder Zwangsarbeitslager verurteilt (wie Orlow), in psychiatrische Krankenhäuser eingewiesen (wie P. G. Grigorenko, der sich für die Krimtataren eingesetzt hatte), in die Provinz verbannt (wie Sacharow nach Gorki) oder ins Ausland abgeschoben (wie Solschenizyn). Durch Drohung und Einschüchterung, offene Repression und Gewalt vermochte der Staat, bis Anfang der 80er Jahre den organisierten Widerstand zu zerschlagen und die Menschen- und Bürgerrechtsbewegung weitgehend zu ersticken.

Selbst wenn es nur Einzelne, kleine Gruppen waren, die den offenen Protest formulierten, ihre im Samizdat kursierenden Berichte zeigten, dass jene große, harmonische und konfliktfreie Sowjetgesellschaft, von der Staats- und Parteiführung so gerne sprachen, nur in Sonntagsreden und Tagträumen existierte. Sonst hätte es dieses Ausmaß staatlicher Repression, die selbst vor Verfassungs- und Menschenrechtsverletzungen nicht zurückschreckte, nicht geben dürfen. Sie verwiesen auf verdrängte Fragen der Vergangenheit und unbewältigte aktuelle Probleme; führten vor Augen, wie nationale Unterschiede, Orientierungen und Diskriminierungen fortbestanden und Religion trotz des halben Jahrhunderts bolschewistischer Herrschaft noch immer eine Rolle spielte. Zugleich hatte sich – gleichsam im Windschatten der Samizdat-Publikationen – eine „legale" Prosa von durchaus beachtlichem Format entwickelt, die zwischen den Zeilen ein ähnliches Bild aufscheinen ließ. Gerade dort, wo sie – scheinbar unpolitisch – nur von privaten Erlebnissen und Gefühlen, vom Leben auf dem Dorf, in der Provinz und in den Randgebieten des Riesenreiches erzählte, ließ sie ahnen, wie groß die Unterschiede noch immer waren, wie unter der dünnen sowjetischen Oberfläche „Altes" weiterlebte, noch immer Denken und Handeln, den Alltag der Menschen bestimmte. Man denke nur an die auch bei uns bekannt gewordenen Werke eines W. Rasputin, F. Iskander oder T. Aitmatow.

4. Das Dilemma der Entspannungspolitik: Ziel oder nur Mittel?

Aus dem Rückblick betrachtet, hatte sich die Breschnewsche Außenpolitik drei Ziele gesetzt: Der Versuch im Innern, die Autoritätskrise der Partei und die Stabilitätskrise des Sowjetsystems zu überwinden, sollte außenpolitisch durch das Bemühen ergänzt werden, eine ideologische Rekonsolidierung Osteuropas und des kommunistischen Parteiensystems zu erreichen. Gestützt auf diese Basis, schien sodann ein Ausgleich mit dem Westen, die vertragliche Regelung sicherheitspolitischer Belange und außenwirtschaftlicher Zusammenarbeit möglich und nötig; er sollte zum Abbau der Spannungen beitragen, die Gefahr eines Atomkrieges mindern, den Status quo in Europa festschreiben und durch die Einfuhr westlicher Technologie die Modernisierung der Sowjetwirtschaft erleichtern. Der Ausgleich mit dem Westen diente zugleich der Anerkennung weltpolitischer Parität; ja, die Entschärfung des europäischen Krisenherdes und die zu erwartenden wirtschaftspolitischen Erleichterungen verbesserten, aus sowjetischer Sicht, die Rahmenbedingungen, die beanspruchte Position wirklich auszufüllen, schufen die Voraussetzungen, um hier und in anderen Teilen der Erde weiterhin als Groß- und Weltmacht auftreten zu können. In der Theorie mochten diese drei Zielsetzungen auf einander aufbauen, sich ergänzen; die Praxis zeigte, dass sie konfligierten, nicht nach- oder besser noch: nebeneinander zu verwirklichen waren; der Versuch, es trotzdem zu tun, brachte das Dilemma zutage und ist letzten Endes gescheitert.

Dass die neue Moskauer Führung nicht bereit war, eine weitere Aufweichung des eigenen Blocks hinzunehmen, musste als erste die Tschechoslowakei erfahren. Hier war Anfang des Jahres 1968 A. Novotny als Erster Sekretär des Zentralkomitees abgesetzt und durch den Reformkommunisten A. Dubček ersetzt worden. Vorsichtige Schritte zur Demokratisierung des politischen Systems, eine Abschaffung der präventiven Zensur und eine öffentliche Diskussion der nationalen Belange folgten. Das im April verabschiedete neue Aktionsprogramm der KPTsch ging darüber noch hinaus, versprach eine Fortsetzung der Demokratisierung, die Achtung der bürgerlichen Freiheitsrechte, die Religionsausübung eingeschlossen, und eine Neuordnung der Beziehungen zu den „sozialistischen Bruderländern“ auf der Basis der Gleichheit und Unabhängigkeit, der Nichteinmischung und gegenseitigen Respektierung. Mittlerweile hatte eine Reformeuphorie die Massen erfasst, ließ die Regierungen in Warschau und Ostberlin ein Übergreifen der Bewegung und die Staatsführung in Moskau das Schlimmste, einen Austritt der Tschechoslowakei aus dem gesamten Bündnissystem (RGW und WPO) befürchten. So entschied man sich zur militärischen Intervention: Am 21. August 1968 marschierten Truppen des Warschauer Paktes (aus der UdSSR, Polen, der DDR, Ungarn und Bulgarien) in die ČSSR ein und erstickten den sog. „Prager Frühling“. Die sowjetische Parteiführung rechtfertigte die Intervention mit einem „Hilferuf“ aus Prag*; sie erklärte zugleich „die Unterstützung, Festigung und Verteidigung der sozialisti-

* Dass damals tatsächlich eine Gruppe tschechoslowakischer Kommunisten an Moskau appelliert hatte, die Reformbewegung mit Gewalt niederzuschlagen, war im Westen lange bezweifelt worden. Doch im Sommer 1992 wurde tatsächlich ein entsprechendes „Einladungsschreiben“ in sowjetischen Archiven entdeckt und der neuen Prager Regierung übergeben. Die Absender hatten damals um strikte Vertraulichkeit gebeten.

schen Errungenschaften" zu gemeinsamen Pflicht der sozialistischen Länder und ordnete ihr die Souveränität der Einzelstaaten unter (Breschnew-Doktrin).

Zwölf Jahre später stand Polen vor einer ähnlichen Situation. Parteichef Gierek hatte mit westlicher Technologie und Krediten eine ehrgeizige Industrialisierungspolitik betrieben und dabei das Land in eine Wirtschaftskrise geführt; die Auslandsverschuldung erreichte die Höhe von 20 Milliarden Dollar. Versorgungsengpässe und Preiserhöhungen führten zu Massenstreiks. Mitte August 1980 besetzten Arbeiter die Danziger Leninwerft, bauten Barrikaden und wählten ein überbetriebliches Streikkomitee unter L. Wałęsa. Es erhielt den Auftrag, eine unabhängige Gewerkschaft („Solidarität") zu gründen und das Streikrecht, die Aufhebung der Zensur, den Zugang zu den Massenmedien und Lohnerhöhungen durchzusetzen. Regierungsvertreter stimmten der Gewerkschaftsgründung und dem Großteil der Forderungen zu. Die Zahl der Mitglieder stieg rasch, im Herbst 1981 betrug sie fast 10 Millionen, und mit der Zahl wuchs die Bedeutung der „Solidarität" als demokratischer Widerpart der Regierung. Dem wachsenden Druck der Nachbarstaaten und aus Moskau, ihren Aktivitäten Einhalt zu gebieten, kam General Jaruzelski, zugleich Partei- und Regierungschef, am 13. Dezember 1981 nach und verhängte über Polen das Kriegsrecht. Er scheint damit nur einer unmittelbar drohenden Intervention der Warschauer Paktstaaten zuvorgekommen zu sein.

In beiden Fällen – das erstemal offen, das zweite intern – hatte die Sowjetführung klargestellt, dass sie Osteuropa als besonders sensiblen Bereich ihrer Außen- und Sicherheitspolitik sah, und keinesfalls bereit war, dort einen weiteren Verlust an Macht und Einfluss hinzunehmen. Doch Entwicklungen rückgängig zu machen, vermochte auch Breschnew nicht. Jugoslawien behielt seine Unabhängigkeit, Rumänien seinen erweiterten Spielraum (so nahm es am Einmarsch in die Tschechoslowakei nicht teil), nach dem Bruch mit Moskau (1961) trat Albanien 1968 auch offiziell aus dem Warschauer Pakt aus, und erst recht scheiterte der sowjetische Versuch, zu einem Einvernehmen mit China zu kommen. Ja, die Beziehungen verschlechterten sich noch, die ideologischen Wortgefechte nahmen zu, und im März 1969 lieferten sich sowjetische und chinesische Grenztruppen am Ussuri schwere

Feuergefechte. Als es – mit Beginn des amerikanischen Rückzug aus Vietnam – zu ersten Gesprächskontakten zwischen Washington und Peking kam, verstärkte dies nur das sowjetische Bemühen, die eigenen Verhandlungen mit dem Westen zu forcieren und zu einem Abschluss zu bringen.

Einige Schritte in dieser Richtung waren bereits getan. So hatten im Juli 1968 die UdSSR, Großbritannien und die USA einen Vertrag über die Nichtverbreitung von Atomwaffen geschlossen, im März 1969 die Warschauer Paktstaaten auf ihrer Tagung in Budapest ihren Willen zu Verhandlungen und Kooperation bekräftigt und im November des gleichen Jahres Gespräche zwischen den USA und der UdSSR über die Begrenzung strategischer Waffen begonnen. Nach der englischen Abkürzung nannte man sie SALT. Im August 1970 unterschrieben die Sowjetunion und die Bundesrepublik in Moskau einen Vertrag, der als wichtigsten Punkt eine Gewaltverzichtserklärung enthielt, womit faktisch die durch den Kriegsausgang geschaffenen territorialen Verhältnisse in Ost- und Mitteleuropa anerkannt wurden; im Dezember des gleichen Jahres folgte ein entsprechender Vertrag zwischen Bonn und Warschau und im September darauf (1971) ein Viermächteabkommen über Berlin, das unter Wahrung der unterschiedlichen Rechtspositionen die Bedingungen des Transitverkehrs zwischen Berlin und der Bundesrepublik und die Vertretung West-Berlins durch den Bund sicherstellen und erleichtern sollte. Im Mai 1972 kamen die amerikanisch-sowjetischen Gespräche zur Festlegung von Obergrenzen für den Bau strategischer Offensivwaffen zu einem ersten vertraglichen Abschluss (SALT I); eine zweite Runde schloss sich an, die zur Rüstungsverringerung, zur Vernichtung von Trägersystemen führen sollte. Und am 30. Oktober 1973 begannen auf westliches Drängen in Wien Gespräche zur „beiderseitigen und ausgewogenen Truppenreduzierung in Europa" (bekannt unter der englischen Abkürzung MBFR).

Im Juli 1973 eröffnete eine Tagung der Außenminister in Helsinki eine erste Phase der „Konferenz für Sicherheit und Zusammenarbeit in Europa" (KSZE), an der wiederum der Sowjetunion besonders gelegen war. Sie erhoffte sich davon die endgültige Festschreibung der europäischen Grenzen; ein Abbremsen der westeuropäischen Einigung, um zu verhindern, dass hier eine neue wirtschaftliche und politische Supermacht entstand; die Schaffung eines gesamteuropäischen Organs, in dem auch die Sowjetunion ihre Stimme einbringen konnte; eine Lockerung des Verhältnisses zwischen Westeuropa und den USA; und eine erhebliche Ausweitung der Technologieimporte zur Modernisierung und Stärkung des sowjetischen Wirtschaftspotentials. Um den Beginn der Verhandlungen zu erreichen, hatte sich die Sowjetunion sogar bereit erklärt, neben der Unverletzlichkeit der Grenzen und der territorialen Integrität der Staaten auch das Selbstbestimmungsrecht und die Achtung der Menschenrechte und Grundfreiheiten in den „Prinzipienkatalog" aufzunehmen, der das Verhältnis der Teilnehmerstaaten zu einander künftig regeln sollte. Bei den Verhandlungen selbst setzten sich die westeuropäischen Vertreter dafür ein, dass nicht nur eine verbesserte Zusammenarbeit in den Bereichen der Wirtschaft, der Wissenschaft, der Technologie und des Umweltschutzes (im sog. „Korb 2") festgeschrieben wurde, sondern darüber hinaus (in einem „3. Korb") eine Erleichterung von menschlichen Kontakten, eine Verbesserung des Informationsflusses und ein verstärkter Kulturaustausch. Nach langen, schwierigen Verhandlungen wurde am 1. August 1975 von den Staats- und Regierungschefs der 35 Teilnehmerstaaten eine entsprechende Schlussakte unterzeichnet, in der auch „Folgekonferenzen" vereinbart waren.

Die sowjetische Presse feierte die Unterzeichnung als großen, persönlichen Erfolg Breschnews. Doch die Überzeugung, einen Fortschritt in den internationalen Beziehungen erzielt zu haben, war beiderseits und das Gefühl wachsender „Entspannung" zwischen den Blöcken allgemein. Der Warenaustausch zwischen Ost und West nahm kräftig zu, der Umfang der amerikanischen Exporte in die Sowjetunion stieg zwischen 1970 und 1975 auf das Dreizehnfache, und in der Liste der wichtigsten westlichen Handelspartner rückten die USA auf den zweiten Rang (hinter der Bundesrepublik) vor.

Doch das Bild trübte sich noch im gleichen Jahr: Im November 1975 griffen Kubanische Truppen in den angolanischen Bürgerkrieg ein. Es war unvorstellbar, dass dies ohne Zustimmung, ja Absprache mit Moskau geschah, und die Befürchtungen sollten sich mehren, dass die sowjetische Führung die Entspannung in Europa und den Technologietransfer unter anderem zum Ausbau ihrer Machtposition in der Dritten Welt nutzte. An der steigenden Zahl von Freundschafts- und Kooperativverträgen, die sie nun mit Ländern des Nahen Ostens, Asiens und Afrikas schloss, schien ablesbar, wie sie ihr zunächst auf Osteuropa und Ostasien beschränktes Paktsystem durch einen immer größeren Ring von „Staaten sozialistischer Orientierung" zu erweitern suchte: 1971 waren es Verträge mit Ägypten und Indien, 1972 mit dem Irak, 1974 mit Somalia, 1976 mit Angola, 1977 mit Mozambik, 1978 mit Äthiopien, Vietnam und Afghanistan, 1979 mit der VR Jemen, 1980 mit Syrien und 1981 mit der VR Kongo (vgl. Karte 5 im Anhang). Die Zahl der Staaten, die von der Sowjetunion Militärhilfe bekam, war noch weit größer. Seit 1977 stand die „Stärkung der Positionen des Weltsozialismus" und die „Unterstützung der nationalen Befreiungsbewegungen" als außenpolitische Aufgabe sogar in der Verfassung.

Doch auch in Europa war die Sowjetunion um einen Ausbau ihrer Machtposition bemüht. Trotz ohnehin bestehender numerischer Überlegenheit in den konventionellen Waffensystemen und laufender MBFR-Verhandlungen in Wien, begann sie seit 1977 neue, hochmoderne Mittelstreckenraketen mit nuklearen Mehrfachsprengköpfen (SS 20) aufzustellen. Durch amerikanische Satellitenaufnahmen darauf aufmerksam geworden, drängten die westeuropäischen Staaten auf Gegenmaßnahmen. So fasste die NATO im Dezember 1979 jenen Doppelbeschluss, der die Stationierung von 108 amerikanischen Pershing-Raketen und 464 Marschflugkörpern (in der Bundesrepublik, Großbritannien, Italien und den Beneluxstaaten) vorsah, der Sowjetunion aber gleichzeitig den Vorschlag einer beiderseitigen Reduzierung der Mittelstreckenraketen machte.

Der Beschluss war kaum gefasst, da wurde der Einmarsch sowjetischer Truppen in Afghanistan bekannt. Wer und was auch immer für ihn verantwortlich war (Breschnew oder die Militärs, ein genereller weltrevolutionärer Expansionismus oder eine vermeintlich harmlose Konzession an die „Falken"), er erwies sich als verhängnisvoll. Er zeigte auf, wie schwach die Füße waren, auf denen die gesamte Außenpolitik ruhte. Dass Präsident Carter zum Boykott der Moskauer Olympischen Spiele aufrief und die Westeuropäer sich anschlossen, war für die prestigebedachte Sowjetführung ärgerlich, aber noch zu verschmerzen. Schwerer traf sie der Lieferstopp für Hochtechnologie und Nahrungsmittel; im März

1980 verhängt, gefährdete er die Versorgung und Modernisierungspläne. Carter hatte dem US-Senat darüber hinaus empfohlen, den eben ausgehandelten SALT II – Vertrag nicht zu ratifizieren; so geschah es auch. Dass der ohnehin angespannten sowjetischen Wirtschaft ein erneuter Rüstungswettlauf drohte, wurde nach der Wahl R. Reagans zum neuen Präsidenten und seinem Amtsantritt (im Januar 1981) immer wahrscheinlicher.

Doch nicht nur dies. Mit dem Einmarsch in Afghanistan hatte sich die sowjetische Außenpolitik weltweit isoliert. Mitte Januar 1980 musste die Sowjetunion nach langer Zeit erstmals wieder in einer wichtigen UN-Abstimmung eine Niederlage hinnehmen. Die Vollversammlung billigte mit großer Mehrheit einen Entschließungsantrag, der den „sofortigen, bedingungslosen und vollständigen Abzug" der sowjetischen Truppen aus Afghanistan verlangte. Eine Konferenz der Außenminister islamischer Staaten schloss sich Ende des Monats diesem Votum an und forderte dazu auf, die von sowjetischen Truppen gestützte, „illegale" afghanische Regierung nicht anzuerkennen. Dass das sowjetische Vorgehen auch bei den „blockfreien Staaten" abgelehnt wurde, zeigte sich im Februar 1981, als sie mit 92 von 95 Stimmen „den Abzug der fremden Truppen" aus Afghanistan verlangten.

Am verheerendsten aber waren die unmittelbaren Folgen: Die Sowjetunion hatte sich – ähnlich wie die USA in Vietnam – in einen Krieg eingemischt, der für die Interventionsmacht von vorneherein nicht zu gewinnen war, trotz der Unsummen, der zig-Millionen Dollar, die er tagtäglich verschlang, trotz der vielen, Tausenden von Opfern, die er unter den eigenen Soldaten forderte, von den Leiden der afghanischen Zivilbevölkerung, den Millionen Flüchtlingen, Verstümmelten, Toten ganz zu schweigen. Je sinnloser dieser Krieg wurde, desto mehr lähmte, demoralisierte er das ganze Land.

XI. Von der Reform zur Auflösung (1982–1991)

Es ist nicht genau zu bestimmen, seit wann man sich in der Sowjetunion jenen Witz erzählte, der die nachrevolutionäre Entwicklung mit einem fahrenden Eisenbahnzug verglich: Der erste Zugführer (Lenin) brachte ihn, wenn auch unter Mühen, in Bewegung. Als er aus dem Amt schied, kam ein neuer (Stalin). Ihm ging nichts schnell genug, und so ließ er den Heizer, einen Teil des Zugpersonals und etliche Fahrgäste erschießen. Als er sein Amt aufgeben musste, kam jemand, der sagte, wir müssen alles anders machen (Chruschtschow). Er redete den Fahrgästen gut zu, änderte die Reihenfolge der Waggons, ließ den Kohlenwagen vorne, hängte die Lokomotive hinten an und ließ den Zug fortan schieben. Eine Revolte des Personals beendete diese Versuche. Der neue Chef (Breschnew) war einer von ihnen. Unter ihm kam der Zug endgültig zum Stehen. Was den neuen an der Spitze nur zu der Reaktion veranlasste: Ziehen wir die Vorhänge zu und stellen uns vor, wir würden weiterhin fahren.

Die Geschichte kursierte wohl in mehreren Varianten, doch die Pointe war stets die gleiche und brachte ein seit Ende der 70er Jahre weit verbreitetes Grundgefühl zum Ausdruck: das Empfinden, dass die Entwicklung stagnierte und die politische Führung kein Konzept besaß, das Land aus der Sackgasse herauszuführen. Das jahrelange Siechtum des Staatschefs schien symptomatisch. Im Zeitalter der Massenmedien war kaum zu verheimlichen, wie seine massige Gestalt, gezeichnet von Alter und Krankheit, immer mehr verfiel, sein Gesicht, aufgedunsen von Medikamenten, erstarrte, wie ihm jede Bewegung zur Last wurde, die Fähigkeit, klar und geordnet zu reden, abhanden kam. Je länger dieser Zustand dauerte, desto nachdrücklicher demonstrierte er die Reformunfähigkeit des politischen Systems, zumal die mächtigsten Männer des Politbüros oft noch älter waren als der senile Staatschef und die bisherige Politik mitzuverantworten hatten. Ja, ein Wille zur Erneuerung schien nicht in Sicht: Als Ministerpräsident Kossygin, 76jährig,

1980 erkrankte und starb, wurde der 75jährige N. A. Tichonow, seit vielen Jahren stellvertretender Ministerpräsident und seit kurzem Kandidat des Politbüros, sein Nachfolger; er galt als enger Parteigänger (des 74jährigen) Breschnew und wurde fortan zum inneren Führungskreis des Politbüros gezählt (neben M. A. Suslow, dem ZK-Sekretär für die Ideologie, 78jährig; A. P. Kirilenko, ZK-Sekretär für Innenpolitik und Parteiarbeit, 74jährig; A. Ja. Pelsche, Vorsitzender der Parteikontrollkommission, 81jährig; und K. U. Tschernenko, ZK-Sekretär für die zentralen Parteikader, 69jährig).

Als L. I. Breschnew im November 1982 starb, wurde Juri Wladimirowitsch Andropow einstimmig zum neuen Generalsekretär gewählt. Nur 8 Jahre jünger als sein Vorgänger, hatte er eine wechselvolle politische Karriere hinter sich: Sie führte ihn aus der Diplomatie ins ZK-Sekretariat, verantwortlich für die kommunistischen und Arbeiterparteien Osteuropas, bevor er 1967 die Leitung des KGB übernahm und länger als irgendein Vorgänger behielt. Seit 1973 Mitglied des Politbüros, rückte er in dessen innersten Kreis vor, als er im Frühjahr 1982 die Leitung der Geheimpolizei abgab und im ZK-Sekretariat (als Nachfolger Suslows, der im Januar verstorben war) die Zuständigkeit für Fragen der Ideologie übernahm. Andropow galt als intelligent, pragmatisch und flexibel, ohne es an Prinzipientreue fehlen zu lassen: Schließlich war er Botschafter seines Landes in Budapest gewesen, als 1956 sowjetische Panzer den ungarischen Aufstandsversuch niederwalzten; und als KGB-Chef hatte er die Hauptverantwortung für die Verfolgung und Zerschlagung der Dissidentenbewegung getragen, für die Drangsalierungen, denen Menschenrechts- und Helsinkigruppen ausgesetzt waren, die Einweisungen in psychiatrische Kliniken und die Verurteilungen zu Lagerhaft.

An dieser politischen Grundlinie hielt Andropow auch als neuer Generalsekretär fest; wer vom Führungswechsel eine Liberalisierung des innenpolitischen Klimas erhofft hatte, wartete vergebens. Aus seiner Tätigkeit als langjähriger KGB-Chef brachte Andropow zugleich die Erkenntnis mit, dass der Staats-, Wirtschafts- und Parteiapparat an der Misere, in der sich das Land befand, nicht unschuldig war. Nur wenn man Schlendrian und Missbrauch, Nepotismus, Selbstbereicherung und Bestechlichkeit bei den Amtsträgern bekämpfte, war auch bei der Bevölkerung mehr

Arbeitsdisziplin und -einsatz zu erwarten. So wurde eine „Antikorruptionskampagne“ begonnen und zum Signum der Wende. Schon im Frühjahr 1982 war als warnendes Beispiel die Hinrichtung eines ehemaligen Vizeministers für Fischereiwesens wegen Korruption gemeldet worden, Nachrichten dieser Art sollten sich nun mehren. Mitte Juni 1983 ließ sich der neue Generalsekretär auf einer Sitzung des Obersten Sowjet zum Staatsoberhaupt wählen und vereinte damit in einer Hand die beiden wichtigsten Ämter. Doch zu diesem Zeitpunkt war er bereits todkrank; seit Herbst nicht mehr in der Öffentlichkeit gesehen, starb er Anfang Februar 1984 an Nierenversagen.

Nachfolger im Amt des Generalsekretärs wurde Konstantin Ustinowitsch Tschernenko; als der eigentliche Kronprinz Breschnews, hatten manche seine Wahl bereits im Herbst 1982 erwartet. Wie sein Vorgänger übernahm auch er zusätzlich zum Parteivorsitz (im April 1984) die Funktion eines Staatsoberhauptes. Damit verlängerte sich das Siechtum an der Staatsspitze. Obwohl mit 72 Jahren noch der jüngste der leitenden Vierergruppe des Politbüros (Ministerpräsident Tichonow war 78, Verteidigungsminister Ustinow 75, Außenminister Gromyko 74), machte jeder Auftritt in der Öffentlichkeit überdeutlich, dass Tschernenko der schweren Bürde seiner Ämter nicht mehr gewachsen war: Nur mit Mühe schleppte er sich ans Rednerpult und las kurzatmig und ausdruckslos ab, was man ihm vorformuliert hatte; die großen Reden musste er ohnehin anderen überlassen. Unter denen, die nun aus dem Schlagschatten der Alten stärker ans Licht der Öffentlichkeit traten, war auch Michail Sergejewitsch Gorbatschow. In einem Dorf am Nordabhang des Kaukasus 1931 geboren, hatte er in den 50er Jahren in Moskau Jura studiert, war in den 60ern in seiner Heimatprovinz zum Komsomol- und Parteisekretär aufgestiegen, hatte zusätzlich ein Fernstudium in Wirtschaftswissenschaften absolviert und durch gute Ernteergebnisse seines Gebietes auf sich aufmerksam gemacht. So holte man ihn im Herbst 1978 als Landwirtschaftssekretär ins ZK-Sekretariat nach Moskau; ein Jahr später war er Kandidat, zwei Jahre später bereits Vollmitglied des Politbüros, mit 49 der jüngste in der Altherrenriege.

Als Tschernenko im März 1985 starb, galt Gorbatschow als erster Anwärter auf den Posten des Generalsekretärs. Schon die Monate davor hatte er für den schwerkranken Tschernenko das

Sekretariat geführt. Es gab keinen Gegenkandidaten, weder im Politbüro, das den Vorschlag machte, noch im Zentralkomitee, das ihn bestätigte; aber völlig unumstritten war seine Wahl wohl nicht. Ein Teil des Politbüros hätte, so heißt es, lieber den 71jährigen Parteichef von Moskau V. V. Grischin als neuen Generalsekretär gesehen. Wenn man vorausgesehen hätte, worauf man sich einließ, hätten sicher alle Grischin gewählt.

1. Auf der Suche nach einer neuer Politik

Gorbatschow präsentierte sich als ein junger und erfolgreicher Parteifunktionär; sympathisch und dynamisch, wie er war, erwartete man von seiner Wahl eine Stabilisierung und Erneuerung des sozialistischen Systems; nichts deutet darauf hin, dass er seinen Auftrag anders verstanden hätte. Den Weg dazu sah er in einer konsequenten Fortsetzung jener Politik, wie sie sein Vorvorgänger und Förderer Andropow bereits begonnen hatte: in der entschlossenen Überprüfung und Neuformierung der Parteikader, in der Zentrale wie draußen im Lande. Schließlich waren sie es, die die sowjetische Politik machten und trugen, und nur wenn es gelang, das Vertrauen in ihre Sachkompetenz und in ihre Integrität wiederherzustellen, war eine erfolgreiche Umsetzung von politischen Zielsetzungen möglich.

Die neue Politik begann mit der Spitze des Parteiapparates: So wurde binnen kurzer Zeit ein Großteil der Mitglieder des Sekretariats und der Abteilungsleiter des Zentralkomitees der KPdSU ausgetauscht, im März 1987 waren nur noch 16 % der Sekretäre und etwas über 10 % der Abteilungsleiter aus der Breschnewzeit im Amt. Bei den Neuwahlen zum Zentralkomitee (auf dem 27. Parteitag im Februar 1986) zogen 125 Neue in das höchste Gremium zwischen den Parteitagen ein, was einer Rate von 40 % gleichkam; ohne den nächsten Parteitag abzuwarten, wurden (auf Beschluss des ZK-Plenums) im April 1989 weitere 110 ZK-Altmitglieder, davon 74 stimmberechtigte, einfach pensioniert, zwei Dutzend bisherige Kandidaten zu Vollmitgliedern erklärt und das gesamte Gremium auf 251 Mitglieder reduziert. Auch von den Provinzchefs der Partei, den 159 Sekretären der Gebiete und Kreise, musste ein Großteil gehen: Bis Ende 1986 waren – verglichen mit dem Bestand bei Breschnews Tod – über 100 Neue im Amt. Auf Regierungsebene setzte sich das Personalrevirement fort, so wurden schon in Gorbatschows ersten beiden Amtsjahren 11 der 14 Mitglieder des Präsidiums des Ministerrates (was 87,6 % entspricht), darunter auch der Ministerpräsident, und 73 der 116 Regierungsmitglieder (mithin 62,9 %) ausgetauscht.

Zum ersten Mal hatte sich der Apparat einer öffentlichen Kritik zu stellen, war öffentliche Kritik an ihm nicht länger tabu. So tauchten in den großen Zeitungen immer mehr Leserzuschriften auf, die die Trägheit und Unfähigkeit der Bürokratie beklagten, von Fällen der Selbstbereicherung und Korruption berichteten, die Existenzberechtigung der Privilegien (von speziellen, der Funktionärsschicht vorbehaltenen Geschäften und Krankenhäusern) in Frage stellten und radikale Veränderungen, ja ausdrücklich „Säuberungen" des Partei- und Staatsapparates forderten. Vertreter des alten Parteiestablishments wiesen die publizistische Kritik, die „Exzesse" gegen „aufrechte Kommunisten" zurück. Gorbatschow hielt sich dabei meist bedeckt. Doch im Prinzip verteidigte, propagierte er die neue Offenheit, den Grundsatz der „glasnost'": Transparenz aller Entscheidungen sei Voraussetzung für Massenbeteiligung, Öffentlichkeit Bedingung jeder Demokratie, und das Land brauche die Demokratie, so sagte er auf dem ZK-Plenum im Januar 1987, so nötig „wie die Luft zum Atmen".

Doch damit es aufwärts gehen konnte, musste sich – nach der Überzeugung der neuen Führung – nicht nur das Verhalten der Funktionäre, sondern jedes einzelnen ändern. So lief der Kampagne gegen Korruption und Amtsmissbrauch von Anfang an eine zweite parallel, die sich gegen mangelnde Disziplin am Arbeitsplatz, das Weglaufen und Zuspätkommen, das Während-der-Dienstzeit-den-eigenen-Geschäften-Nachgehen und vor allem: den weit verbreiteten Alkoholismus wandte. Alkohol sei daran schuld, dass die UdSSR trotz viel geringerer Motorisierung die gleiche Zahl an Verkehrstoten aufweise wie die USA; dass Millionen von Nutzfahrzeugen zu Schrott gefahren würden; dass zehnmal mehr behinderte Kinder als im Weltmaßstab geboren würden; und dass der Volkswirtschaft ein Schaden in Höhe von Hunderten Milliarden Rubeln entstünde. Ein ganzes Bündel von Maßnahmen sollte die Herstellung, den Verkauf und den Konsum einschränken.

Nach zwei, zweieinhalb Jahren hatte sich die neue Führung

allmählich etabliert. Gorbatschow war es gelungen, sich an der Spitze der Partei zu behaupten, indem er ihr neue Impulse gab, mitunter auch geschickt lavierte und den Blick des Realpolitikers für das Machbare bewies. So hatte er Gromyko, der sich im März 1985 für seine Wahl zum Generalsekretär eingesetzt hatte, zum neuen Staatsoberhaupt gemacht; als letzter Vertreter der „Alten" saß er nun auf einem repräsentativen, aber politisch wenig einflussreichen Posten. Seine Stelle als Außenminister hatte der Georgische Parteichef E. Schewardnadse übernommen, ein Neuling auf diesem Gebiet, der jedoch durch eine spektakuläre Antikorruptionskampagne Aufsehen erregt, politischen Mut und persönliche Integrität bewiesen hatte. Der neue Ministerpräsident N. I. Ryschkow hatte zuvor wichtige Posten in der Wirtschafts- und Planungsbürokratie bekleidet und versprach, technischen und ökonomischen Sachverstand einzubringen. Als entschiedene Reformer galten schließlich Boris N. Jelzin, den Gorbatschow als neuen Moskauer Parteichef durchgesetzt hatte, sowie A. N. Jakowlew, der lange Jahre sowjetischer Botschafter in Kanada war und nun im ZK-Sekretariat für Ideologie und Propaganda zuständig wurde. Beide bildeten, auch ins Politbüro aufgenommen, ein Gegengewicht zu Je. K. Ligatschow, der stets mahnte, den Reformkurs nicht zu weit zu treiben.

Die neue Führung war mit der Zuversicht angetreten, durch eine Neuformierung der politischen Kader, die offene Kritik der Missstände und den Appell an den Leistungswillen der Bevölkerung das sozialistische Staatsschiff rasch wieder klar zu bringen, so dass es „beschleunigt" seine Fahrt fortsetzen konnte. Sie hatte damit die Schwierigkeiten erheblich unterschätzt. Neue Kader bedeuteten noch keine neuen Inhalte, noch keine neue Politik, und die Kampagnen gegen Korruption und Trunksucht brachten nur tieferliegende Probleme zutage.

So ließ sich zwar die staatliche Herstellung und der Verkauf von Alkoholika durch administrative Restriktionen und Preiserhöhungen erheblich einschränken. Doch gleichzeitig stieg die private Schwarzbrennerei sprunghaft an, wurden die Zuckervorräte knapp, und im Staatsäckel fehlten Milliarden, die ihm bisher als Alkoholsteuern zugeflossen waren. Wer den Alkoholismus besiegen wollte, so wurde nun auch den Verantwortlichen klar, musste vieles ändern, das Gaststätten-, Konsum- und Freizeitangebot, die

Wohnungssituation in den Familien, die Verhältnisse am Arbeitsplatz, die medizinische Betreuung. Die Kampagne gegen Amtsmissbrauch und Korruption verbunden mit neuer Offenheit (glasnost') zeigte ähnlich fatale Wirkung: Sie demonstrierte nicht nur den ehrlichen Erneuerungswillen der Führung, sondern auch das Ausmaß der Missstände, der Fehler und Versäumnisse, die unter den Bedingungen der Parteiherrschaft und auf der Basis des Nomenklatura-Systems um sich gegriffen hatten.

Das galt erst recht, nachdem im April 1986 Block 4 der Kernkraftanlage von Tschernobyl außer Kontrolle geriet und explodierte. Die Explosion zerstörte das Reaktorgebäude völlig und schleuderte Tonnen von radioaktiven Substanzen bis zu 1000 Meter hoch; sie wurden vom Wind zunächst nach Norden getragen, dann über ganz Europa verteilt. Der brennende Graphitblock des Reaktors konnte erst nach Tagen gelöscht werden. Weite Teile Weißrusslands, Russlands und der Ukraine wurden radioaktiv verseucht; über 200 Ortschaften, über 100000 Menschen mussten evakuiert werden; bald war unter den Experten unstrittig, dass Tausende, ja Zehntausende innerhalb und außerhalb der Sowjetunion zusätzlich an Krebs erkranken und an den Spätfolgen von Tschernobyl sterben werden. Die Behörden reagierten mit dem Versuch der Verharmlosung, die Regierung mit Sprachlosigkeit; erst allmählich fand man zum selbsterklärten Prinzip der Offenheit zurück und gestand – obgleich zögernd – das Ausmaß der Katastrophe ein.

Je deutlicher wurde, dass die neuen Kader und ihre Kampagnen noch keine Wende brachten, desto stärker wurde der Druck, der neuen Politik auch neue Inhalte zu geben. So gesellte sich zur Beteuerung der Offenheit die Forderung eines Umbaus von Staat, Wirtschaft und Gesellschaft, zur „glasnost'" die „perestrojka".

2. Von der Systemreform zum Systemwandel

Von Anfang an war Gorbatschow entschlossen gewesen, das Land aus der Isolierung herauszuführen, in die es die Breschnewsche Raketenpolitik, der Einmarsch in Afghanistan und die Verfolgung der Menschenrechtsgruppen geführt hatten. Außen- und innenpolitische Zielsetzungen waren dabei kaum zu trennen.

Gegen das neue, kostspielige Drehen an der Rüstungsspirale gab es viele Gründe, und Gorbatschow wurde nicht müde, sie im In- und Ausland vorzutragen: Welchen Sinn machte die forcierte Vorbereitung auf einen Nuklearkrieg, von dem jeder Vernünftige wusste, dass er nicht führbar war, ohne die Grundlagen der Zivilisation zu zerstören? Sie zu wahren, schien ihm die Aufgabe aller, wichtiger auch als irgendwelche „weltrevolutionären" Zielsetzungen. Mit ihren gigantischen Ausmaßen band die Rüstungsindustrie überdies Kapital und innovativen Sachverstand, die im eigenen Land dringend für andere Aufgaben, in der Wirtschaft, gebraucht wurden. Auch der Afghanistankrieg hatte sich längst als eine schwere Hinterlassenschaft erwiesen, die es so schnell wie möglich loszuwerden galt: Er verschlang von Tag zu Tag Unsummen, ohne gewinnbar zu sein, und demoralisierte zusehends die eigene Bevölkerung. Schließlich blieb die Propagierung von neuer Offenheit und Demokratie unglaubwürdig, solange politisch Andersdenkende im Gefängnis und psychiatrischen Anstalten saßen und Sacharow, ihr bekanntester Kopf, in der Verbannung in Gorki. Nur wenn es gelang, diese Fragen zu lösen, war auch auf westliche Kredite und die Aufhebung des Lieferstopps für Hochtechnologie zu hoffen.

Mit der Erkenntnis, dass die Probleme im Innern weitaus größer waren als zunächst angenommen, wuchs auch das Betreben, sich durch eine neue Außenpolitik den Rücken frei zu machen für die in Staat, Wirtschaft und Gesellschaft dringend notwendigen Reformen. Hatte Gorbatschow zunächst gefordert, in die Verhandlungen über den Abbau der in Europa stationierten nuklearen Mittelstreckenraketen auch die amerikanischen Planungen für die Installierung eines Raketenabwehrsystems im Weltraum (SDI) einzubeziehen, so verzichtete er im Februar 1987 auf dieses Junktim und machte damit den Weg frei für den (im Dezember des gleichen Jahres unterzeichneten) INF-Vertrag, in dem sich die USA und die Sowjetunion verpflichteten, innerhalb von drei Jahren nach Inkrafttreten alle landgestützten Mittelstreckenflugkörper mit einer Reichweite zwischen 500 und 5 500 km zu beseitigen, ihre Herstellung und Erprobung zu unterlassen und nach Abschluss der Beseitigung auf den Besitz dieser Waffensysteme zu verzichten. Ja man intensivierte nun auch die Gespräche und Verhandlungen über eine Abrüstung im konventionellen Bereich (KSE) und über die Reduzierung der nuklearen („strategischen") Trägersysteme großer Reichweite (START), was im November 1990 bzw. Sommer 1991 zu entsprechenden vertraglichen Regelungen führte. Im Februar 1988 kündigte Gorbatschow den Rückzug der sowjetischen Truppen aus Afghanistan an, am 14. April wurde im Genfer UNO-Gebäude – mit den USA und der UdSSR als Garantiemächten – ein Afghanistan-Abkommen unterzeichnet und Mitte Mai mit dem Abzug der sowjetischen Truppen begonnen. Schon vorher hatte die neue Führung auch ihren Frieden mit den Andersdenkenden zu machen versucht: Im Dezember 1986 hatte Gorbatschow persönlich mit Sacharow telefoniert und ihm die Erlaubnis zur Rückkehr nach Moskau angekündigt; im Februar 1987 wurde offiziell bekannt gegeben, dass 140 Personen, die wegen „antisowjetischer Propaganda" verurteilt worden waren, begnadigt würden; und im April 1988 setzte sich Gorbatschow mit dem Patriarchen der russisch-orthodoxen Kirche (Pimen) an einen Tisch (Anlass waren die bevorstehenden Tausendjahrfeiern der Christianisierung Russlands), um mit ihm über ein gedeihliches Verhältnis von Kirche und Staat zu reden.

Das alles schienen wichtige und notwendige Voraussetzungen, um mit der Reform des politischen Systems zu beginnen. Sie war das große Thema auf der 19. Parteikonferenz Ende Juni / Anfang Juli 1988. In seinem Grundsatzreferat bezeichnete Gorbatschow die direkte Einmischung der Partei in Fragen der Wirtschaft und der Verwaltung sowie die übermäßige Einflussnahme des Staates auf das gesellschaftliche Leben als Fehlentwicklungen und forderte statt dessen die Wiederaufwertung der Räte als den eigentlichen Organen lokaler Selbstverwaltung. Keine einzige staatliche, wirtschaftliche oder soziale Frage dürfe künftig unter Umgehung der Sowjets entschieden werden. Für eine Wiederherstellung ihrer Autorität und ihres Einflusses schien ihm eine Reform des gesamten Wahlsystems unerlässlich. Der Aufstellung der Kandidaten müsse eine breitangelegte und freie Diskussion vorausgehen, und die Wahl sei nur dann eine Wahl, wenn der Wähler zwischen mehreren Kandidaten auswählen könne. Auch vor den „höchsten Organen der Sowjetmacht" sollte die Reform nicht halt machen: Als neues repräsentatives Organ schlug Gorbatschow einen auf 5 Jahre zu wählenden „Kongress der Volksdeputierten" vor, der an der Spitze des sowjetischen Staates stehen, einmal im Jahr zusammen-

Abb. 28: Für die Sowjetbürger völlig ungewohnte Nachrichten und Bilder: Aus den Medien erfahren sie, dass sich Staats- und Kirchenführung im Vorfeld der Feiern zum tausendjährigen Jubiläum der Christianisierung Russlands (988) getroffen hatten, um über ein gedeihliches Verhältnis von Staat und Kirche zu reden (die Zeitungen berichten darüber auf der ersten Seite); dass in einem Neubauviertel Moskaus zum ersten Mal seit der Revolution wieder eine Kirche geweiht wird; dass der Staat konfiszierte Kirchengebäude und Klöster an den Klerus zurückgibt; oder: dass Priester und Gläubige über 350 km von Moskau zum Heiligen Serafim von Sarow wallfahren, einem asketischen Mönch, Priester und Wunderheiler, der Ende des 18./Anfang des 19. Jahrhunderts lebte, 1903 heilig gesprochen wurde und nach einer Überlieferung die Revolution vorausgesagt haben soll (unser Bild: eine Prozession um die Pokrowskaja-Kirche in Moskau).

treten und über alle „Grundsatzfragen der Verfassung, der Wirtschaft und des sozialökonomischen Lebens“ befinden sollte. Aus ihm hatte dann ein relativ kleiner, ständig tagender und aus zwei Kammern bestehender neuer Oberster Sowjet hervorzugehen, der in Funktionsweise und Stellung einem westlichen Parlament durchaus vergleichbar war. Auch die Rechte des Vorsitzenden des Obersten Sowjet sollten neu gefasst werden: Statt bloß repräsentative Funktionen zu erfüllen, sollte er – vom Kongress der Volksdeputierten gewählt und ihm auch verantwortlich – künftig mit den breiten Vollmachten eines echten Staatspräsidenten ausgestattet sein.

Demokratie, Offenheit und Selbstverwaltung, Trennung der Zuständigkeiten von Partei und Staat und die Schaffung eines effizienten Mechanismus, der eine rechtzeitige Selbsterneuerung des politischen Systems ermöglichte, das waren die neuen, immer wiederkehrenden Schlüsselbegriffe. Die Parteikonferenz billigte die Gorbatschowschen Vorschläge, und im Dezember 1988 wurden entsprechende Verfassungsänderungen und ein neues Wahlgesetz verabschiedet. Sie sahen einen Volksdeputiertenkongress mit 2250 Abgeordneten vor, von denen 1500 direkt und personenbezogen gewählt, 750 durch gesellschaftliche Organisationen (wie Partei, Gewerkschaften, Komsomol usf.) delegiert wurden. Vergleichbare Strukturen sollten auch in den einzelnen Unionsrepubliken geschaffen werden. Schon vier Monate später, im März 1989, wurde der Volksdeputiertenkongress der UdSSR gewählt, und Ende Mai begann seine erste, konstituierende Session. Dabei bestellte er den neuen Obersten Sowjet und Gorbatschow zu dessen Vorsitzenden. Im Dezember 1989 erfolgte die zweite Session, im Februar/März 1990 die dritte, auf der er beschloss, in der UdSSR das Präsidialsystem einzuführen, und Gorbatschow zum ersten Staatspräsidenten wählte.

Inzwischen waren auch die Wirtschaftsreformen angelaufen, in einer wahren Flut von Gesetzen. So trat, um nur einige wenige aufzuführen, am 1. 1. 1988 eine gesetzliche Bestimmung in Kraft, die – für rd. 60 % der Industrieproduktion – die Eigenverantwortlichkeit und Selbstfinanzierung der Betriebe (nach dem Prinzip der Kostendeckung) sowie die Schließung unrentabler Unternehmen vorsah. Im Mai wurde nach heftiger Debatte ein Gesetz über das Genossenschaftswesen verabschiedet, das die Neugründung von

„Genossenschaftsbetrieben" erlaubte, wobei zu einer „Genossenschaft" nur 3 Personen gehören mussten und genossenschaftliche und staatliche Betriebe künftig gleichberechtigt sein sollten. Mitte März 1989 fasste das ZK-Plenum der KPdSU eine Resolution zur Reform des Agrarsektors, die unrentablen Kolchosen und Sowchosen nur noch zwei Jahre gab, um aus den roten Zahlen herauszukommen; danach sollten sie reorganisiert oder aufgelöst, ihre Ländereien anderen Kollektivwirtschaften, Pächtern oder Privatbauern zugeteilt werden. Am 7. April 1989 beschloss das Präsidium des Obersten Sowjet eine Verfügung zu „Pacht und Pachtbeziehungen in der UdSSR", wonach es möglich war, Grund und Boden, Betriebe und Einrichtungen vom Staat „für 5 bis 50 Jahre und mehr" zu pachten; Ende Juli 1989 wurde dies auch gesetzlich festgeschrieben. Nach zwei Ministerratsbeschlüssen (vom 9. 11. 1988 und 30. 3. 1989) konnten Betriebe auch selbstständig Außenhandelsgeschäfte vereinbaren, sofern sie sich beim Ministerium für Außenwirtschaft (gegen eine Gebühr von 250 Rubel) registrieren ließen.

Die Absicht war, in die zentrale „Kommandowirtschaft" mehr Markt und Konkurrenz, in die Betriebe mehr Eigeninitiative und Selbstverantwortung, in die Staatsökonomie private und genossenschaftliche Elemente zu bringen, unter Ausklammerung der Rüstungs- und Grundstoffindustrie, des Energiesektors und der Verkehrswirtschaft und ohne das System der sozialistischen Planwirtschaft grundsätzlich aufzugeben. Die genaue Rolle der zentralen Planung war nirgends definiert; die Versorgung mit Produktionsmitteln, die Preisbildung, die Finanzierung blieben in der Schwebe, die Rechtssicherheit ein Desiderat und offen, wie Markt und Konkurrenz ohne sie funktionieren sollten; auf Rentabilitätsdenken und Risikobereitschaft waren im übrigen weder die Betriebsleitungen noch ihre Belegschaften, weder Kolchosvorsitzende noch ihre Bauern vorbereitet, und wenn es einzelne versuchten, hatten sie nur zu oft die anderen gegen sich. So stellte sich statt des erhofften Erfolges bald ein Zustand ein, in dem, wie man sagte, „das Alte nicht mehr funktionierte und das Neue noch nicht", eine euphemistische Umschreibung für das Umsichgreifen chaotischer Zustände: mit Versorgungsengpässen, Schwarzmarkt, galoppierender Inflation und Streiks, wobei der Massenausstand in den sibirischen und ukrainischen Kohlegebieten seit dem Frühjahr

Abb. 29: Das Neue funktioniert noch nicht und das Alte nicht mehr: Während sich in einer Etage des alten Moskauer Hauptpostamtes bereits eine Waren- und Rohstoffbörse etabliert, gehören lange Schlangen vor Bäckereien und Konditoreien, vor Tabakbuden (unser Bild), vor Abteilungen für Schuhe und Oberbekleidung in Kaufhäusern zum Alltag. Im Geschäft für Geschenkartikel werden statt der Uhren nur noch Uhrenarmbänder, im Juweliergeschäft statt der Preziosen nur noch die Schachteln dazu angeboten. Denn viele Waren sind seit Ende der 80er Jahre nur noch unter der Hand, zu horrenden Preisen oder für Westdevisen zu erhalten.

1989 die um sich greifende Unzufriedenheit besonders dramatisch zum Ausdruck brachte.

Auch die Reform des politischen Systems zeigte für die neue Führung unerwartete Folgen. Obwohl sie an der Führungsrolle der Partei nicht rühren, ja ihre regenerative Kraft beweisen wollte, stellte sie diese in Frage. So hatten sich die innerparteilichen Diskussionen um den weiteren Kurs schon Ende 1987 erheblich verschärft, im Oktober zur spektakulären Ablösung des radikalen Reformers Jelzin als Moskauer Parteichef und im Februar darauf zum Verlust seines Sitzes im Politbüro geführt. Auf der 19. Parteikonferenz im Sommer 1988 setzte Jelzin die Auseinandersetzung mit den Altkonservativen fort, und bei den Wahlen im März

1989 wurde er in seinem Moskauer Stimmkreis mit überwältigender Mehrheit in den Volksdeputiertenkongress gewählt. Die Gräben zwischen den verschiedenen Flügeln der Partei („Plattformen“) vertieften sich und führten auf dem 28. Parteitag im Sommer 1990 zum formellen Austritt B. Jelzins sowie der Bürgermeister von Moskau (G. Popow) und Leningrad (A. Sobtschak) und zur Abspaltung von Mitgliedern der „Demokratischen Plattform“, die eine neue Vereinigung („Demokratisches Russland“) bildeten.

Vorausgegangen war, dass sich schon in der Gründungssession des Volksdeputiertenkongresses (im Sommer 1989) an die 400 oppositionelle Abgeordnete, KPdSU-Mitglieder und Parteilose, unter der Führung Sacharows, Jelzins, des Historikers Afanasjew und des späteren Moskauer Bürgermeisters Popow zu einer „Interregionalen Abgeordnetengruppe“ zusammengeschlossen hatten. Zu ihren Grundforderungen gehörte, das Machtmonopol der KPdSU und ihren (in Art. 6 der Verfassung garantierten) Führungsanspruch zu beseitigen. Die Vorbereitung auf die für den März 1990 angesetzten Lokal- und Regionalwahlen förderte die Bildung von politisch rivalisierenden Gruppen, Wählergemeinschaften und -blocks, die sich mancherorts bereits auf Vorformen politischer Organisation, „Klubs“ und „informelle Vereine“ stützen konnten, wie sie sich seit 1986 gebildet hatten. Und noch einmal eigene Organisationsformen hatten sich in den nationalen Randgebieten, allen voran das Baltikum, seit Herbst 1988 herausgebildet, sog. „Volksfronten“, die Gründungskongresse abhielten und für ihre Forderungen massenhaft auf die Straße gingen.

Was im Sommer und Herbst 1989 noch unerreichbar schien, war im Frühjahr 1990 bereits ein Faktum. Das Plenum des ZK der KPdSU gab dem Druck von unten nach und der Volksdeputiertenkongress formulierte (in seiner dritten Session) im März 1990 den Art. 6 der Verfassung vollständig neu. Die Passage, dass die KPdSU „die führende und lenkende Kraft“ der sowjetischen Gesellschaft, der Kern ihres politischen Systems, der staatlichen Organe und der gesellschaftlichen Organisationen sei, wurde gestrichen. Ihrer Führung, Gorbatschow nicht ausgenommen, waren die Zügel der Macht aus den Händen geglitten, die Sowjetunion auf dem Weg zu einem Mehrparteiensystem. Bald gab es buchstäblich Dutzende neuer Parteien, und die frühere Einfalt des politischen

Systems war einer neuen Unübersichtlichkeit gewichen. Zu verstehen war der Machtverlust nur vor dem Hintergrund des Zusammenbruchs der marxistisch-leninistischen Staatsideologie, wie er in der öffentlichen Auseinandersetzung mit der eigenen Vergangenheit zutage trat. Und in der Entwicklung der nichtrussischen Randgebiete deutete sich bereits das bevorstehende Ende der Sowjetunion an.

3. Der Zerfall der Staatsideologie

Am 9. Mai 1985 feierte man in der Sowjetunion den 40. Jahrestag des „Sieges über Hitlerdeutschland im Großen Vaterländischen Krieg". Gorbatschow, gerade drei Monate im Amt, gedachte dabei der „gewaltigen Arbeit an der Front und im Hinterland", die diesen Sieg erst möglich gemacht hatte; er erinnerte daran, dass sie geführt wurde „von der [kommunistischen] Partei, ihrem Zentralkomitee und dem staatlichen Verteidigungskomitee unter der Leitung des Generalsekretärs des ZK der KPdSU/ Bolschewiki, Josif Wissarionowitsch Stalin"; und er erhielt dafür langanhaltenden Beifall.

Der 27. Parteitag im Februar 1986 bot dem immer noch „neuen" Generalsekretär Gelegenheit, vorsichtig an den 10. Parteitag im Frühjahr 1921 zu erinnern, als Lenin den verdutzten Delegierten einen wirtschaftspolitischen Kurswechsel verkündete. So etwas wie die „leninistische Naturalsteuer" (1921), meinte Gorbatschow, brauche man heute (1986) wieder. Ebenso vorsichtig wies er bei gleicher Gelegenheit darauf hin, dass es im Verlauf der weiteren Entwicklung „nicht ohne Fehler in der Politik und ohne mancherlei subjektivistische Abweichungen" abging. Doch das ganze war verpackt in viele Beteuerungen, dass man „stolz sein dürfe" auf den „zurückgelegten Weg", dass die „wirtschaftlichen, sozialen und kulturellen Errungenschaften" des Landes „überzeugend die Lebenskraft der marxistisch-leninistischen Lehre und das dem Sozialismus innewohnende riesige Potential" bestätigt hätten. Selbst die Stalinzeit wollte er davon offenbar nicht grundsätzlich ausgenommen wissen, ja wehrte sich schon gegen den Begriff des „Stalinismus": Das sei, so belehrte er im Februar 1986 einen Korrespondenten von „L'Humanité", ein Schlagwort, das „Gegner des Kommunismus erfunden haben und im großen Stil dazu benutzen, die Sowjetunion und den Sozialismus insgesamt zu verleumden".

Dass es ihm nicht um eine Generalabrechnung mit der Geschichte ging, ja dass er sie scheute, verdeutlichte er im Juni 1986 noch einmal einer Gruppe sowjetischer Schriftsteller. Seine Bedenken waren: „Wenn wir anfangen, uns mit der Vergangenheit auseinanderzusetzen, werden wir unsere ganze Energie einbüßen. Das wäre so, als würden wir den Leuten auf den Kopf schlagen." Alle Energie aber müsse nach vorn, auf die Zukunft gerichtet sein. Doch schon im Sommer und Herbst 1986 deutete sich an, dass eine Auseinandersetzung mit der Vergangenheit kaum mehr vermieden werden konnte. Im Juni forderten die sowjetischen Schriftsteller – auf einem großen Kongress – Wahrheit statt Klischees und Gerechtigkeit gegenüber Verstoßenen. Die just zur gleichen Zeit angekündigte Lockerung der Zensur machte möglich, dass bisher Verbotenes gedruckt wurde, auch und gerade Literatur über die dunklen Jahre. Zeitungen und Zeitschriften gaben diesen Themen mehr und mehr Raum, nachdem zuvor so mancher Alteingesessene den Chefsessel in den Redaktionsstuben hatte räumen müssen. Filmschaffende verlangten, dass bisher nicht freigegebene Streifen in die Kinos kämen. Tengiz Abuladses „Die Reue", eine Abrechnung mit der Stalinzeit, war einer der ersten und sorgte bei der Aufführung im Februar 1987 für eine Sensation: Der Publikumsandrang war überwältigend.

Im Februar 1987 war es auch, dass Gorbatschow seine frühere Zurückhaltung aufgab und sich an die Spitze dieser Entwicklung setzte. Bei einem Treffen mit leitenden Redakteuren und anderen Medienvertretern erklärte er, dass es bei der Betrachtung der 70jährigen Geschichte der Sowjetunion kein Tabu geben dürfe, die „weißen Flecken" beseitigt werden müssten: „Man muss die Geschichte sehen, wie sie ist". Die Revolution im Denken, im Verhältnis zur eigenen Vergangenheit, die er damit auslöste, förderte und begünstigte, kann in ihrer Bedeutung kaum überschätzt werden. Erst einmal losgetreten, gewann die historische Debatte rasch an Breite und Tiefe. Überall sah man sich mit ihren Themen konfrontiert: im Fernsehen, im Kino, auf der Bühne; Tageszeitungen griffen sie, um das Leserinteresse erstmals konkurrierend, auf; Illustrierte stellten ihre eigenen Recherchen an; Zeitzeugen, Betroffene meldeten sich hier wie dort zu Wort; in den „dicken Journalen" stieß man auf ihre literarische Verarbeitung; schließlich mussten auch die historischen Fachorgane reagieren, den Faden aufnehmen, Rede und Antwort stehen.

Dabei wurde Stück um Stück in Frage gestellt, was bisher als unantastbar galt. Das zaristische Russland hörte auf, nur graue Vor-Zeit zu sein, Negativfolie, vor der sich die sowjetische Gegenwart um so strahlender abhob. Die Beschäftigung mit den 20er Jahren führte zur politischen Rehabilitierung der damals Unterlegenen, die sich – angeblich oder tatsächlich – für eine offenere und freiere Gesellschaft, für einen langsameren und humaneren Weg zum Sozialismus, mit mehr Markt und Mitbestimmung eingesetzt hatten. Zum ersten Mal erfuhr die Sowjetbevölkerung das Ausmaß der Tragödie, die mit der Kollektivierung Ende der 20er Jahre über die ländliche Bevölkerung hereingebrochen war. Nun wurde auch der Schleier des Tabus, der Stalin und die 30er Jahre, die Zeit der Großen Säuberungen, umgab, weggezogen. Schriftsteller schilderten ihren sowjetischen Lesern, welche Deformationen die Verfolgung der Bauern, der Intellektuellen, der militärischen Führung in der Gesellschaft nach sich zogen; zahlreiche Zeitungen und Zeitschriften druckten ihre Kurz- und Fortsetzungsgeschichten ab; selbst in Kinderbüchern wurden sie zum Thema. Doch nicht nur die Literatur, auch die politische Presse nahm sich dessen an. So brachte die Zeitung „Iswestija" eine Artikelserie zum System der Zwangsarbeitslager.

Dabei wurde immer deutlicher, dass das Gesamtphänomen mit den bisher benutzten Formeln – „Personenkult", „subjektivistische Abweichungen", „politische Fehler", „Widersprüche der damaligen Zeit", „Verletzungen der sozialistischen Gesetzlichkeit" – nicht hinreichend zu beschreiben war. Für das undemokratische, bürokratische „administrativ-staatliche System", das dahinter sichtbar wurde, scheute man sich nun nicht länger, auch Begriffe zu verwenden, die bisher als kruder Antisowjetismus galten: „Totalitarismus" und „Stalinismus". Im engen Zusammenhang mit dieser Entwicklung zerbrach auch endgültig die einheitliche Grundeinschätzung, die – jedenfalls nach außen hin – der Zweite Weltkrieg noch immer erfahren hatte; für politische und militärische Führung war er *das* einigende Kollektiverlebnis gewesen, mitunter auch die nachträgliche Rechtfertigung der forcierten Industrialisierung, der Kollektivierung und der Politik der 30er Jahre. Nun erhielt er – als

Kampf zwischen „Stalinismus und Nationalsozialismus", angesichts der vermeidbaren, durch die politische Führung verschuldeten Anfangsniederlagen, aus der Sicht des einfachen Frontsoldaten, der die Rücksichtslosigkeit des Systems im Umgang mit Menschenleben am eigenen Leib erfuhr, mit Blick auf Soldaten und Offiziere, die in deutsche Kriegsgefangenschaft gerieten und wieder „befreit" in sowjetische Straflager wanderten – eine neue, andere, vielfach gebrochene Bewertung.

Es bleibt festzuhalten, dass sich die Geschichtsdebatte im Grunde gegen die politische Führung, Gorbatschow und das Politbüro, erst recht gegen die Konservativen im Lande Bahn brach. Die Pflöcke, die sie einzurammen versuchten (Gorbatschow, als er am 18. Februar 1988 vor dem ZK-Plenum noch einmal erklärte „Wir weichen nicht einen Schritt vom Sozialismus und Marxismus-Leninismus zurück", die Stalinistin Nina Andrejewna mit ihrem berühmten, am 13. März 1988 in der Tageszeitung „Sowjetskaja Rossija" veröffentlichten ganzseitigen „Brief"), erwiesen sich schon bald als viel zu schwach. So hinkten die Partei und die politische Führung der Diskussion eher hinterher als sie zu bestimmen – bevor sie selbst an ihren inneren Widersprüchen zerfielen. Vergleichbares gilt für die Zunft der Historiker. Eingeschworen auf das bisher geltende Geschichtsbewusstsein und dessen bürokratische Verwalter, warteten sie erst einmal ab, bevor sie sich – eher nolens, als volens – daran beteiligten. Und als sie es schließlich, noch immer zögerlich, taten, gab es schon nichts mehr zu „retten". Selbst solche, die vorher als kritische Köpfe galten, sahen sich nun weit überholt und mitunter mit ihren früheren Gegnern in die gleiche konservative Ecke gedrängt. Wie tief die Verunsicherung im Frühjahr 1988 bereits reichte, machte der Umstand deutlich, dass die Prüfungen in Geschichte ausgesetzt werden mussten, weil weder Lehrer noch Schüler wussten, welche Ansichten und Lehrmeinungen sie akzeptieren bzw. äußern sollten.

Hatte die Geschichtsdebatte zunächst noch Lenin und die Oktoberrevolution verschont, so fiel 1989 / 90 Stück für Stück auch dieses Tabu. Jetzt erschien hier erstmals Solschenizyns „Archipel Gulag", in dem er zu zeigen suchte, dass das System der Konzentrationslager nicht erst eine stalinistische Erfindung, sondern auf Lenin und die unter seiner Führung im Bürgerkrieg geschaffenen Organe zurückzuführen war. Die Stimmen mehrten sich nun, die

Abb. 30: Die Ereignisse überschlagen sich: Als im November 1989 oppositionelle Gruppen in den Außenbezirken Moskaus zur Beteiligung an einer (genehmigten) Gegendemonstration zu den offiziellen „Oktoberfeiern" aufrufen, ist die Resonanz noch relativ bescheiden. Doch bereits im Februar 1990 macht sich der politische Unmut in spontanen Massendemonstrationen Luft, wie man sie seit den 20er Jahren nicht mehr erlebt hatte, mitten in der Stadt auf dem Maneplatz, deutliche Signale für das gerade tagende Zentralkomitee der Partei und die bevorstehende 3. Session des Volksdeputiertenkongresses. Auf Spruchbändern wird u. a. gefordert: „Die Macht dem Volk, das Land den Bauern, die Kirchen den Gläubigen und der Kommunismus den Kommunisten". Auch dies Zeichen der Staats- und Gesellschaftskrise, des Protestes: Mitglieder des ehemaligen Adels gründen einen Verein, in der Öffentlichkeit treten Kosaken in ihren alten Uniformen auf, bei Demonstrationen werden Bilder des letzten Zaren (unser Bild) mitgetragen.

die Katastrophe nicht erst mit den 30er Jahren, sondern mit 1917 beginnen ließen. Und als das Unionszentrum für Meinungsforschung im Herbst 1990 die Bevölkerung befragte, glaubten nur noch 22 %, dass die bolschewistische Revolution den Völkern Sowjetrusslands eine „neue große Ära" eröffnet habe; für 21 % „hemmte" sie deren Entwicklung eher, und für 16 % führte sie „in die Katastrophe". Fast 70 % der Befragten hielten „die Verdrängung von Industriellen und Unternehmern aus dem Wirtschaftsleben" für einen „sehr großen Verlust"; mehr als die Hälfte sprachen der „Nationalisierung des Privateigentums", der „bewaffneten Unterdrückung der Bauernunruhen", der „Schließung der Zeitungen anderer Parteien", der „Gründung der Tscheka" und der „Ermordung der Zarenfamilie" die so gern in Anspruch genommene „historische Notwendigkeit" ab; und für über 60 % trug die bolschewistische Partei für „alle Unheile der Revolution und des Bürgerkrieges" eindeutig „die Hauptverantwortung".

Wer sich klarmacht, was dies alles für die Staatsideologie, die kommunistische Partei, ihren Führungsanspruch und die Legitimation ihrer Herrschaft bedeutete, wird im Zerfall des Geschichtsbildes Machtverlust und Auflösung der KPdSU vorbereitet und vorweggenommen sehen. Eine offene Auseinandersetzung über die Vergangenheit, da hatte Gorbatschow wohl recht, „das wäre so, als würden wir den Leuten auf den Kopf schlagen"; im Nachhinein wird deutlich, warum er solange zögerte.

4. Das Ende der Sowjetunion

Ende Dezember 1991 trat Michail Gorbatschow als Präsident der UdSSR zurück. Das Sowjetreich, dem er angeblich vorstand, existierte nicht mehr; drei seiner Kernrepubliken (Russland, Weißrussland und die Ukraine) hatten es wenige Tage zuvor für „aufgelöst" erklärt und an seiner Stelle eine lose „Gemeinschaft Unabhängiger Staaten" (GUS) gegründet. Vorausgegangen war ein mehrjähriger Zerfallsprozess, in dem Regionen, Nationalitäten und Völkerschaften mehr und mehr Selbstbestimmung, schließlich Souveränität und Unabhängigkeit forderten.

Ihre Forderungen wurden begleitet von blutigen Konflikten in ethnisch gemischt besiedelten Gebieten. Seit 1988 verbreiteten sie sich wie ein Steppenbrand. Hauptschauplätze der Auseinandersetzungen, die teilweise pogromartige Ausmaße annahmen, waren Usbekistan, Kirgisien, Kasachstan, Tadschikistan, Moldawien, Georgien, Armenien und Aserbaidschan. Auch nach den vorsichtigen Schätzungen kosteten sie Tausenden von Menschen das Leben, Zehntausende mussten evakuiert werden, und die Zahl derer, die Haus und Hof verließen, sich „auf der Flucht" befanden, näherten sich immer mehr der Millionengrenze. Was in manchen Regionen Mittelasiens und des Transkaukasus vor sich ging, ließ sich – aus Sicht des Zentrums – nur als Bürgerkrieg beschreiben, bei dem bewaffnete, selbsternannte Volksmilizen die Macht übernahmen und die zur Wiederherstellung von Ruhe und Ordnung eingesetzten Einheiten der Roten Armee auf verlorenem Posten standen, ganz gleich für welche Seite sie sich entschieden, ob sie „durchgriffen“ oder „sich heraushielten“, gehasst als „blutige Soldateska“, „Schergen Moskaus“ oder „Vorboten einer Militärdiktatur“.

In der Sowjetunion selbst sprach man von einer „Explosion des Ethnischen“. Sie war bald nicht mehr nur ein Problem der Randrepubliken, sie bedrohte zunehmend die Existenz des Gesamtstaates. Das zeigte sich spätestens während des Jahres 1990, als sich nacheinander alle 15 Unionsrepubliken für „souverän“ erklärten – was sie formell nach der Verfassung bereits waren, aber nun offenkundig wirklich sein wollten. An die zwei Dutzend Siedlungsgebiete von nationalen Minderheiten, die bisher Teile von Unionsrepubliken waren, folgten diesem Schritt, und verknüpften ihre Souveränitätserklärung mit der Forderung, als eigene Unionsrepublik anerkannt zu werden.

Doch „Souveränität“ genügte manchen schon nicht mehr, sie forderten „Unabhängigkeit“. Die baltischen Nationen gingen dabei voran. Hier hatten sich im Herbst 1988 die ersten Volksfronten gebildet; in Massendemonstrationen erinnerten sie daran, dass ihre Länder 1940 – auf Grund von Gebietsabsprachen zwischen Hitler und Stalin – gewaltsam von der Sowjetunion vereinnahmt worden waren. Als Moskau nach jahrzehntelangem Leugnen die Existenz der Absprachen (vertraglich festgehalten in geheimen Zusatzprotokollen zum deutsch-sowjetischen Nichtangriffspakt und zum deutsch-sowjetischen Grenz- und Freundschaftsvertrag vom 23. August bzw. 28. September 1939) im Dezember 1989 endlich eingestand, war dies für Litauer, Esten und Letten der letzte Anstoß zur Separation. Sie verkündeten sie im Frühjahr 1990. Ihr Beispiel machte Schule. In Kischinjow der Hauptstadt Moldawiens verwies man nun darauf, dass auch Moldawien 1940 gewaltsam der Sowjetunion einverleibt wurde und begründete damit das Recht, sie wieder zu verlassen. In Georgien erklärte man den Einmarsch der Roten Armee vom Februar 1921 zum völkerrechtswidrigen Akt; über die Zugehörigkeit Georgiens zur Sowjetunion sollte ein Volksentscheid stattfinden. Aus Armenien hörte man ebenso, dass das Land nicht länger in der Sowjetunion bleiben wolle. Russland behielt sich bei seiner Souveränitätserklärung (im Juni 1990) das Recht auf Austritt aus der Union ausdrücklich vor, und die Ukraine verband damit (im Juli) Überlegungen zu einer eigenen Währung, einer eigenen Staatsbürgerschaft und zur Neutralität des Landes.

Gorbatschow war aufs höchste alarmiert. Er verweigerte den „einseitigen“ Unabhängigkeitserklärungen der Balten die Zustimmung, schickte Anfang 1991 Sondereinheiten nach Litauen und Estland und versprach allen ein neues Staatsorganisationsgesetz, einen neuen „Unionsvertrag“, der den Forderungen der Einzelrepubliken weit entgegenkam; sie sollten sich künftig nicht nur als „souverän“ bezeichnen dürfen, sondern ihren staatlichen Aufbau selbst regeln, über ihre Wirtschaftsordnung selbst bestimmen und über ihre Bodenschätze und Ressourcen eigenverantwortlich entscheiden. Das Reizwort „Sozialismus“ wurde aus der Staatsbezeichnung gestrichen, UdSSR sollte künftig „Union der Souveränen Sowjetrepubliken“ heißen. Dies bedeutete nichts anderes als die Entmachtung des Zentrums und die Übertragung eines Großteils seiner politischen, wirtschaftlichen und verfassungsrechtlichen Kompetenzen auf die Einzelrepubliken.

In einem unionsweiten Referendum sprach sich im März 1991 die Mehrheit der Bevölkerung (mit über 70 % der Stimmen) für den Fortbestand einer im Kern erneuerten und geläuterten Union aus. Gorbatschow sprach von einem Vertrauensbeweis und einem Sieg der Vernunft. Doch es war ein Sieg ohne jeden Glanz, und genauer besehen spiegelte das Ergebnis mehr die innere Zerrissenheit und die im Lande herrschende Unsicherheit als entschlossenen Einheitswillen wider. 6 der 15 Unionsrepubliken (nämlich Estland, Lettland, Litauen, Moldawien, Georgien und Armenien) hatten die Abstimmung boykottiert, und Russland und die Ukraine das Unionsreferendum mit Zusatzfragen versehen, die demonstrieren sollten, dass ein etwaiges Ja zur Union keine Einschränkung oder gar Rücknahme der eben erst erhobenen russischen und ukrainischen Souveränitätsansprüche bedeutete. Tatsächlich fiel die Zustimmung zu den Zusatzfragen, das Ja zur Direktwahl eines eigenen Präsidenten in Russland und die plebiszitäre Bestätigung der „völligen Souveränität“ in der Ukraine deutlich kräftiger aus als das Votum für den Fortbestand der Union. Nicht minder bitter aber musste für Gorbatschow die Erkenntnis sein, dass auch im Kerngebiet, in den kulturellen und industriellen Zentren Russlands, sein

Plan einer erneuerten Union, „in der die Rechte und Freiheiten der Menschen aller Nationen voll garantiert werden", nur noch auf schwache Resonanz stieß: In Moskau und Leningrad hatten nur knapp über 50 % derer, die überhaupt zur Wahl gingen, für den Fortbestand der Sowjetunion gestimmt; rechnete man diese Zahlen auf die Stimmberechtigten um, so reduzierte sich die Unterstützung auf ein gutes Drittel; und selbst in Gesamtrussland (der RSFSR) hatte Gorbatschow nur 52,8 % der Stimmberechtigten für den Fortbestand der Union mobilisieren können.

Die Agonie der Union hatte begonnen. Auch in ihren Außenbeziehungen, wie einleitend bereits ausgeführt wurde und woran hier kurz noch einmal erinnert sei. Ungarn hatte – nach dem Rücktritt des Parteichefs János Kádár im Mai 1988 – mit tiefgreifenden Wirtschafts- und Verfassungsreformen begonnen, die den Sozialismus und die Parteiherrschaft zur Disposition stellten, und Moskau die Zusicherung abgenötigt, sich in die inneren Angelegenheiten Ungarns nicht einzumischen. In Polen wurde im August 1989 mit Tadeusz Mazowiecki ein nichtkommunistischer Regierungschef gewählt, der erste seit 40 Jahren; im Dezember 1990 löste der ehemalige Führer der Gewerkschaft „Solidarität" Lech Wałęsa General Jaruzelski als Staatspräsident ab. In Berlin öffnete sich im November 1989 die Mauer, der Anfang vom raschen Ende des SED-Regimes; im April 1991 ratifizierte der Oberste Sowjet den (zwischen den ehemaligen 4 Siegermächten und den 2 deutschen Regierungen) ausgehandelten „2+4 Vertrag", der den Truppenabzug aus Deutschland regelte. Im Herbst 1989 hatte man auch Todor Schiwkow, seit 1954 erster Sekretär, seit 1962 Ministerpräsident, seit 1971 Vorsitzender des Staatsrates in Bulgarien, gestürzt und Ende des Jahres Nicolae Ceauşescu, seit 1965 Parteichef, seit 1967 Staatsratvorsitzender in Rumänien, erschossen. Seit Dezember 1989 war A. Dubček Präsident der tschechoslowakischen Bundesversammlung, Ende Februar 1990 machte der neue Staatspräsident V. Havel seinen Antrittsbesuch in Moskau, um über den Abzug der sowjetischen Truppen aus seinem Land zu verhandeln, und im Januar 1991 forderte das Prager Parlament mit großer Mehrheit Verhandlungen zur sofortigen Auflösung der militärischen Strukturen des Warschauer Paktes. Im Juni und Juli 1991 wurden der Rat für Gegenseitige Wirtschaftshilfe und die Warschauer Paktorganisation dann tatsächlich aufgelöst.

Auch in der Sowjetunion selbst überschlugen sich nun die Ereignisse. Im Juni 1991 wurde Boris Jelzin zum Präsidenten Russlands (der RSFSR) gewählt; bereits im ersten Wahlgang und mit über 57 % der Stimmen. Der Wahlausgang fiel überraschend eindeutig aus, er war Protest und Programm zugleich: Unter allen Kandidaten war Jelzin der entschiedenste Gegner der kommunistischen Partei und der hartnäckigste Kritiker des Regierungskurses; er stand als Person für die vollständige Trennung von Partei und Staat, für tiefgreifende, nicht halbherzige Reformen, für den raschen Übergang zur Marktwirtschaft und die Wahrung der Rechte der Einzelrepubliken in einer neuen, föderativ verfassten Union. Erst nach langen Verhandlungen erklärte er sich – zusammen mit 8 weiteren (der bisher 15) Unionsrepubliken – bereit, den von Gorbatschow vorgeschlagenen neuen Unionsvertrag zu unterschreiben. Nach einem genau festgelegten Terminplan sollte die Unterzeichnung am 20. August 1991 beginnen und bis zum Oktober abgeschlossen sein.

Dem suchte ein Putschversuch im August 1991 zuvorzukommen. In der Nacht vom 18. auf den 19. August 1991 entmachtete ein achtköpfiges „Notstandskomitee" den amtierenden Unionspräsidenten (Gorbatschow), setzte ihn an seinem Urlaubsort auf der Krim fest und verhängte über das gesamte Land den Ausnahmezustand. Panzer wurden in die großen Städte geschickt, Kundgebungen und Demonstrationen verboten, die Massenmedien der Kontrolle des Notstandskomitees unterstellt und alle Verwaltungsorgane der Union angewiesen, seinen Anordnungen zu folgen. Die Politik der perestrojka, so rechtfertigte das Komitee sein Vorgehen, stecke „in einer Sackgasse", das Land sei „unregierbar" geworden und in „tödlicher Gefahr"; „Gesetz und Ordnung" müssten wiederhergestellt, die „Welt des Verbrechens" gnadenlos bekämpft und der Unionsvertrag noch einmal landesweit zur Diskussion gestellt werden. Im Notstandskomitee saßen die wichtigsten Repräsentanten und Funktionsträger des Gesamtstaates: Gorbatschow Stellvertreter (Vizepräsident Janajew), der sowjetische Ministerpräsident (Pawlow); der Verteidigungsminister (Jasow) und der Innenminister der Union (Pugo); ferner Gorbatschows Stellvertreter als Vorsitzender des sowjetischen Verteidigungsrates (Baklanow), der Chef des KGB (Krjutschkow), die Vorsitzenden des Kolchosbauernverbandes und der Vereinigung der Staatsbetriebe (Starodubzew und Tisjakow).

Mit der bevorstehenden Unterzeichnung des neuen Unionsvertrages sahen sie die Reste der „alten“ Sowjetunion stürzen. Sie suchten zu erhalten oder wiederherzustellen, was aus ihrer Sicht in den vergangenen Jahren, unter dem Einfluss von glasnost’ und perestrojka langsam geschwunden war und nun endgültig verloren zugehen drohte: die Macht des Zentralstaates und jener Organe, die ihn gestützt hatten; die Macht des Zentralkomitees, der Armee und des KGB; die Einheit der kommunistischen Partei; die sozialistische Ordnung von Wirtschaft und Gesellschaft; die Bedeutung des Marxismus-Leninismus als Staatsideologie; sie hatten über Jahrzehnte auch das Fundament der sowjetischen Außenpolitik, der Stellung der UdSSR als Weltmacht gebildet.

Doch der Putsch scheiterte schon nach drei Tagen – und beschleunigte ungemein jenen Prozess, den er zu stoppen und rückgängig zu machen versuchte: den Vormarsch der Reformer; den Funktionsverlust der kommunistischen Partei; den Machtverfall des Zentrums; und die Auflösung der „alten“ Sowjetunion. Alle Putschisten wurden verhaftet, und mit ihnen verlor auch eine ganze Reihe Gleichgesinnter ihren Posten, die den Putsch unterstützt, toleriert oder sich nicht rechtzeitig und entschieden genug von ihm distanziert hatten: der Parlamentspräsident und der Außenminister, der Generalstabschef und der Stadtkommandant von Moskau, der Generalstaatsanwalt und drei seiner Stellvertreter, der Chef des Staatsfernsehens und der Leiter der Nachrichtenagentur TASS, um nur einige zu nennen. Zugleich verbot der Präsident der Russischen Republik der kommunistischen Partei jede weitere Tätigkeit in Russland, bis eine Untersuchung ihre Rolle beim Putsch geklärt habe; das Parteivermögen wurde nationalisiert und treuhänderisch den jeweiligen Orts- und Gebietssowjets zur Verwaltung übergeben; Gorbatschow sah sich genötigt, von seinem Amt als Generalsekretär zurückzutreten; und die Moskauer Stadtverwaltung ließ die Parteizentrale (das ZK-Gebäude am „Alten Platz“) versiegeln, um einer Vernichtung von Aktenmaterial vorzubeugen.

Viele Unionsrepubliken folgten dem russischen Beispiel, verboten auch auf ihrem Territorium der kommunistischen Partei jegliche Aktivitäten oder lösten zumindest ihre eigene Parteiorganisation von der der Union. Eine einheitliche KPdSU gab es fortan nicht mehr.

Abb. 31: Wie sich die Bilder gleichen: Die Symbole der Vergangenheit werden beseitigt. Nach dem Augustputsch 1991 wird dem Gründer der Tscheka, Felix Edmundowitsch Dserschinski, die Schlinge um den Hals gelegt (obiges Bild); sein Denkmal verschwindet vom Platz vor dem Moskauer KGB-Gebäude, und der Platz verliert seinen bisherigen Namen. Statt nach Dserschinski heißt er jetzt wieder wie vor der Revolution: Lubjanka-Platz. Ein Denkmalsturz, eine Namensänderung von vielen: Leningrad nennt sich wieder St. Petersburg, Gorki wieder Nischny Nowgorod, Swerdlowsk wieder Jekaterinburg, Kalinin wieder Twer, Kuibyschew wieder Samara, Andropow wieder Rybinsk, Frunse wieder Bischkek usf. Ähnliches gilt für Straßen und Plätze, auch hier handelt es sich vor allem um Rück-Benennungen. Neue Namenspatrone sind nicht in Sicht; wer künftig auf den leeren Sockeln stehen soll und wird, muss die Zukunft zeigen.

Die Putschisten hatten mit ihrer Aktion die Position des Unionspräsidenten enorm geschwächt und die des russischen Präsidenten gewaltig aufgewertet haben. Schwer lastete auf Gorbatschow die Verantwortung, sämtliche Putschisten als Männer seiner Wahl (und mitunter gegen das Votum des Parlaments) ins Amt geholt zu haben, während Jelzin, der Amtssitz und die Regierung Russlands zum Zentrum des Widerstandes gegen die Putschisten wurden. Hierhin verschob sich in den Tagen des Ausnahmezustandes das Zentrum der Macht, und sie zeigten im folgenden wenig Neigung, die politische Initiative wieder aus den Händen zu geben.

Versuchten die Putschisten der Unterzeichnung des Unionsvertrages zuvorzukommen, weil ihnen die Zugeständnisse an die Unionsrepubliken zu weit gingen, so gingen sie nun diesen – allen voran Russland – nicht mehr weit genug. Und sollte der Putsch die Sezession der austrittswilligen Republiken mit allen Mitteln verhindern, so setzten sich die drei slawischen Kernrepubliken Russland, Weißrussland und die Ukraine nun an deren Spitze: indem sie am 8. Dezember 1991 einen neuen Staat, die Gemeinschaft Unabhängiger Staaten (GUS) gründeten und die Sowjetunion für aufgelöst erklärten. Armenien, Aserbaidschan, Kasachstan, Kirgisien, Moldawien, Tadschikistan, Turkmenistan und Usbekistan schlossen sich mit der „Erklärung von Alma-Ata" am 21. Dezember 1991 diesen Schritt an.

Freilich: keines der Probleme, an denen die Sowjetunion zerbrochen war, war damit bereits gelöst. Was – Identität und Sinn stiftend – an die Stelle des Marxismus-Leninismus treten sollte, welche Parteien künftig das politische Geschehen bestimmten, ob Demokratie und Liberalismus oder Nationalismus und Chauvinismus regieren würden, war offen. In der Wirtschaft herrschten weiterhin chaotische Zustände, die galoppierende Inflation war nicht gestoppt, eine Beruhigung der Lage und eine neue Ordnung der Verhältnisse nicht in Sicht. Auch die Auseinandersetzungen zwischen den ethnischen Gruppen waren geblieben, ja hatten an Zahl und Schärfe noch zugenommen. Denn was die Sowjetunion im Großen war, war nun jeder der neuen „Unabhängigen Staaten" im Kleinen: ein Vielvölkerstaat, mit ungelösten nationalen, sprachlichen, kulturellen, religiösen, politischen und ökonomischen Problemen.

XII. Ausblick

Für die RSFSR, die drei Viertel des Territoriums der Sowjetunion umfasste und in der über die Hälfte ihrer Bevölkerung lebte, hatte Präsident Jelzin im Oktober 1991 ein radikales Reformprogramm angekündigt: Mit einer schrittweisen Freigabe der Preise, gefolgt von der Privatisierung der Staatsbetriebe und einer Landreform sollte der Übergang zur Marktwirtschaft möglichst rasch ins Werk gesetzt werden. Im November übernahm er das Amt des Regierungschefs selbst, verkleinerte das Kabinett von 43 auf 23 Mitglieder und übertrug das wichtige Amt des Finanz- und Wirtschaftsministers dem erst 35-jährigen Jegor Gaidar. Am 2. Januar 1992 wurden die Verbraucherpreise für rund 88 % der Güter freigegeben, am 1. Oktober begann die Privatisierung von zunächst 5500 größeren Staatsbetrieben, wobei jeder russische Staatsbürger unabhängig vom Alter einen Privatisierungsscheck (Voucher) über 10000 Rubel erhielt, womit er Anteile an den zu Aktiengesellschaften umgewandelten Staatsbetrieben erwerben konnte. Zusätzlich wurden 1992 auch 47000 kleinere und mittlere Betriebe, Geschäfte und Gaststätten privatisiert. Ende November 1992 beschloss die Regierung, die Privatisierung im Folgejahr auch auf die Bereiche Rüstung, Transport, Energie, Edelmetalle und Banken auszuweiten.

1. Die wilden 90er Jahre

Als „Schocktherapie" konzipiert, stürzten der Abbau der Subventionen und die Freigabe der Preise das Land in eine gigantische Inflation (Schätzungen bezifferten sie auf 2500 % 1992, 840 % 1993), während gleichzeitig das Bruttosozialprodukt, das 1991 bereits um 12,9 % zurückgegangen war, 1992 um 18,5 %, 1993 um 12 % fiel. Ein Anstieg der Arbeitslosigkeit und ein dramatisches Absinken des Lebensstandards waren die Folge, so dass Mitte der 90er Jahre über 30 % der Bevölkerung unterhalb der Armutsgrenze lebten. Hatten Jelzins Reformversprechen Anfang der 90er Jahre noch Hunderttausende für ihn auf die Straße gebracht, so demonstrierten jetzt Hunderttausende gegen ihn. Eine Kundgebung zum 1. Mai 1993, zu der nationalistische und kommunistische Organisationen aufgerufen hatten, wurde zur regelrechten Straßenschlacht zwischen Demonstranten und Sicherheitskräften. Zu den Folgen zählte auch, dass sich das Verhältnis zwischen dem Präsidenten und dem Parlament (dem Volksdeputiertenkongress und dem Obersten Sowjet Russlands), wo die Kritiker des Reformkurses allmählich die Mehrheit bildeten, immer mehr zuspitzte. Während das Parlament den Präsidenten zur Aufgabe des Regierungsamtes und mehrfachen Kabinettsumbildungen zwang und versuchte, seine Entscheidungen beim Verfassungsgericht anzufechten, seine Befugnisse einzuschränken, ihn selbst aus dem Präsidentenamt zu drängen, ließ sich Jelzin im April 1993 den eigenen Kurs durch ein Referendum bestätigen und berief im Mai gegen den Willen seiner Gegner eine Verfassungskonferenz ein. Der von ihr im Juli vorgelegte Entwurf sah vor, die Institutionen des Volksdeputiertenkongresses und Obersten Sowjets durch ein neues Zweikammernsystem (mit Staatsduma und Föderationsrat) zu ersetzen und die Stellung des Präsidenten gegenüber dem Parlament zu stärken. Der Konflikt gipfelte im Staatsstreich des Präsidenten, der im Herbst 1993 den Volksdeputiertenkongress und den Obersten Sowjet per Dekret für aufgelöst erklärte. Während sich die aufsässigen Abgeordneten am Sitz des Parlaments, im „Weißen Haus“, verbarrikadierten und ihre Anhänger das Fernsehzentrum Ostankino mit Waffengewalt zu besetzen versuchten, verhängte der Präsident den Ausnahmezustand über die Stadt und beorderte Eliteeinheiten an den Ort des Geschehens, die mit Panzerunterstützung das Parlamentsgebäude stürmten. Nach offiziellen Angaben kamen bei diesen Aktionen 148 Menschen ums Leben.

Im Dezember 1993 stellte Jelzin die neue Verfassung zur Abstimmung: Sie ersetzte die alte Verfassung aus Sowjetzeiten (aus dem Jahr 1978), garantierte die Menschen- und Bürgerrechte sowie das Mehrparteiensystem und nahm auch den Schutz des Privateigentums und das Recht auf privaten Landbesitz in die Verfassung auf. Vor allem aber gab sie dem Präsidenten eine Machtfülle, die ihn weitgehend unabhängig von den Mehrheitsverhältnissen im

Parlament machte: Als Hauptverantwortlicher für die Innen- und Außenpolitik konnte er Dekrete und Verordnungen erlassen, von denen die meisten nicht der Zustimmung des Parlaments bedurften; er schlug der Staatsduma den Ministerpräsidenten und Zentralbankratsvorsitzenden vor; wurde der Kandidat für das Amt des Ministerpräsidenten dreimal vom Parlament abgelehnt, ernannte ihn der Präsident ohne Zustimmung. Die gleichzeitigen Wahlen zur Staatsduma, an denen sich nur rd. 53 % der Bevölkerung beteiligten, machten die im Februar 1993 wiedergegründete Kommunistische Partei Russlands, der sich die Agrarpartei anschloss, mit einem Viertel der Mandate zum stärksten Block, sie gaben den Gegnern des Jelzin-Kurses erneut die Mehrheit und perpetuierten damit die Auseinandersetzungen. Ende Februar 1994 beschloss die Staatsduma eine Amnestie für die Teilnehmer am missglückten Staatsstreich von 1991 und für die Aufrührer gegen Präsident Jelzin vom Oktober 1993.

Der nächste Konflikt wartete bereits und betraf das Nationalitätenproblem. Im November 1991 hatte die Autonome Kaukasusrepublik Tschetschenien einseitig ihre Unabhängigkeit erklärt, im März 1992 den neuen Föderationsvertrag mit Russland nicht unterzeichnet und sich eine Verfassung gegeben. Bei den blutigen Auseinandersetzungen zwischen Präsident Dschochar Dudajew und seinen innenpolitischen Gegnern unterstützte Russland erst insgeheim, dann offen die Opposition. Im Dezember 1994 gab Moskau jede Zurückhaltung auf, ließ Truppen des Innen- und Verteidigungsministeriums mit schweren Waffen in Tschetschenien einmarschieren, die Hauptstadt Grosny beschießen, Anfang 1995 einnehmen und die russische Flagge am Präsidentenpalast hissen. Die Auseinandersetzungen waren damit keineswegs beendet, die Widerstandskämpfer zogen sich in andere Teile des Landes zurück, und die Spirale der Gewalt hatte eine neue Stufe erreicht: Mitte Juni 1995 überfiel ein tschetschenisches Kommando die südrussische Stadt Budjonnowsk (in der Region Stawropol) und nahm rd. 1000 Geiseln, mit denen sie sich im Krankenhaus verschanzten. Im Januar 1996 drang ein anderes Kommando in die Stadt Kiseljar (der benachbarten Republik Dagestan) ein und versuchte, 165 Geiseln nach Tschetschenien zu verschleppen. Auch der im August 1996 vom damaligen Sicherheitsberater und Tschetschenienbeauftragten Präsident Jelzins (Alexander Lebed) ausgehandelte Waffenstillstand brachte keinen wirklichen Frieden; bis dahin waren bei den Auseinandersetzungen bereits Hunderte von Ortschaften zerstört, Zehntausende (vor allem Zivilisten) ums Leben gekommen, Hunderttausende in die Flucht getrieben worden. Selbst wenn sich die russischen Truppen aus Tschetschenien zurückzogen, kam das Land damit nicht zur Ruhe.

Als Präsident Jelzin sich im Sommer 1996 zur Wiederwahl stellte, erhielt er im ersten Wahlgang nur 35,3 % der Stimmen, dicht gefolgt vom Kandidaten der Kommunisten (Sjuganow), der 32,0 % erreichte, und dem populären General Alexander Lebed (mit 14,5 %). Nur dank des geschickten Schachzugs, Lebed mit dem Sekretärsposten im Nationalen Sicherheitsrat abzufinden, und dank massiver Unterstützung durch die Medien gelang es Jelzin, sich im zweiten Wahlgang durchzusetzen. Wie schwer es dem politischen System und den Parteien fiel, in diesen turbulenten Anfangsjahren feste Strukturen auszubilden, hatte auch die vorausgehende Wahl der Staatsduma (im Dezember 1995) gezeigt: Für die 225 Mandate, die über Parteilisten nach dem Verhältniswahlrecht vergeben wurden, bewarben sich 43 Parteien, Wahlblöcke und Bewegungen; für die zusätzlichen 225 Mandate 2687 Direktkandidaten. Bei einer Wahlbeteiligung von knapp 65 % scheiterten bei den Listenwahlen 39 der zugelassenen 43 Parteien, Wahlblöcke und Bewegungen an der Fünfprozentklausel. Obwohl auf sie zusammen immerhin fast 50 % der Stimmen entfielen, waren sie nur in der Duma vertreten, wenn sie unabhängig davon ein Direktmandat erreichten. Das Ergebnis war, dass im Parlament Abgeordnete von 21 Parteien, Wahlblöcken und Bewegungen und zusätzlich 78 sog. Unabhängige saßen, dass die bisherige Regierungspartei („Russlands Wahl") auf ein Zehntel ihrer Mandate zurückfiel und die stärkste Kraft im reformorientierten Lager eine Partei („Unser Haus Russland") wurde, die erst im Mai zuvor gegründet worden war; die Kommunisten bildeten erneut die stärkste Fraktion, linke Parteien und Nationalisten verfügten sogar über eine numerische Mehrheit.

Unübersichtlich wie die politischen Verhältnisse war auch die Lage von Wirtschaft und Gesellschaft. Selbst wenn der Rückgang des Bruttoinlandsprodukts, das 1994 um 12,6 % geschrumpft war, 1995 (mit -4 %) und 1996 (mit -6 %) deutlich geringer ausfiel, der Negativtrend hielt an. Ähnliches galt für die Verbraucherpreise, die 1994 um 307%, 1995 um 197%, 1996 um weitere 47,6% stiegen. Wenn kaum jemand die Abflachung der Negativtrends als „Konjunkturerholung“ wahrgenommen haben dürfte, so hing dies auch damit zusammen, dass Unternehmen wie die Öffentliche Hand seit Mitte der 90er Jahre mit der Auszahlung von Löhnen und Gehältern über viele Monate im Rückstand blieben. Mit Streiks und Demonstrationen suchten sich die Menschen dagegen, meist erfolglos, zur Wehr zu setzen, die Auszahlung der fälligen Löhne einzufordern. Ende März 1997 nahmen daran landesweit 1,8 Millionen (nach Angaben des Innenministeriums, nach Gewerkschaftsangaben sogar 20 Millionen) teil. Die Lohnrückstände (die im Oktober 1998 einen Höchststand von 88 Milliarden Rubel erreichten) waren um so schwerer zu verkraften, als der Kaufkraftverfall des Rubels längst alle Ersparnisse aufgezehrt hatte. So lebten 1998 51,3 Millionen (rd. 35% der russischen Bevölkerung) unter dem Existenzminimum von 872 Rubel monatlich, was einem Gegenwert von 35 US-Dollar entsprach.

Unter solchen Umständen war an eine ordentlich Führung des Staatshaushaltes kaum zu denken. Regelmäßig überstiegen die Ausgaben die Einnahmen beträchtlich, wobei die Haushaltslücke nur mit weiterer Verschuldung geschlossen werden konnte. So stieg nach OECD-Angaben die Auslandsverschuldung von 96,8 Milliarden US-Dollar (1991) auf 156,7 Milliarden US-Dollar (1998) an, womit auch der Schuldendienst immer drückender wurde. Schuld daran war nicht nur, dass die Industrieproduktion zwischen 1990 und 1998 um -53,8% zurückging und die Weltmarktpreise für Rohstoffe, Erdöl und Erdgas, dem wichtigsten Faktor im russischen Export, auf niedrigem Niveau verharrten. Wenn aber die Steuereinnahmen die Haushaltsansätze regelmäßig nicht erreichten, lag dies auch an der mangelnden Eintreibung und systematischen Steuerhinterziehung. Die Steuerschulden der Unternehmen wurden im Sommer 1998 auf 37 Milliarden US-Dollar geschätzt. Einmal mehr wurde daran der wachsende Verfall der Staatsautorität deutlich; Korruption und organisierte Kriminalität waren inzwischen weit verbreitet, hatten erhebliche Teile der Wirtschaft in ihrem Griff. Selbst das Innenministerium gestand ein, dass es jährlich 25000 (nach anderen Angaben noch sehrviel mehr) Morde gab, viele davon vermutlich per Auftrag, und mafiöse Gruppen Zehntausende von Unternehmen und Banken kontrollierten. Korrupte

Machenschaften reichten weit hinein in den Staatsapparat und weit hinauf bis in die Präsidialverwaltung, in die „Familie" des Präsidenten. Diese Erfahrung machte 1998/99 auch der Generalstaatsanwalt (Juri Skuratow): Einer Finanzaffäre auf der Spur, die offenkundig in höchste Kreise führte, wurde er vom Dienst suspendiert und schließlich selbst buchstäblich bloßgestellt, durch ein Sex-Video, das der staatliche Fernsehsender RTR ausstrahlte.

Zum Autoritätsverfall des Staates trug auch die schwindende Gesundheit des Präsidenten bei, der – an Herz- und Alkoholproblemen leidend – die Dienstgeschäfte zwischen Sommer 1996 und Frühjahr 1997 offenkundig nur eingeschränkt wahrnehmen konnte. Der Reformeifer war faktisch zum Stillstand gekommen (die Umsetzung eines im Oktober 1993 erlassenen Landdekrets hatte die Duma de facto blockiert), ein Großteil der Reformer war inzwischen nicht mehr im Kabinett und die Sprunghaftigkeit weiterhin ein Kennzeichen von Jelzins Politik geblieben. So war er immer weniger in der Lage, die Kräfte, die er selbst mit entfesselt hatte, im Zaume zu halten und eine neue Ordnung zu etablieren. Im März 1998 entließ er den seit Dezember 1992 amtierenden Ministerpräsidenten, Wiktor Tschernomyrdin, der sich als moderater Neuerer und Technokrat ein gewisses Ansehen erarbeitet hatte. Jelzin ersetzte ihn durch den weitgehend unbekannten, erst 35-jährigen Energieminister Sergei Kirijenko, dem die Staatsduma zweimal die Bestätigung verweigerte, bevor der Präsident ihn ohne diese ernannte. Mit ihm steuerte Russland drei Monate später in eine schwere Finanz- und Währungskrise, die – durch Vertrauensverlust gegenüber dem Rubel und massive Kapitalabflüsse ausgelöst – zu drastischen Kursverlusten an der Moskauer Börse, einer starken Abwertung der eigenen Währung und zur faktischen Zahlungsunfähigkeit des Staates führte. Die Regierung sah sich gezwungen, im August 1998 ein 90-tägiges Moratorium, die Aussetzung des Schuldendienstes für drei Monate zu erklären.

Wie wenig der amtierende Präsident noch Herr der Lage war, zeigte der Umstand, dass er auf dem Höhepunkt der Krise den eben ins Amt geholten Ministerpräsidenten wieder entließ und den Vorgänger ins Amt zurückholen wollte, was am zweimaligen Nein der Staatsduma und schließlich am Verzicht Tschernomyrdins auf das Amt scheiterte. So griff Jelzin auf den bisherigen Außenminister, Jewgeni Primakow, als neuen Regierungschef zurück, bevor er auch ihn im Mai 1999 wieder entließ. Nun machte er den bisherigen Innenminister, Sergei Stepaschin, zum Ministerpräsidenten, der aber nur 99 Tage durchhielt. Dann wurde auch er entlassen und am 9. August 1999 der bisherige Leiter des FSB (des Inlandsgeheimdienstes der Russischen Föderation) zum neuen Chef der Regierung bestellt: Wladimir Putin, von dem zunächst nicht viel mehr bekannt war, als dass er aus Sankt Petersburg stammte und enger Mitarbeiter seines Bürgermeisters, Anatoli Sobtschak, eines überzeugten Reformers, gewesen war.

2. Der Ausbau der Zentralgewalt

Wenn der neue Ministerpräsident bei seiner Vereidigung mehr Ordnung und die Stärkung der Verteidigungsfähigkeit versprochen hatte, so bekam er rasch Gelegenheit, beides unter Beweis zu stellen: Am 31. August 1999 explodierte eine Bombe im Stadtzentrum von Moskau, im neuen Einkaufszentrum am Manegeplatz; am 4. September zerstörte im dagestanischen Buinaksk eine Autobombe große Teile eines sechsstöckigen Wohnhauses, das von russischen Armeeangehörigen und ihren Familien bewohnt wurde; am 8. September folgte ein Sprengstoffanschlag auf eine Wohnanlage im Südosten Moskaus, die riesige Ladung zerstörte über 100 Wohneinheiten; nur wenige Tage später, am 13. September, explodierte nicht weit davon eine weitere Sprengladung, das Wohnhaus an einer Ausfallstraße im Süden der Hauptstadt wurde völlig zerstört; und am 16. September ging eine Autobombe vor einem neunstöckigen Hochhaus in der südrussischen Provinzstadt Wolgodonsk hoch, einer Nachkriegsgründung am Wolga-Don-Kanal: Die sechswöchige Anschlagserie, bei der an die 300 Menschen starben, über 500 verletzt wurden, versetzte das Land in Angst und Schrecken. Hinzu kam, dass bereits Anfang August 1999 400 tschetschenische Freischärler unter der Führung von Schamil Bassajew in die dagestanische Nachbarprovinz eingefallen waren und mehrere Ansiedlungen erobert hatten. Anfang September starteten sie dort einen weiteren Angriff. Es lag für die Bevölkerung nahe, zwischen beiden Ereignisketten einen engen Zusammenhang zu sehen, wie es die Regierung tat (selbst wenn deren Gegner andere Vermutungen äußerten und bis heute am Verdacht, der FSB sei involviert gewesen, festhalten, nach den Ereignissen in der Ukraine zumal).

Die neue Regierung reagierte noch im September 1999 mit Luftschlägen gegen Stellungen tschetschenischer Rebellen, denen Ende des Monats eine massive Bodenoffensive folgte; der Zweite Tschetschenienkrieg hatte damit begonnen. Ende Dezember standen die russischen Truppen vor der Hauptstadt Grosny (1989 eine Stadt mit fast 400 000 Einwohnern), in deren Ruinen 1000 bis 2000 Kämpfer und 15 000 bis 40 000 Zivilisten vermutet wurden. Bis zum 6. Januar war die Stadt genommen, der militärische Teil des Feldzugs im Frühjahr 2000 weitgehend abgeschlossen, selbst wenn die Truppen im Land blieben. Der Großteil der Rebellen hatte sich ins Bergland zurückgezogen, von wo sie die Auseinandersetzungen als Guerillakrieg weiterführten.

Noch während des Tschetschenienkrieges, am 19. Dezember 1999, fanden Dumawahlen statt, bei denen die Kommunisten mit 24,3 % der Stimmen erneut zur stärksten Fraktion wurden. Doch dicht dahinter lag mit 23,3 % das Wahlbündnis „Einheit", das der Kreml erst im September gegründet hatte. Die bisherige zweitstärkste Fraktion („Unser Haus Russland" des langjährigen Ministerpräsidenten Tschernomyrdin) blieb unter der Fünfprozentgrenze. Für die ausländischen Wahlbeobachter war der Erfolg des Kreml nicht nur auf den Krieg, sondern ebenso auf die beispiellose Propagandakampagne zurückzuführen, mit der sich der staatliche Fernsehsender RTR und der halbstaatliche ORT für die Politik des Kreml ein- und Konkurrenten herabgesetzt hatten. Vollends überraschend war, dass Jelzin kurz darauf seinen Rücktritt zum 31. Dezember 1999 erklärte, Wladimir Putin zum Wunschnachfolger erkor und ihm die Amtsgeschäfte übertrug, womit er zugleich als Übergangspräsident amtierte. Putin sicherte Jelzin und seiner Familie noch am gleichen Tag Immunität vor Strafverfolgung auf Lebenszeit zu. Schon Anfang Januar ging er allerdings zu seinem Ziehvater vorsichtig auf Distanz: Er entließ die Jelzintochter (Tatjana Djatschenko) und den Chef der Immobilienabteilung des Kreml (Pawel Borodin), die beide unter Korruptionsverdacht standen. Am 18. Januar 2000 wählte die Staatsduma einen Kommunisten (Gennadi Selesnjow) zum Vorsitzenden, was auf Absprachen mit der „Einheit" beruhte. Am 26. März 2000 fanden vorgezogene Präsidentschaftswahlen statt; Putin siegte schon im ersten Wahlgang mit 52,9 % der Stimmen, mit weitem Abstand vor dem Kandidaten der Kommunisten (Sjuganow mit 29,2 %, bei einer Wahlbeteiligung von 68,6 %). Und am 10. Mai nominierte Putin Finanzminister Kasjanow als neuen Ministerpräsidenten; eine Woche später stimmte die Staatsduma mit großer Mehrheit zu.

Ein Politiker aus dem Umkreis des Reformers Sobtschak, der eine KGB-Vergangenheit hatte und Leiter des Inlandsgeheimdienstes war, seine Regierung mit einem Krieg gegen aufrührerische Separatisten begann und eine Sammelbewegung „Einheit" ins Leben rief, selbst den Kommunisten entgegenkam und aus eigener Erfahrung die Macht der Medien kannte, aus dem Rückblick ist es nicht schwer, den Kurs daraus abzuleiten, den Putin künftig steuerte: Keine Widerrufung der bisherigen Reformpolitik, aber Stärkung der Staatsautorität gegen ihre „Feinde", nach innen und nach außen. Der Schulterschluss im Innern umwarb die Etatisten auf der Linken wie die Nationalisten auf der Rechten, die beide der alten Größe nachtrauerten, aber auch „Reformer" und „Unabhängige", die immer mehr in Kleinstgruppen zerfielen. Der Versuch eines Schulterschlusses schlug sich auch in der Symbolpolitik nieder: Im Dezember 2000 billigte die Duma ein Gesetz, das die Rückkehr zur Sowjethymne verfügte: Von Alexander Alexandrow komponiert, war sie von Stalin 1944 eingeführt, von Jelzin 1991 abgeschafft worden. Nun sollte sie wieder gespielt werden, gesungen allerdings mit neuem Text. Ihn umzuschreiben, wurde der 87-jährige Sergei Michalkow beauftragt, von dem die Erstfassung stammte und der sie bereits einmal (in der Breschnew-Zeit) bearbeitet hatte. Staatssymbole sollten die auf die Zeit Peters des Großen zurück gehende weiß-blau-rote Trikolore und der zarische Doppeladler bleiben, wie sie Jelzin eingeführt hatte; allerdings erhielt die Armee das rote Tuch zurück, unter dem sie im Zweiten Weltkrieg ihre Siege errungen hatte, nur ohne Stern, Hammer und Sichel.

Der nächste Schritt galt der Stärkung der Zentralmacht gegenüber den 89 Regionen („Subjekten"), die die Föderation bildeten. Bereits Mitte Mai 2000 hatte Putin ein Dekret erlassen, das die Russische Föderation in sieben neue föderale Bezirke einteilte, die in der Verfassung nicht vorgesehen waren; für jeden ernannte er einen bevollmächtigten Vertreter des Präsidenten. Ende Juli stimmten Staatsduma und Föderationsrat einem Gesetzentwurf zu, dass dem Föderationsrat künftig nicht mehr die Präsidenten, Gouverneure und Vorsitzenden der (89) Regionalparlamente angehören sollten, sondern je ein Vertreter der Regionalexekutive und -legislative, die auch abberufen werden konnten. Anfang September bildete Putin einen (ebenfalls in der Verfassung nicht vorgesehenen) „Staatsrat“, der den Präsidenten in Regionalfragen beriet. Im Oktober 2004 wurde die Bestellung der Gouverneure generell neu geregelt. Sie sollten künftig nicht mehr frei und direkt gewählt werden, vielmehr die Regionalparlamente über einen oder mehrere Kandidaten abstimmen, die der Präsident vorschlug; bei zweimaliger Ablehnung konnte der Präsident das Regionalparlament auflösen.

Mit gleicher Konsequenz brach der Kreml auch die Macht der Medienkonzerne; dass sie – vor allem über das Fernsehen – den Wahlausgang in den letzten zehn Jahren stets mitbestimmt hatten, war ihm gegenwärtig. Er ließ sie nun seinerseits die Macht des Staates spüren, indem er ihnen die Steuerfahndung oder gleich den Staatsanwalt auf den Hals schickte. In spektakulären Aktionen wurden Büros durchsucht, Akten und Computer beschlagnahmt, Haftbefehle ausgestellt. Ein Anlass fand sich immer, vor allem wenn sich die Medienzaren ihrerseits widerborstig zeigten, sei es, dass sie schon im Präsidentschaftswahlkampf auf Gegenkandidaten gesetzt hatten (wie Wladimir Gussinski), sei es, dass sie (wie Boris Beresowski) der Jelzinfamilie nahestanden und sich von Putin den politischen Einfluss nicht nehmen lassen wollten. Per Haftbefehl gesucht, zogen sie schon im Lauf des Jahres 2000 das Exil einer unsicheren Zukunft in Russland vor. Mit der Zerschlagung ihrer Konzerne kamen auch alle landesweit zu empfangenden Fernsehsender wieder in staatliche Hand.

Dass Putin das gleiche politische Wohlverhalten auch von anderen „Oligarchen“ verlangte, die während der wilden Jelzinjahre zu unermesslichem Reichtum gekommen waren, erfuhr Michail Chodorkowski, dessen Unternehmen Youkos sich im Frühjahr 2003 anschickte, durch die Fusion mit Sibneft zum weitaus größten Erdöl- und Gasproduzenten Russlands und viertgrößten der Welt zu werden. Chodorkowskis Privatvermögen wurde auf 15 Milliarden US-Dollar geschätzt. Trotz der Warnung Putins bei Amtsübernahme, er werde den Oligarchen zwar weiterhin legale Geschäfte erlauben, aber sie auf „Abstand von der Politik“ halten, hatte Chodorkowski angekündigt, er werde liberale Parteien unterstützen, und mit der Blockierung der Energieversorgung russischer

Regionen gedroht. Im Juli 2003 wurde der Finanzchef von Youkos (Platon Lebedew) festgenommen, Ende September durch ein bewaffnetes Sonderkommando auch Chodorkowski in Sibirien verhaftet. Wegen Betrugs, Steuerbetrugs und Mitgliedschaft in einer kriminellen Vereinigung vor Gericht gestellt, wurden beide Ende Mai 2005 zu neun Jahren Lagerhaft verurteilt, wobei dem ersten Verfahren 2009 ein weiteres folgte und nach 20 Monaten mit einem zusätzlichen Schuldspruch endete. Die Fusion mit Sibneft war inzwischen rückgängig gemacht, Youkos zerschlagen worden, wovon vor allem der staatliche Riesenkonzern Gazprom profitierte.

Bei den nächsten Wahlen zur Staatsduma im Dezember 2003 erreichte die Kremlpartei, die jetzt „Einiges Russland" hieß, die Mehrheit der Sitze; sie stellte den Parlamentsvorsitzenden und alle Vorsitzenden der 28 Parlamentsausschüsse. Und bei den Präsidentschaftswahlen im März 2004 siegte Putin mit 71,3 % der Stimmen.

3. Die „gelenkte Demokratie"

Der Zuspruch, den Putin genoss, war nicht nur das Erbe der eben geschilderten Entwicklungen. Er profitierte zugleich von der wirtschaftlichen Erholung. Die Talfahrt der Jelzin-Jahre war gestoppt, die Abhängigkeit von der Erdöl- und Erdgasindustrie zwar geblieben, aber hohe Weltmarktpreise auf Erdöl und Erdgas bescherten dem Bruttosozialprodukt hohe Wachstumsraten; sie lagen 2002 bei 4,7 %, 2003 bei 7,3 %, 2006 und 2007 bei über 8 %. Der Anteil der Bevölkerung, der unter der Armutsgrenze lebte, war schon in den ersten Putin-Jahren um 10 Prozentpunkte zurückgegangen, die Rente und das Durchschnittseinkommen waren seither weiter gestiegen. Gemäß einer Vereinbarung mit dem Pariser Club der 19 Gläubigerstaaten konnten zum 21. August 2006 Auslandsschulden in einer Höhe von 17,7 Milliarden Euro vorzeitig zurückgezahlt werden.

Das war freilich nur die eine, die positive Seite der Entwicklung. Denn die Kämpfe in Tschetschenien gingen weiter. Journalisten und Nichtregierungsorganisationen berichteten von schweren Menschenrechtsverletzungen auf beiden Seiten. Blutige Terroranschläge hielten das Bewusstsein davon auch im Mutterland wach. Ende Oktober 2002 hatten über 40 schwerbewaffnete Tschetschenen das Moskauer Musical-Theater „Nord-Ost" gestürmt und etwa 700 Besucher wie Darsteller als Geiseln genommen; bei der Befreiung durch Sicherheitskräfte waren 117 Geiseln umgekommen, 115 an Gas, das dabei zum Einsatz kam. Am 5. Juli 2003 sprengten sich zwei Selbstmordattentäter bei einem Open-Air-Festival in die Luft und rissen 15 Besucher mit in den Tod. Bei Anschlägen auf ein Militärhospital im nordossetischen Mosdok im August und auf einen Vorortzug beim nordkaukasischen Mineralnye Wody im Dezember starben fast 100 Menschen. 2004 gab es unter anderem Anschläge auf die Moskauer U-Bahn (41 Tote), auf einen Markt in Samara (10 Tote) und auf eine Grundschule im nordossetischen Beslan, wo über 1100 Schüler, Eltern und Lehrer als Geiseln genommen wurden. Bei der Erstürmung starben nach offiziellen Angaben 331 der Geiseln, davon über 180 Kinder.

Das Bild im westlichen Ausland vom neuen Russland prägten auch Nachrichten wie diese: Im Januar 2005 kritisierte die amerikanische Menschenrechtsorganisation Human Rights Watch die fortlaufende Erosion fundamentaler Rechte, Putin unternehme nichts gegen Menschenrechtsverletzungen in staatlichen Organisationen, Schikanen in der Armee, Folter und Misshandlungen von Verdächtigen durch die Polizei; im März meldete sie, in Tschetschenien seien seit 1999 3000 bis 5000 Personen mit Wissen russischer Behörden verschwunden. Im Frühjahr 2006 trat ein umstrittenes Gesetz in Kraft, das die Tätigkeit und die Finanzen von NGOs strenger staatlicher Kontrolle unterstellte. Im Oktober 2006 wurde die Journalistin Anna Politkowskaja, Mitarbeiterin der oppositionellen Zeitung „Nowaja Gaseta", in Moskau, im Aufgang ihres Wohnhauses, erschossen. Am 14./15. April 2007 wurden von Spezialeinheiten der Polizei in Moskau und Sankt Petersburg „Märsche der Nichteinverstandenen" mit bisher unüblicher Härte aufgelöst; EU und Europarat verurteilten die Gewalt. Bei „Märschen der Nichteinverstandenen" im November beteiligten sich auch führende Vertreter von liberalen Parteien. Amnesty International konstatierte im Februar 2008, die Möglichkeit für Medien und Nichtregierungsorganisationen, kritische Meinungen zu äußern, sei in Russland in den letzten Jahren ständig geschrumpft. Im Mai war vom Europäischen Gerichtshof in Straßburg zu hören, dass sich ein Viertel aller Klagen gegen Russland richte und jedes Jahr russische Bürger 10 000 neue Klagen einreichten.

Abb. 32: Die neuen Symbole der Russischen Föderation sind die alten: Am Eingang zum Roten Platz wird die Kapelle der Iberischen Gottesmutter wieder aufgebaut (die einst den Massenaufmärschen Platz machen mußte), in der Nordwest-Ecke des Roten Platzes die Kasaner Kathedrale und in Sichtweise des Kreml die Christ-Erlöserkathedrale (unser Bild). Im 19. Jahrhundert im Gedenken an den Sieg über Napoleon (im „Vaterländischen Krieg") errichtet, hatte sie Stalin, wie erwähnt, 1931 sprengen lassen. Der gigantische „Palast der Sowjets", der an ihrer Stelle entstehen sollte, wurde indes nie gebaut. Als Symbol für die „religiöse Wiedergeburt Russlands" wird die Kathedrale im August 2000 geweiht, an gleicher Stelle einen Tag später Nikolaus II., der letzte Zar, heilig gesprochen und in der Heiligsprechung die kommunistische Herrschaft als „gottlos und menschenverachtend" verurteilt. Anfang 2001 feiern hier Präsident Putin und der deutsche Bundeskanzler Schröder das orthodoxe Weihnachtsfest. Am 21. Februar 2012 wird die Kirche zum Schauplatz für den Auftritt der Rock-Band „Pussy Riot" mit ihrem „Punk-Gebet" gegen die Allianz von Kirche und Staat; festgenommen und vor Gericht gestellt, werden die jungen Frauen wegen „Rowdytum aus religiösem Haß" zu Lagerhaft verurteilt.

Anfang Dezember 2007 hatten erneut Wahlen zur Staatsduma stattgefunden. Die Kremlpartei „Einiges Russland" erzielte mit 64,3 % der Stimmen eine Zweidrittelmehrheit der Sitze. Der Kreml hatte alle Register der von ihm „gelenkten Demokratie" gezogen. Bürgerrechtler monierten massive Verletzungen der Wahlgesetze, der Kommunist Sjuganow und der Liberale Boris Nemzow sprachen von den schmutzigsten Wahlen seit Sowjetzeiten. EU und europäische Regierungen kritisierten die Wahlen als nicht frei, nicht gleich und nicht fair. Die OSZE hatte auf Grund von Streitigkeiten mit russischen Behörden keine Beobachter geschickt und bescheinigte den Wahlen, dass sie nicht den in Europa üblichen Standards entsprachen. Sie schickte auch keine Wahlbeobachter zu den Präsidentschaftswahlen im März 2008. Die kremlnahen Parteien hatten, da Putin nach zwei Amtszeiten nicht mehr kandidieren konnte, den Ersten Stellvertretenden Ministerpräsidenten, ehemaligen Leiter der Präsidialverwaltung und Aufsichtsratsvorsitzenden von Gazprom, Dmitri Medwedew, nominiert; dieser hatte erklärt, im Falle seiner Wahl Putin zum Ministerpräsidenten zu machen. Medwedew siegte mit 70,3 % der Stimmen, wurde am 7. Mai 2008 vereidigt und nominierte unmittelbar danach Putin als neuen Ministerpräsidenten.

Vom neuen Präsidenten vernahm man durchaus neue Töne, und er schien auch neue Akzente zu setzen: Er gab sein erstes großes Zeitungsinterview einem regierungskritischen Blatt, der „Nowaja Gaseta" (für das auch Anna Politkowskaja gearbeitet hatte); er verlangte Änderungen am Gesetz über die NGOs; er fand die Rolle Russlands als Rohstoffexporteur, die Abhängigkeit von ihr erniedrigend, nannte die Sozialpolitik „halbsowjetisch" und forderte einen Modernisierungsschub für die Industrie; technischer Fortschritt und wirtschaftliche Innovation würden auch die Gesellschaft freier und gerechter machen; er fand kritische Töne für Wahlfälschungen zugunsten der Kremlpartei, propagierte ein schärferes Vorgehen gegen die Korruption, eine geringere staatliche Einflussnahme auf die Wirtschaft, selbst ein Zugehen auf die außerparlamentarische Opposition. Mitte Februar stellte Medwedew seine „Kaderreserve" vor (100 Fachleute, größtenteils unter 40 Jahre alt, für Führungsaufgaben in Staat, Politik und Wirtschaft); der Amoklauf eines Moskauer Polizeimajors (im April) zog nicht nur die Entlassung des Moskauer Polizeichefs und seine Ersetzung durch einen Mann aus der „Kaderreserve" nach sich; ihm folgten (im Februar 2010) 15 weitere Milizgeneräle und eine Reform des gesamten Apparates. Im Dezember 2009 waren auch 27 hohe Beamte der staatlichen Gefängnisverwaltung entlassen worden. Angesichts anhaltender Proteste von Umweltschützern ließ Medwedew im August 2010 die Rodung eines 1000 Hektar großen Areals (für den Bau einer Autobahn) im Nordwesten Moskaus (bei Chimki) unterbrechen und die Sache noch einmal von einer Regierungskommission prüfen. Und um das Feld nicht ganz dem politischen Gegner zu überlassen, demonstrierte auch die Kremljugend („Die Unsrigen") im April 2011 gegen die Korruption.

Doch die Reformversprechen blieben in Ansätzen stecken; sie wurden je länger, desto mehr vom Krisenalltag eingeholt, gingen in ihm unter: Im August 2008 hatte Georgiens Präsident Saakaschwili die abtrünnige Republik Südossetien angegriffen, Russland war ihr zur Seite getreten; in diesem 5-Tage-Krieg fielen 800 Soldaten. Russland erkannte Abchasien und Südossetien, die zu Georgien gehörten, als unabhängige Staaten an. Die Auseinandersetzungen im Kaukasus hatten nichts von ihrer Schärfe verloren. In den ersten neun Monaten des Jahres 2009 starben in Tschetschenien, Dagestan und Inguschetien nach offiziellen Angaben 1263 Sicherheitskräfte und Zivilisten; die Zahl der Terroranschläge im gesamten Nordkaukasus bezifferte Medwedew (für das Jahr 2009) auf 544. Auch die Terroranschläge im Mutterland gingen weiter: Ende November 2009 starben bei einem Anschlag auf den Hochgeschwindigkeitszug Moskau - Sankt Petersburg 26 Passagiere (rd. 100 wurden verletzt), bei Selbstmordanschlägen auf zwei Stationen der Moskauer U-Bahn im März 2010 40 Menschen (rd. 60 wurden verletzt); bei einem Anschlag auf den Moskauer Flughafen Domodedowo wurden im Januar 2011 37 Menschen getötet (152 weitere verletzt). Von allem aber traf die globale Wirtschaftskrise von allen G-20-Staaten Russland am härtesten; das Bruttoinlandsprodukt ging 2009 um 7,9 % zurück; zusätzlich zur Arbeitslosenquote von 8,2 % waren weitere 10 % der Erwerbsbevölkerung von versteckter Arbeitslosigkeit betroffen. Im Agrarsektor fiel die Getreideernte 2010 um 37 % geringer aus als im Vorjahr, sodass ein Exportstopp verfügt werden musste. Hinzu kamen verheerende Wald- und Torfbrände im Juli und August, die selbst den Moskauern das Atmen schwer machten und sich im Folgejahr wiederholten. Am 4. Dezember

2011 fanden Dumawahlen statt. Putins Partei („Einiges Russland") siegte zwar nach offiziellen Angaben mit 49,3 % der Stimmen. Doch war ihr Stimmenanteil um 15 % (77 Mandate) zurückgegangen und auch die Wahlbeteiligung noch einmal auf knapp über 60 % gefallen. Ende November 2011 hatte der Parteitag von „Einiges Russland" wieder Putin zum Kandidaten für die nächste Präsidentschaftswahl bestimmt. Sie fand am 4. März 2012 statt. Putin gewann sie, wiederum nach offiziellen Angaben, mit 63,6 % der Stimmen, und Medwedew wurde Ministerpräsident.

4. Mit Gewalt zurück zu alter Macht?

Die Fortschritte bei der Konsolidierung des Landes, bei der Wiederherstellung seiner Wirtschaftskraft und inneren Ordnung seit dem Ende der 1990er Jahre, waren – gerade auch im Vergleich mit den chaotischen Jelzin-Jahren – unbestreitbar. Doch die Vorgeschichte, die Begleitumstände und die Folgen der Wahlen von 2011/2012 – die nicht verstummenden Manipulationsvorwürfe, das anhaltende Misstrauen und die heftigen Proteste gegen die offiziell verkündeten Wahlergebnisse; der abgesprochene Ämtertausch zwischen Putin und Medwedew, unter Umgehung der Verfassung, der sich wie ein Kuhhandel ausnahm; die Verschärfung des Kurses gegen die Opposition nach der Wahl; die neue Gesetzgebung gegen NGOs und ihre Finanzierung aus dem Ausland, ihre Diffamierung als ausländische „Agenten"; die landesweite Durchsuchung von über 2000 Büros, darunter auch die der von Deutschland unterstützten Nichtregierungsorganisation „Memorial", des Petersburger Büros der Konrad Adenauer Stiftung und des Moskauer Büros der Friedrich Ebert Stiftung – sie warfen für den Betrachter der Geschehnisse von außen einmal mehr die Frage auf, wie es mit Russland weiter gehen würde, wohin die „gelenkte Demokratie" das Land führte? Welche Lösungen sie fand für die - auch der Führung bewussten - Probleme: die dringend nötige Modernisierung der Wirtschaft, die Bekämpfung der Korruption? Welche Formen des Umgangs mit Andersdenkenden, mit der Opposition, unter Wahrung ihrer fundamentalen Rechte? Für die Beilegung der Dauerkonflikte im Süden des Landes? Und: blieb das „gemeinsame europäische Haus" das Ziel, im Bewusstsein einer gemeinsamen

Geschichte und gemeinsamer Werte, die wichtiger waren als alles Trennende, wie es Ende der 1980er / Anfang der 1990er Jahre formuliert wurde?

Dass Handlungsbedarf bestand, hatten die Massenproteste gezeigt, bei denen im Winter 2011/12 Zehntausende in über 90 Städten Russlands auf die Straße gingen. Ihr Versammlungsort in Moskau war der Bolotnaja Platz, in Sichtweite des Kreml. Zu den Organisatoren gehörten hier der charismatische Oppositionelle Boris Nemzow, der einst die marktwirtschaftlichen Reformen mit auf den Weg gebracht hatte; Ilja Jaschin, der der linksliberalen Jabloko-Partei nahestand und als Ein-Mann-Demonstrant mit Plakaten wie „Putin hau ab“ seine politische Meinung zum Ausdruck gebracht hatte; der Blogger und ehemalige Rechtsanwalt Alexei Nawalny, der eine Stiftung zur Bekämpfung der Korruption gegründet hatte und dessen investigativer Journalismus stets aufs Neue die Herrschenden, die Reichen und Einflussreichen erzürnte; und Sergei Udalzow, Sprecher einer Vereinigten Arbeitsfront und linken Assoziation der Bürgerrechtsbewegung.

Sie konnten sich bei ihrem Vorwurf massiver Wahlfälschungen auf die Korrespondenten der Bewegung zum Schutz der Wählerrechte „Golos“ berufen, die bei der Dumawahl tausende von Fällen offener und mehrfacher Stimmabgabe organisierter Gruppen sowie nicht wenige Fälle von nichtöffentlichen Auszählungen der Stimmen registriert hatte; ebenso auf die erstmals seit 2003 wieder zugelassenen Wahlbeobachter der OSZE, die Behinderungen und unfaire Bedingungen für die Konkurrenten vom „Einigen Russland“ monierten. Selbst der sowjetische Ex-Präsident M. Gorbatschow hatte eine Annullierung und die Ausschreibung von Neuwahlen empfohlen.

Doch die Verantwortlichen bestritten die Vorwürfe der Manipulation, suchten deren Bedeutung herunterzuspielen, antworteten auf die Demonstrationen mit den üblichen Repressionen, einem Großeinsatz von Polizei und Sicherheitskräften, mit Hunderten von Festnahmen, und demonstrierten anschließend einmal mehr, wie die Staatsgewalt mit ihren politischen Gegnern umzugehen pflegte. Auf Festnahmen folgten Haft- und Geldstrafen, Wohnungsdurchsuchungen, auch bei den Eltern, erneute Verhaftungen, monatelange Hausarreste und Schlimmeres. Boris Nemzow war der prominenteste der 2011 Festgenommenen. Er war 1991 mit

Abb. 33: Nach den Dumawahlen am 4. Dezember 2011 kam es in 90 Städten Russlands zu Massenprotesten. Sie warfen den Behörden massive Wahlfälschungen vor. Sie trugen Schilder wie „Russland ohne Putin" und „Gebt dem Volk seine Stimme zurück". Am Moskauer Bolotnaja-Platz waren es am 10. Dezember nach Schätzungen der Veranstalter über 100 000 Teilnehmer (die Polizei sprach von 25 000). So viele wie nie zuvor in den Putin-Jahren. Die Breite des politischen Spektrums ließ sich an Vertretern der oppositionellen Dumaparteien ablesen, die daran teilnahmen, ebenso an den vielen bunten Fahnen, wie Beobachter bemerkten, die dabei mitgetragen wurden; rot stand dabei für die Kommunisten, orange für die Liberalen, schwarz-gelb und weiß für nationalistische Gruppen (Bild vom 10. Dezember 2011). Am 6. Mai 2013, am Vorabend der Amtseinführung Putins nach seiner 3. Wahl zum Präsidenten, kam es in Moskau erneut zu Massendemonstrationen, nach Angaben der Organisatoren kamen 100 000 bis 120 000, nach Angaben der Polizei 8 000, begleitet von einem massiven Polizeiaufgebot. Es gab (nach Polizeiangaben) 460 Festnahmen.

32 Jahren Gouverneur von Nischni Nowgorod geworden, hatte dort Reformen durchgesetzt, die als vorbildhaft galten. Mit 37 hatte ihn Jelzin zum Ersten Stellvertretenden Ministerpräsidenten ernannt, was ihn in den Augen mancher zum möglichen Nachfolger machte. Doch es war anders gekommen. Nemzow hatte 2004 in einem Zeitungsartikel vor der „Gefahr des Putinismus" gewarnt, im gleichen Jahr die Orangene Revolution in der Ukraine unterstützt und 2005/06 den ukrainischen Präsidenten Wiktor Juschtschenko beraten. 2007 wurde er in Sankt Petersburg auf einer nicht geneh-

migten Demonstration gegen Putin festgenommen, 2011 bei den geschilderten Demonstrationen gegen die Wahlfälschungen in Moskau. Er galt als einer der wortmächtigsten Kritiker Putins, Ende 2014 nannte er Russland einen Mafia-Staat, „Dreckskerle, Halunken und Banditen aus dem Umfeld Putins" seien dabei zu Milliardären geworden, und er verurteilte Putins Annexion der Krim (von der noch die Rede sein wird). Im Februar 2015 wurde er mit vier Schüssen in den Rücken und Hinterkopf ermordet, mitten in Moskau, unweit des Kreml. Die Täter wurden gefasst und verurteilt, die Auftraggeber blieben im Dunkeln.

Udalzow war unter den 27 Personen, die in den „Bolotnaja-Prozessen" wegen „Planung und Organisation von Massenunruhen" vor Gericht gestellt wurden. Am 24. Juli 2014 zu viereinhalb Jahren Lagerhaft verurteilt, trat er in den Hungerstreik; das Urteil wurde in einen Hausarrest umgewandelt, aus dem er erst im August 2017 freikam. Gegen Nawalny wurden zwischen Mai 2012 und April 2013 fünf Ermittlungsverfahren wegen Unterschlagung, Betrug und Geldwäsche eingeleitet, angeblich sollte er 2009 ein staatliches Unternehmen beim Handel mit Holz betrogen haben. Um mit Vorstrafen Bewerbungen um politische Ämter zu verhindern, war den Instanzen offenkundig jedes Mittel recht. Als dies nicht gelang, schreckten die Sicherheitsorgane auch vor anderen „Maßnahmen" nicht zurück, wie der Giftanschlag auf ihn mit dem chemischen Kampfstoff Nowitschok im August 2020 in Westsibirien zeigte. Zur Behandlung in die Berliner Charité ausgeflogen, kehrte Nawalny nach der Genesung im Januar 2021 nach Russland zurück. Er wurde noch auf dem Flughafen verhaftet, weil er seinen Meldepflichten nicht nachgekommen sei, und in einem Schnellverfahren zu 30 Tagen Haft verurteilt; noch im Februar folgte ein weiterer Richterspruch, der Nawalny zu zweieinhalb Jahren Straflager verurteilte. Auch die Mithilfe der Bewegung zum Schutz der Wählerrechte „Golos" wurde geahndet: Sie erhielt Ende 2011 eine Geldstrafe wegen eines angeblichen Verstosses gegen das Wahlgesetz. 2012 vom Norwegischen Helsinki-Komitee mit dem Sacharow-Preis ausgezeichnet, wurde sie wegen angeblicher Annahme des Preisgeldes vom Justizministerium 2013 als „ausländischer Agent" registriert. Hausdurchsuchungen der Büros und der Wohnungen der Aktivisten folgten. 2016 ordnete ein Gericht die Auflösung der Organisation an.

Die Justiz hatte sich immer mehr zum Teil und Büttel des autoritären Repressionsapparates entwickelt, wie neben den obigen Beispielen auch die Verurteilung der Punk-Rock-Band Pussy Riot (2012) zu zweijähriger Lagerhaft wegen ihres blasphemischen Auftritts und „Anti-Putin-Gebets“ in der Christ-Erlöser-Kirche zeigte. Durch Strafrechtsverschärfungen und präsidiale Verordnungen wurden Informations-, Meinungs- und Versammlungsfreiheit weiter eingeengt, vorgeblich, um „Russland“, seine Lebenswelt und tradierte Werteordnung vor fremden, d.h. schädlichen Einflüssen zu schützen. Vom Gesetz, das im Juli 2012 von Putin unterzeichnet wurde und Nichtregierungsorganisationen (NGOs), die finanzielle Unterstützung aus dem Ausland erhielten, verpflichtete, sich binnen 90 Tagen als ausländische Agenten registrieren zu lassen, war schon die Rede. Die Registrierung bescheinigte der Institution nicht nur die staatlich zertifizierte „Abhängigkeit“ von einem ausländischen Geldgeber, sie war für die Betroffenen zugleich mit erweiterter Rechenschaftspflicht und verschärfter Überwachung verbunden. Bis Ende Juni 2015 waren (nach Human Rights Watch) 70 NGOs als „Agenten“ registriert, 27 weitere, die sich einer Registrierung verweigerten, auf Gerichtsbeschluss aufgelöst worden. Der Registrierungspflicht konnten sich auch international anerkannte Institutionen nicht entziehen: wie das Lewada-Zentrum, das 1987 gegründete, erste unabhängige russische Meinungsforschungsinstitut, oder die Menschrechtsorganisation „Memorial“, im Januar 1989 zur Aufarbeitung der stalinistischen Gewaltherrschaft gegründet („Memorial“ wurde durch das Oberste Gericht mit all seinen innerrussischen Einrichtungen im Dezember 2021 aufgelöst).

Ein Gesetz von 2014 beschränkte den Kapitalanteil von Ausländern an russischen Medienunternehmen auf 20 %, worauf internationale Medienhäuser ihre Anteile verkauften und sich aus Russland zurückzogen. Alle landesweit empfangbaren Fernsehsender waren ohnehin bereits in staatlicher Hand oder gehörten Unternehmen, die dem Staat „nahe“ standen. Eine Ausnahme war der unabhängige Fernsehsender „Doschd“ (Regen), der 2011/12 ausführlich über die Massenproteste berichtet hatte. Doch seit 2014 war er nur noch über das Internet zu empfangen und hatte damit einen Großteil seiner Zuschauer eingebüßt. Im März 2022 musste er seine Sendungen einstellen. Beim Rundfunk war eine solche

Ausnahme der (zu Perestroikazeiten gegründete) Sender „Echo Moskwy“ (Echo Moskaus); auch er verstummte im März 2022.

Doch die seit 2012 betriebene Medienpolitik sollte auch die neuen Medien treffen: Ausländische Internetfirmen mussten bis 2016 Server im Inland schaffen, dort die Daten ihrer Nutzer bis zu sechs Monate speichern und bei Bedarf den Behörden zur Verfügung stellen. Blogger mit mehr als 3000 Lesern mussten sich bei der staatlichen Medienaufsicht (Roskomnadsor) registrieren lassen. Sie hatte (seit Juli 2014) das Recht, Webseiten zu sperren, nicht nur wenn sie zu Terror, sondern auch wenn sie zu nicht genehmigten Demonstrationen aufriefen. Nutzer mit drahtlosem Zugang zum Internet hatten einen Identitätsnachweis zu liefern. 2017 trat ein Gesetz in Kraft, das der Medienaufsichtsbehörde auch erlaubte, Dienste zur Anonymisierung der Internetkommunikation zu sperren. Um für Russland ein vom Ausland unabhängiges „souveränes“ Internet zu schaffen, wurden Hersteller von Smartphones verpflichtet, nur noch Geräte mit vorinstallierter russischer Software auf den Markt zu bringen, und russische Internetprovider, den gesamten Datenverkehr über staatlich kontrollierte Knotenpunkte zu leiten, die es Roskomnador erlaubten, ihn zu überwachen und gegebenenfalls zu unterbrechen.

Zu den wenigen unabhängigen und investigativen Printmedien gehörte die schon erwähnte „Nowaja Gaseta“, die – mehrfach für ihre Verdienste um Meinungsfreiheit und Menschenrechte ausgezeichnet – einen gewissen Sonderstatus genoss. Doch der war angesichts der schwierigen Rahmenbedingungen, von „gelenkter Demokratie“, organisierter Kriminalität und Korruption, die bis in höchste Kreise reichte, immer wieder aufs Neue zu erkämpfen und wurde teuer erkauft. Fünf Mitglieder der Zeitungs-Redaktion wurden seit Mai 2000 ermordet, drei weitere überlebten, zusammengeschlagen oder angeschossen, die Mordanschläge. Das bekannteste, aber eben nicht einzige Opfer war, wie schon erwähnt, Anna Politkowskaja, die im Oktober 2006 im Treppenaufgang ihres Wohnblocks niedergeschossen worden war. Ihr Fall beschäftigte 2013 und 2014 erneut die Gerichte. Bei mehreren Prozessen wurden Urteile gesprochen; ob die Verurteilten auch die Täter waren, wurde angezweifelt. Die Auftraggeber blieben wiederum im Dunkeln. Der langjährige Chefredakteur der „Nowaja Gaseta“, Dmitri Muratow, wurde (2021) mit dem Friedensnobelpreis ausgezeichnet. Bereits zweimal von Roskomnadsor in den Tagen zuvor „ermahnt“, stellte die Redaktion Ende März 2022 aus Sorge vor dem Entzug der Lizenz das Erscheinen der Zeitung ein. Im April wurde Muratow, als er sein Bahnabteil zu einer Fahrt in seine Geburtsstadt Samara betrat, mit roter Ölfarbe übergossen.

Im Korruptionsindex von „Transparency International“ belegte Russland 2013 unter 177 Staaten einen nicht sehr schmeichelhaften 127. Platz. Nach einer Rangliste zur Pressefreiheit der „Reporter ohne Grenzen“ rangierte Russland 2014 unter 180 Staaten auf Rang 148. Doch die politische Führung schien das kaum zu kümmern, sie verfolgte auch danach ihre eigene Agenda, mit den ihr eigenen Mitteln, im In- wie im Ausland, wie der Giftanschlag an Sergei Skripal und seiner Tochter in Salisbury (2018), der Mord an Selimchan Changoschwili im Berliner Kleinen Tiergarten (2019) und der schon erwähnte Mordanschlag auf Alexei Nawalny (2020) zeigten. Die schamlosen Dementi, die die russischen Behörden danach auftischten, demonstrierten, dass man auf die eigene Glaubwürdigkeit im westlichen Ausland keinen Wert mehr legte.

Präsident Putin hatte die innenpolitischen Turbulenzen zu Beginn seiner dritten Amtszeit kaum überstanden, da bahnte sich bereits die nächste, diesmal außenpolitische Krise an. Die Ukraine hatte seit Jahren mit der EU ein umfangreiches Partnerschaftsabkommen (ohne formale Mitgliedschaft) verhandelt; seit Frühjahr 2012 lag der Assoziierungsvertrag vor und sollte auf dem EU-Gipfel in Vilnius im November 2013 unterzeichnet werde. Er enthielt neben gemeinsamen gesellschaftspolitischen Zielen (Demokratie, Rechtsstaatlichkeit, Menschenrechte und Korruptionsbekämpfung) auch eingehende Regelungen zu Zöllen, Steuern, Handel sowie zu Niederlassungsfreiheit, Wettbewerbs-, Energie- und Umweltschutzfragen. Während die Ukraine – mit Rücksicht auf die eigenen Versorgungs- und Handelsinteressen – in den vergangenen Jahren einen Kurs zwischen der EU und Russland zu steuern versucht hatte, schien sie sich nun für den westlichen Weg entschieden zu haben. Das bedeutete zugleich: gegen die von Moskau propagierte Zollunion mit Russland, Weißrussland und Kasachstan, die – als Gegenpol zur EU – zur Eurasischen Wirtschaftsunion ausgebaut werden sollte. Druck aus Moskau, einerseits die Drohung, die Ukraine aus der östlichen Freihandelszone auszuschließen, und andererseits die von dort in Aussicht gestellten finanziellen Unterstützungen und niedrigeren Gaspreise, bewogen die ukrainische Regierung, die Unterzeichnung des Assoziierungsabkommens kurz vor dem Termin abzusagen und den Vertrag vorläufig auf Eis zu legen.

Der Zerfall der Sowjetunion hatte die Ukraine (wie die meisten der Nachfolgestaaten, darunter auch Russland selbst) in einen schwierigen Transformationsprozess gezwungen: die Demokratisierung des politischen Systems, weg von der *einen* Partei, die sich völlig diskreditiert hatte, mit neuen Parteien, die sich erst noch finden mussten und in häufig wechselnden Koalitionen um Einfluss und Selbstbehauptung rangen; die Durchsetzung des staatlichen Gewalt-, Rechts- und Steuermonopols nach den chaotischen Anfangsjahren und die gleichzeitige Einführung von marktwirtschaftlichen Reformen, ohne dass diese völlig aus dem Rahmen liefen; schließlich waren auch die Nachfolgestaaten multiethnische Gebilde, was neue Nation-Building-Prozesse nötig machte, die die regionalen Unterschiede einzubeziehen und ins Gleichgewicht zu bringen hatten. Ihr Problem war, dass die unterschiedlichen Ziele und Maßnahmen sich häufig wechselseitig blockierten, zu regionalen Epizentren der Macht führten, mit „Oligarchen" als politischen Leitfiguren, dass sie Korruption und Selbstbereicherung begünstigten, bis in höchste Stellen hinauf. In der Rangliste der Pressefreiheit stand die Ukraine (2014) etwas besser da als Russland, auf Platz 97 von 180 Ländern, im Korruptionsindex von „Transparency International" aber lag sie (2013) mit Rang 144 (von 177) auch nur wenige Plätze vor Russland.

Der seit 2010 amtierende Präsident, Wiktor Janukowytsch, war mit seiner „Partei der Regionen" vor allem im überwiegend russischsprachigen Osten und Süden der Ukraine gewählt worden, gegen eine Opposition, die vor allem im Westen und im Zentrum ihren Schwerpunkt hatte. Beide lagen schon vorher miteinander über Kreuz; die Opposition warf dem Präsidenten massive Wahlfälschung bei den Parlamentswahlen 2012, grassierende Korruption in Wirtschaft und Justiz sowie persönliche Bereicherung am Staatsvermögen (bei der Aneignung seiner Dienstvilla) vor. Die abgesagte Unterzeichnung des Assoziierungsabkommens bescherte der Opposition zusätzliche Unterstützung: Demonstranten, die den zentralen Hauptplatz in Kiew, den „Platz der Unabhängigkeit" (Maidan Nesaleschnosti), besetzten, um zu bleiben, an den

Wochenenden Großdemonstrationen veranstalteten, den Rücktritt des Präsidenten wie seiner Regierung forderten, unterstützt von einem Netzwerk alternativer Medien. Eine Zeltstadt entstand, es gab Suppenküchen und eine medizinische Erstversorgung, Amtsgebäude wurden besetzt, später Barrikaden errichtet. Aus Tausenden wurden Zehntausende, Hunderttausende, die Proteste weiteten sich im Dezember nicht nur auf die ganze Stadt, sondern auch auf mehrere Großstädte in der Westukraine aus. Die Regierung hielt dagegen, schickte bezahlte Schlägertrupps, Sicherheitskräfte versuchten, die Zugänge zum Platz zu blockieren, sogar, allerdings ohne Erfolg, in der zweiten Dezemberwoche mit einem Großeinsatz Platz und Protestcamp zu räumen. Übergriffe auf Aktivisten hatten zum Aufbau einer Selbstverteidigungsorganisation geführt; militante Gruppen (wie der „Rechte Sektor") gesellten sich hinzu, ohne Abmachungen zum Gewaltverzicht zu akzeptieren. Das Parlament verschärfte Mitte Januar 2014 das Demonstrationsrecht, schränkte die Meinungs- und Pressefreiheit ein, verbot Vermummung und extremistische Aufrufe im Internet, ein Gericht Demonstrationen im Kiewer Zentrum, ohne die Lage zu beruhigen. Am 18. /19. Februar 2014 kam es zu blutigen Straßenschlachten in Kiew, am 20. Februar zu einer „Antiterroroperation" der Sicherheitskräfte, die den monatelangen Protestaktionen ein Ende setzen sollte und bei der Scharfschützen der Spezialeinheit „Berkut" des Innenministeriums von den Dächern umliegender Gebäude aus gezielt Demonstranten ins Visier nahmen. Das Ergebnis war ein Massaker, mit weit über 100 Toten und über 1000 Verletzten.

Unter dem Eindruck dieses Desasters und unter Vermittlung des polnischen, französischen und deutschen Außenministers einigten sich Janukowytsch und die Führer der Opposition auf die Beilegung der Krise, eine bedingungslose Amnestie und die Bildung einer neuen „Regierung der nationalen Einheit". Das Parlament entzog Janukowytsch die Sondervollmachten, die man ihm mit der Verfassungsänderung von 2010 zugestanden hatte (nun mit Zustimmung von Abgeordneten seiner eigenen „Partei der Regionen", die sich in der Folgezeit mehr und mehr aufzulösen begann). Janukowytsch setzte sich erst in den Osten des Landes, dann auf die Krim, schließlich nach Russland ab. Das Parlament enthob ihn daraufhin noch am gleichen Tag von seinem Posten. Damit wurde der Weg frei für Neuwahlen, die Petro Poroschenko am 25. Mai

Abb. 34: Tausende von Demonstranten machten den zentralen Kiewer „Platz der Unabhängigkeit" (ukr. Maidan Nesaleschnosti) seit Ende November 2013 zum Ort des zivilen Ungehorsams, nachdem Präsident Janukowytsch (unter dem Druck Moskaus) entschieden hatte, ein mit der EU ausgehandeltes Assoziierungsabkommen vorläufig nicht zu unterschreiben. Sie brachten ihren Unwillen mit dem herrschenden autoritären und korrupten Regime zum Ausdruck. Die Zeltstadt entwickelte über Wochen hinweg ein reges Eigenleben, mit Zulauf aus dem ganzen Land, Suppenküchen, medizinischer Versorgung, Musikdarbietungen, Vorträgen, Diskussionen, Aktionen unterschiedlicher politischer Gruppen und Großveranstaltungen an den Wochenenden, zu denen Hunderttausende kamen. Obiges Bild (vom 14. Januar 2014) zeigt das besetzte Kiewer Rathaus, unter dessen Eingangsschild jemand „Stab der Revolution" gepinselt hat, davor ein Spendenstand („für den Euromaidan") und über der linken Eingangstür ein Bild Stepan Banderas, des ukrainischen Nationalistenführers, der 1959 in München von einem KGB-Agenten ermordet worden war.

2014 schon im ersten Wahlgang (mit 54,7 % der Stimmen) gewann, ein millionenschwerer Inhaber einer Unternehmensgruppe, zu der Betriebe im Auto- und Schiffsbau ebenso gehörten wie in der Schokoladenherstellung und auch ein Fernsehsender.

Für Putin war der Sturz des ukrainischen Präsidenten durch aufgebrachte Demonstranten, gestützt auf ein buntes Oppositionsbündnis unter Einschluss extremer Nationalisten, die ihm Wahlfälschung und Korruption vorwarfen, in höchstem Grade alarmierend. Die Ereignisse verwiesen nicht nur auf die Problemfelder der ukrainischen Politik, sie erinnerten fatal auch an die Moskauer Ereignisse zwei Jahre zuvor. Noch dazu hatten sie mit Janukowytsch einen Präsidenten getroffen, der aus dem russischsprachigen Donbass stammte und den Weg der Ukraine in eine Partnerschaft mit dem Westen verhindert hatte. Das Urteil stand rasch fest: Für die russische Propaganda war die Beteiligung rechtsextremer Kräfte am Maidan und die Absetzung von Janukowytsch durch das ukrainische Parlament (die Werchowna Rada), weil sie nicht den Vorgaben der Verfassung entsprach, „illegal“, ein „Putsch“, in dem „Faschisten“ die Macht an sich gerissen hatten, die jetzt nicht nur „die Russen“ im Land, sondern auch das ukrainische Volk bedrohten; beide müsse Russland gegen die „Nazis“, die „Faschisten“ nun verteidigen.

Damit waren nicht nur die nächsten Schritte der russischen Außenpolitik markiert, sondern auch der weitere Kurs gegenüber Kiew abgesteckt. Die nächsten Schritte – das waren die russische Annexion der Krim und die Unterstützung separatistischer Bewegungen im Osten der Ukraine, in den Gebieten von Luhansk und Donezk. Noch während sich in Kiew Regierung und Opposition blockierten, begann man in Moskau das Szenarium vorzubereiten, das zur „Heimholung der Krim“ führen sollte. In einer Mischung aus „Zar[en]-Attitüde und KGB-Methoden“ beschied Putin, den Bewohnern „selbst die Möglichkeit zu geben, über ihr eigenes Schicksal zu entscheiden“. Selbst wenn offizielle russische Stellen es strikt von sich wiesen, an den Aktionen unmittelbar beteiligt zu sein, hatte kein objektiver Beobachter ernsthafte Zweifel, woher die schwerbewaffneten Soldaten in voller Montur (nur ohne Hoheitszeichen) kamen, die bei den Aktionen Regie führten oder sie zumindest abschirmten: bei der Besetzung strategisch wichtiger Einrichtungen auf der Krim, bei der Einsetzung einer Übergangsregierung, bei Auseinandersetzungen mit proukrainischen Krimtataren, beim eiligst abgehaltenen Pseudoreferendum, beim Antrag der Krim und der Stadt Sewastopol auf Aufnahme in die Russische Föderation und der Unterzeichnung des Beitrittsvertrags im Moskauer Kreml. Das alles geschah innerhalb von vier Wochen. So unzufrieden die Bevölkerung der Krim mit der eigenen Lage sein mochte, von einer massiven „Unterdrückung der Russen auf der Krim", wie die russische Propaganda behauptete, konnte keine Rede sein.

Das Vorgehen Russlands war ein eindeutiger Bruch des Völkerrechts: Beim Austritt aus der Sowjetunion 1991 hatten sich Russland, Weißrussland und die Ukraine nicht nur zu den Prinzipien der Charta der Vereinten Nationen und der Schlussakte von Helsinki bekannt, sie hatten bei der Gründung der GUS explizit und noch einmal die Absage an die Anwendung von Gewalt sowie die Garantie der territorialen Unversehrtheit und der Unverletzlichkeit der Grenzen in die Vertragsbestimmungen hineingeschrieben. Russlands Unterschrift stand auch unter dem Budapester Memorandum, das (1994) der Ukraine als Gegenleistung zum Nuklearwaffenverzicht die Achtung seiner Souveränität und der bestehenden Grenzen garantierte, und unter der NATO-Russland-Grundakte (1997). Folglich erklärte auch die UN-Vollversammlung am 27. März 2014 das Krimreferendum (vom 16. März) und die russische Annexion (vom 21. März) für ungültig. Vergleichbares galt für die russische Unterstützung der separatistischen Bewegungen im Osten der Ukraine, für die Ausrufung der „Volksrepubliken" von Donezk und Luhansk im April 2014 und ihren Zusammenschluss zu „Neurussland" im Mai, selbst wenn die russische Unterstützung auch hier als verdeckte Intervention (nach „KGB-Methoden") geschah.

Warum setzte Putin die Krim-Aktion ins Werk? Er sah die Gefahr, die von „bunten" Protestbewegungen (wie 2003 in Georgien, 2004 in der Ukraine, 2005 in Kirgisien, 2006 in Weißrussland, 2011/12 in Russland oder jetzt in Kiew) für seine eigene Herrschaft ausgingen. Zumal wenn, wie jetzt, das Wirtschaftswachstum Russlands stagnierte, die Rohstoffpreise auf dem Weltmarkt sanken, einmal mehr die mangelnden Investitionen sowie die geringe Produktivität und Diversität im Nichtenergiesektor, die fortdauernde Abhängigkeit des bescheidenen russischen Wohlstands von Energieexporten zu Tage traten. Was lag näher, als die im wirtschaftlichen Bereich ausbleibenden Erfolge in der Außenpolitik zu suchen? Tatsächlich schnellten die Zustimmungsraten für die präsidiale Politik, wie das Lewada-Zentrum für Meinungsforschung festhielt, vom November 2013 bis August 2014 auf über 80 % hoch, und noch fünf Jahre später nannten 45 % der befragten Russen, worauf sie am meisten stolz waren, die Annexion der Krim.

Zweifellos kannte Putin auch die Umfragen, wonach über die Hälfte der Russen den Zerfall der Sowjetunion bedauerte. Sicher, zu Ende der Jelzin-Jahre (1999/2000) waren es sogar drei Viertel gewesen, aber seit 2015/16 war die Zahl, wohl auch beflügelt durch Putins Politik, wieder im Steigen. Und durchgängig meinte eine Mehrheit sogar, dieser Zusammenbruch wäre vermeidbar gewesen. Nach den Gründen des Bedauerns gefragt, nannte eine Mehrheit den Verlust des „Gefühls", „Angehörige einer Weltmacht", „überall [gemeint war: im Sowjetimperium] zu Hause" zu sein. Auch Putin hatte im April 2005 in einer Rede vor der Föderationsversammlung den Zerfall der Sowjetunion die „größte geopolitische Katastrophe des Jahrhunderts" genannt. In einer Brandrede auf der Münchner Sicherheitskonferenz hatte er im Februar 2007 die neue monopolare Weltordnung, ganz ausgerichtet auf die USA, das immer dichtere Heranrücken der NATO an die Grenzen Russlands scharf kritisiert und von „gebrochenen Garantien" gesprochen. Russland hatte 2008 in den Georgienkonflikt eingegriffen, 2014 in der Ukraine interveniert. Im Sommer 2020 wird es im Krieg um Bergkarabach zwischen Armenien und Aserbaidschan „vermitteln", anschließend nach den Scheinwahlen und Dauerprotesten in Weißrussland Präsident Lukaschenko unterstützen und nach Unruhen in Kasachstan im Januar 2022 russische Fallschirmjägereinheiten schicken, im Rahmen der „Organisation des Vertrags über kollektive Sicherheit" (OVKS, russ. ODKB) mit Sitz in Moskau, der neben Russland Armenien, Weißrussland, Kasachstan und Kirgistan angehören.

Es deutet vieles darauf hin, dass Putin – zehn Jahre nach seiner Rede vom Zerfall der Sowjetunion als „geopolitischer Katastrophe" – „geopolitisch" in die Zeit davor zurückwollte, beginnend mit der Ukraine, dem zweitgrößten der europäischen Nachfolgestaaten der Sowjetunion. Und er glaubte, dabei viele seiner Staatsbürger hinter sich zu haben. Die Annexion der Krim bedeutete insofern eine Zeitenwende, selbst wenn dies den Beteiligten erst allmählich zu Bewusstsein kam. Die EU, Norwegen, die USA, Kanada und Australien antworteten mit umfangreichen Sanktionen gegen Personen und Institutionen in Russland, auf der Krim und in den besetzten ostukrainischen Territorien. Die sieben wichtigsten westlichen Industriestaaten (die rd. 10 % der Weltbevölkerung vertraten, rd. 40 % der weltweiten Güter und Dienstleistungen erwirtschafteten, sich 1975 zu Gruppe der G7 zusammengeschlossen und 1998 Russland kooptiert hatten) sagten den für Sommer 2014 in Sotschi geplanten G8-Gipfel ab und teilten Russland mit, dass sie fortan wieder ohne Russland, im G7-Format, zusammenkommen wollten.

Auch Putin schien an einem Dialog nicht mehr interessiert, eher auf Konfrontation bedacht, wie nicht zuletzt seine mit Pomp inszenierten Reden im Kreml (im März bei der Aufnahme der Krim und Sewastopols in die Russische Föderation und im Dezember 2014 bei seiner Rede an die Nation) demonstrierten. Das Pochen der „westlichen Partner, allen voran der USA“ auf das Völkerrecht, nahm er ihnen nicht ab, warf ihnen vor, sich in ihrer politischen Praxis eher „am Recht des Stärkeren, statt am Völkerrecht zu orientieren“, und verwies einmal mehr auf den Kosovo-Konflikt, in dem die NATO (1999) ohne UNO-Mandat mit Luftschlägen die Unabhängigkeit der serbischen Provinz erzwungen hatte. Russland gegenüber betreibe der Westen seit vielen Jahren („Jahrzehnte, wenn nicht Jahrhunderte“) eine Eindämmungspolitik, wenn irgendwer meinte, dass Russland zu stark und zu selbständig geworden sei.

Im Krim-Konflikt ging es für Putin, wie er sagte, um die legitimen Interessen der Russen, die dort lebten, in ihrem Kampf gegen die „Putschisten in Kiew“, die „heute das Leben in der Ukraine“ bestimmen, gegen „Nationalisten, Neonazis, Russophobe und Antisemiten“, gegen die „ideologischen Erben Banderas“ (des ukrainischen Nationalistenführers) und der „Kollaborateure Hitlers im Zweiten Weltkrieg“. Zugleich ging es ihm um mehr: Auf der Krim sah Putin alles „von unserer gemeinsamen Geschichte und unserem gemeinsamen Stolz geprägt“. Hier lag das „alte Chersonesos, wo sich der Hl. Wladimir, Großfürst der Rus, taufen ließ“. Seine „geistige Heldentat, die Hinwendung zur Orthodoxie“ habe die „gemeinsame kulturelle, wertorientierte und zivilisatorische Grundlage definiert, die die Völker Russlands, der Ukraine und Weißrusslands verbindet“. Hier lägen auch die Gräber der „russischen Soldaten, durch deren Mut die Krim 1783 Bestandteil Russlands wurde“. Und Sewastopol die „Festungsstadt“, die 1941/42 dem Angriff der Wehrmacht monatelang trotzte, 1944 wieder in sowjetische Hand geriet und jetzt „Heimat der russischen Schwarzmeerflotte“ war. Sie alle hatten, so Putin, „eine riesige zivilisatorische und sakrale Bedeutung für Russland“, wie „der Tempelberg in Jerusalem für Moslems und Juden“.

Abb. 35: Wenige Wochen nach der Krim-Annexion erteilte Putin den Auftrag, Wladimir dem Heiligen, dem geistigen Vater der „russischen Welt", in Moskau ein Denkmal zu errichten, in Erinnerung an seine Taufe (im Jahr 988) und die Christianisierung Russlands: Es sollte in Konkurrenz zu Kiew treten, wo es – hoch über dem Dnepr – bereits seit 1853 ein großes, landesweit bekanntes Wladimir-Denkmal gab. Die Moskauer Skulptur war noch ein gutes Stück größer, die Statue 17,5 Meter hoch, ein riesiges, übermannsgroßes Kreuz in der Rechten, ein Schwert in der Linken. Sie kam mitten in Moskau, an der westlichen Kremlmauer zu stehen. An der feierlichen Einweihung (am neuen

Den Auftritt und diese Reden im prunkvollen Georgsaal, benannt nach dem höchsten militärischen Orden, dem Orden des Heiligen Georg, hatten die Beobachter wohl vor Augen, wenn sie von der „Zaren-Attitüde" Putins sprachen. Er trat auf als der geschichtliche Erbe, als Chef des Traditionshauses „Russland", zumindest als der Sprecher der Erbengemeinschaft. Der Ukraine waren solches Gebaren, solche imperiale Übergriffigkeit Russlands nicht neu, und sie hatte sich seit Jahren dagegen zu wehren versucht. Schon beim Zerfall der Sowjetunion hatte der ukrainische Präsident (Krawtschuk) befürchtet, nach dem Scheitern Gorbatschows werde der russische Präsident (Jelzin) versuchen, dessen Führungsrolle zu übernehmen, und er hatte sich daher allen Reformplänen zur Bildung eines neuen Bundesstaates widersetzt. Nur eine lockere „Gemeinschaft unabhängiger Staaten" war er bereit zu akzeptieren. Er konnte sich dabei auf ein Referendum im eigenen Land berufen, bei dem am 1. Dezember 1991 (bei einer Wahlbeteiligung von über 84 %) über 92 % für die Unabhängigkeit der Ukraine gestimmt hatten. Selbst im überwiegend russischsprachigen Osten der Ukraine (in den Gebieten von Donezk und Luhansk) hatte die Zustimmung bei über 83 % gelegen.

Kiew blieb bei dieser Linie. Mit dem Vorwurf massiver Wahlfälschung hatten Demonstranten auf dem Maidan 2004 („Revolution in Orange") den Amtsantritt eines von Russland unterstützten Präsidenten verhindert und eine Wahlwiederholung erreicht. Im Kaukasuskrieg 2008 unterstützte die Ukraine Georgien, das – inzwischen westorientiert und mit dem Ziel eines Eintritts in die NATO – die beiden abtrünnigen Provinzen Südossetien und Abchasien im georgischen Staatsverband zu halten bzw. mit Truppeneinsatz zurückzuholen versuchte. Durch das militärische Eingreifen Russ-

Nationalfeiertag Russlands, dem 4. November 2016), die vom Fernsehen direkt übertragen wurde, nahmen die Spitzen von Kirche und Staat teil (Patriarch Kyrill, Präsident Putin, Ministerpräsident Medwedew, *Abb. 36*). Der Staatspräsident pries seinen großen Namensvetter als „Sammler und Verteidiger russischer Erde". Der Entwurf zum Denkmal stammte vom Bildhauer Salawat Schtscherbakow, der 2013 in Moskau bereits ein Denkmal für Zar Alexander I., den Zaren des „Vaterländischen Krieges", geschaffen hatte und 2017 ein Denkmal für den Waffenkonstrukteur Michail Kalaschnikow schuf. Irgendwo dazwischen verortete Putin wohl auch sich selbst.

lands wurde es zum Rückzug gezwungen, das seinerseits anschließend durch Parlamentsbeschluss die Unabhängigkeit Abchasiens und Südossetiens anerkannte. Und Demonstranten gingen, wie geschildert, 2013/14 in Kiew erneut auf die Straße, als die eigene Regierung unter dem Druck Moskaus die Unterzeichnung des Assoziierungsabkommens mit der EU verhinderte.

Mit aller Macht wehrte sich die Ukraine auch gegen die geschichtspolitische Vereinnahmung. Sie verwies auf die Stalinschen Repressionen, unter denen die Ukrainer wie kein anderes der Völker der Sowjetunion gelitten hatten: auf die Millionen Toten, die in der Ukraine den Hungersnöten von 1922, von 1932/33, von 1946/47 zum Opfer gefallen waren (allein 1932/33 waren es zwischen drei und vier Millionen); wie die sowjetische Führung in den 1930er Jahren den Hunger gegen die ukrainischen Bauern als genozidale Waffe benutzte, die Hungerkatastrophe zum „Holodomor" machte. Statt vom „Großen Vaterländischen Krieg" sprach man, wie im Westen üblich, vom „Zweiten Weltkrieg", um daran zu erinnern, dass dieser nicht erst 1941, sondern bereits 1939 mit dem Hitler-Stalin-Pakt und dem gemeinsamen Angriff auf Polen begonnen hatte. Man feierte (2015) den 70. Jahrestag des Sieges, hob aber besonders den ukrainischen Anteil daran hervor. Auch dies signalisierte den Ausstieg aus der „gemeinsamen" Geschichte: Das zentrale Denkmal für die „Sozialistische Oktoberrevolution" mit einem neun Meter großen Lenin aus Granit war auf Beschluss des Kiewer Stadtrats bereits im September 1991 abgetragen worden. Der Platz, auf dem es stand und der bisher „Platz der Oktoberrevolution" hieß, wurde zum „Platz der Unabhängigkeit", das dahinter stehende riesige, 16stöckige „Hotel Moskwa" zum „Hotel Ukraine". Zehn Jahre später (2001) wurde davor, weit größer als das ehemalige Oktoberdenkmal, ein Unabhängigkeitdenkmal errichtet, 63 Meter hoch, gekrönt von einer Frauengestalt in ukrainischer Tracht. 5500 Leninstatuen hatte es in der Ukraine 1991 gegeben, mehr als 2000 wurden schon in den 1990er Jahren demontiert, vor allem im Westen. Demonstranten des Euromaidan stürzten im Dezember 2013 auch den dreieinhalb Meter großen Lenin aus rotem Granit auf dem Kiewer Taras-Schewtschenko-Boulevard, und der massenhafte Lenin-Sturz ergriff nun auch den Osten und Süden.

Systematischen Charakter bekamen diese Aktionen durch vier Gesetze, die die Werchowna Rada im April 2015 verabschiedete und die durch die Unterschrift des Präsidenten (Poroschenko) am 15. Mai in Kraft gesetzt wurden. Sie verfügten die Verurteilung der kommunistischen und nationalsozialistischen totalitären Regime und das Verbot der Propaganda mit deren Symbolen; die Gleichstellung der Kämpfer für die Unabhängigkeit der Ukraine mit den sowjetischen Kriegsveteranen; die Öffnung der Archive der Unterdrückungsorgane des totalitären kommunistischen Regimes 1917-1991 und die Neujustierung des Gedenkens an den Zweiten Weltkrieg, von der oben schon die Rede war.

Am meisten Aufsehen erregte bei dieser „Entkommunisierung" der Versuch, alles aus dem kulturellen Gedächtnis der Ukraine zu tilgen, was an ihre Zugehörigkeit zur Sowjetunion erinnerte: Das galt für Denkmäler, bildliche Darstellungen und Symbole (Hammer und Sichel), erst recht aber für die Benennung von Ortschaften, Straßen und Plätzen. An die tausend Ortsnamen ermittelte das dafür zuständige Institut des Nationalen Gedenkens und Zehntausende Namen von Straßen und Plätzen. Schon die Zahlen zeigen, wie ernst man diese Aufgabe nahm. Sie beschäftigte auch die ortsansässige Bevölkerung. So wollten bei einer Umfrage in Dnipropetrowsk, der drittgrößten Stadt der Ukraine, über 90 % der Befragten eigentlich bei diesem Namen bleiben. Doch Grigori Petrowski, nach dem die Stadt seit 1926 hieß, war von 1919 bis 1938 Vorsitzender des Zentralen Exekutivkomitees der Ukraine gewesen und damit mitverantwortlich für den Holodomor. Doch dem Vorschlag des Stadtrats, bei Petrowski einfach nicht mehr an den bolschewistischen Funktionär, sondern an den Heiligen Petrus zu denken, folgte man nicht. Da sich auch eine Rückkehr zum vorrevolutionären Namen „Jekatarinoslaw" (eine Huldigung an Katharina II.) verbot, weil man sie als Vertreterin des imperialen russischen Machtanspruchs für den Untergang des freien ukrainischen Kosakentums am Unterlauf des Dnjepr (der Saporoger Sitsch) verantwortlich machte, wurde aus Dnipropetrowsk einfach „Dnipro" (die ukrainische Bezeichnung für den Fluss Dnjepr).

Nicht weniger verstörend fand man beim russischen Nachbarn und nicht nur dort die positive Neubewertung ukrainischer nationalistischer Personen (Andri Melnyk, Stepan Bandera) und Institutionen (wie der Organisation Ukrainischer Nationalisten (OUN) und der Ukrainischen Aufstandsarmee (UPA); deren Angehörige hatten in der Zwischenkriegszeit einen bewaffneten Kampf gegen den polnischen Staat geführt, Mordanschläge gegen dessen Repräsentanten verübt, danach als Partisanen gegen die Wehrmacht und die Rote Armee (bis Anfang der 1950er Jahre) gekämpft. Sie hatten freilich zeitweise auch mit der Wehrmacht kollaboriert, in eigenen Einheiten (Bataillon „Nachtigall", „Roland") bzw. in der SS-Freiwilligen-Division „Galizien" Seite an Seite mit ihr gekämpft, als Milizangehörige der Besatzungsmacht „zugearbeitet", auch bei deren Judenpolitik, und Massaker an der polnischen Zivilbevölkerung verübt.

Als geistige Krönung dieses ukrainischen Emanzipationsprozesses galt schließlich die Erlangung der kirchlichen Unabhängigkeit der Orthodoxen Kirche der Ukraine, ihre Lösung aus dem Moskauer Patriarchat („Autokophalie"). Für sie hatten sich der ukrainische Präsident (Poroschenko) und das ukrainische Parlament beim Ökumenischen Patriarchen von Konstantinopel eingesetzt, und dieser hatte Anfang 2019 seine förmliche Zustimmung gegeben.

Das alles stand im scharfen Gegensatz zur russischen Krim-Aktion und zum Geschichtsbild, das Putin zu ihrer Rechtfertigung bemühte, erst recht zu deren programmatischen Implikationen: Es beschwor die Krim als Wiege einer gemeinsamen Geschichte und die Orthodoxie als deren kulturelle, normensetzende und zivilisatorische Grundlage, die die Völker Russlands, der Ukraine und Weißrusslands verbinde. Sie bildeten für ihn, wie er und seine Vordenker bei anderen Gelegenheiten erklärten, eine eigene, sich vom dekadenten Westen deutlich abhebende, eben „russische Welt" (russkij mir), was immer das genau heißen mochte. Er bestritt der Kiewer Regierung, den dort Herrschenden, jegliche Legitimität, für deren ukrainischen Teil, das ukrainische „Brudervolk", zu sprechen. Er sah es als Russlands Aufgabe an, die Ukrainer von diesen „Putschisten" und „Faschisten" zu befreien, und – so war unschwer zu ergänzen – das (angeblich) alte Einvernehmen, die alte Einheit wiederherzustellen. In einem Essay über die Einheit von „Russen und Ukrainern", der im Juli 2021 auf der Website des russischen Präsidenten erschien, buchstabierte er im Grunde nur aus, was er ähnlich schon vorher gesagt hatte. Seine Kernbotschaften lauteten: Wie die Geschichte zeige, seien Russen, Ukrainer und Weißrussen Teile einer „großen russischen Nation", eines „dreieinigen Volkes", das der Zerfall der Sowjetunion auseinandergerissen habe – womit einmal mehr die Existenz der Ukraine als eigenständiger Nation in Frage gestellt wurde. Der Euromaidan (2013/14) sei Teil und Höhepunkt eines westlichen Plans gewesen, die Ukraine zu einem Vasallenstaat zu degradieren und mit ihr ein „Anti-Russland" zu schaffen. Deshalb hätte sich die Krim von der Ukraine losgesagt, hätten die Bewohner von Donezk und Luhansk zu den Waffen gegriffen, um ihr Heim, ihre Sprache, ihr Leben zu verteidigen, nach den Pogromen, mit denen die Nachfolger der „Bandera-Leute" die Städte der Ukraine, eine nach der anderen unsicher machten. In Kiew sah man das bekanntlich völlig anders. Im Übrigen, so Putin, „brauche" die Ukraine den Donbass auch nicht – was zugleich hieß, dass er „russisches Gebiet" und ein Rückzug nicht geplant sei, im Gegenteil.

Unklar blieb, ob der russische Truppenaufmarsch an der ukrainischen Grenze, der seit dem Frühjahr 2021 zu beobachten war, nur eine Drohgebärde darstellte, oder die Vorbereitung einer Invasion. 140 000 Man waren es im Herbst. Es war keine bloße Drohgebärde, wie der 24. Februar 2022, der Einmarsch russischer Truppen in die Ukraine, zeigte.

Sollte Putin tatsächlich geglaubt haben, der „faschistischen Herrschaft" in Kiew in einer gezielten „militärischen Spezialoperation" (die nicht „Krieg" genannt werden durfte) ein rasches Ende zu bereiten, hatte er sich getäuscht: Die russischen Truppen stießen auf die entschlossene Gegenwehr jener, die es angeblich gar nicht gab, der ukrainischen Nation, und ihres Präsidenten, Wolodymyr Selenskyj, der (44 Jahre alt) keiner der bisherigen rivalisierenden Machtgruppen angehörte, als einer von 39 Kandidaten bei den Präsidentschaftswahlen im März 2019 angetreten war und sich in der Stichwahl im April schließlich gegen den amtierenden Präsidenten (Poroschenko) mit über 73 % der Stimmen durchgesetzt hatte. Dass der nicht erklärte, aber nun faktische, völkerrechtswidrige „Krieg" Russlands einem „Brudervolk" galt, verlor rasch an Bedeutung. Die russische Soldateska zeigte gegenüber der ukrainischen Zivilbevölkerung, gleich ob ukrainisch- oder russischsprachig, die gleiche brutale Rücksichtslosigkeit, die sie zuvor in Tschetschenien und bei den Flächenbombardements in Syrien demonstriert hatte.

Tabellen und Schaubilder

Die folgenden Tabellen und Schaubilder geben Grundzüge der Entwicklung des Territoriums, der Bevölkerung, der Nationalitäten, der Repressionen und der kommunistischen Partei wider; sie versuchen zugleich, einige Probleme der wirtschaftlichen Entwicklung zu illustrieren, wie sie in der Darstellung bereits angesprochen wurden. Die Schreibweise der Eigennamen in diesen Quellen wurde beibehalten.

1. Territorium und Bevölkerung der Sowjetunion und des vorrevolutionären Russland[x] (1897–1990)

Jahr	Territorium in Mio. km²	Bevölkerung in Mio.	Männer in Mio.	in %	Frauen in Mio.	in %
1897	22,3	128,2		49,0		51,0
1913	22,3	165,7		49,7		50.3
1917[y]		120,0				
1920	21,4	134,2				
1926	21,7	147,0	71,0	48,3	76,0	51,7
1929	21,7	153,4				
1938	21,7	167,0				
1940	22,1	194,1	93,0	47,9	101,1	52,1
1950	22,4	178,5		43.9		56,1
1955	22,4	194,4		44,5		55,5
1960	22,4	212,3		45,2		54,8
1965	22,4	229.6		45,7		54,3
1970	22,4	241,7	111,4	46,1	130,3	53,9
1975	22,4	253,3	117,5	46,4	135,8	53,6
1980	22,4	264,5	123,4	46,7	141,1	53,3
1985	22,4	276,3	129,6	46,9	146,7	53,1
1990	22,4	288,6	136,4	47,3	152,2	52,7

[x] jeweils in den zum Zeitpunkt der Zählung gültigen Grenzen.
[y] Schätzung für die Zeit nach der Oktoberrevolution.

2. Die Entwicklung der Urbanisierung: die Verteilung der Bevölkerung auf Stadt und Land (1897–1990)

Jahr	Stadt		Land	
	in Mio.	in %	in Mio.	in %
1897	20,1	16	108,1	84
1913	30,6	18	135,1	82
1920	20,8	15	113,4	85
1926	26,3	18	120,7	82
1929	28,7	19	124,7	81
1938	50,0	30	117,0	70
1940	63,1	33	131,0	67
1950	69,4	39	109,1	61
1955	86,3	44	108,1	56
1960	103,8	49	108,5	51
1965	120,7	53	108,9	47
1970	136,0	56	105,7	44
1975	151,9	60	101,4	40
1980	166,2	63	98,3	37
1985	180,1	65	96,2	35
1990	190,6	66	98,0	34

Quellen für 1 und 2: Central'noe statističeskoe upravlenie pri Sovete ministrov SSSR (Hg.), Narodnoe chozjajstvo SSSR v 1963 godu, Moskau 1965, S. 7 ff.; dass., Narodnoe chozjajstvo SSSR v 1970 godu, Moskau 1971, S. 7 ff.; dass., Narodnoe chozjajstvo SSSR v 1980 godu, Moskau 1981, S. 7; dass., Narodnoe chozjajstvo SSSR v 1985 godu, Moskau 1986; dass., Narodnoe chozjajstvo SSSR v 1989 godu, Moskau 1990; dass., Narodnoe chozjastvo SSSR 1922–1972, Jubilejnyj statističeskij ežegodnik, Moskau 1972, S. 9.

3. Die nationale Zusammensetzung der Unionsrepubliken und ausgewählter Autonomer Republiken, (in den jeweiligen Grenzen, 1926–1979)

Reihenfolge der Unionsrepubliken nach der Größe ihrer Bevölkerung. Von den (16) Autonomen Republiken der RSFSR wurden nur die drei volkreichsten in die Aufstellung aufgenommen

Unionsrepubliken und Autonome Republiken	Jahre	Gesamtbevölkerung in Tausend	davon Prozentanteil		
			Titularnation	Russen	andere
RSFSR	1926	100 891	73,4	73,4	
	1939	108 264	83,4	83,4	
	1959	117 534	83,3	83,3	
	1970	130 410	82,8	82,8	
	1979	137 410	82,6	82,6	
Baškirische ASSR	1926	2 666	23,5	39,9	Tataren – 17,3
	1939	3 159	21,2	40,6	Tataren – 24,6
	1959	3 342	22,1	42,2	Tataren – 23,0
	1970	3 818	23,4	40,5	Tataren – 24,7
	1979	3 844	24,3	40,3	Tataren – 24,5
Tatarische ASSR	1926	2 594	44,9	43,1	
	1939	2 915	48,8	42,9	
	1959	2 850	47,2	43,9	
	1970	3 131	49,1	42,4	
	1979	3 445	47,6	44,0	
Dagestanische ASSR	1926	788	64,5	12,3	
	1939	930	76,3	14,3	
	1959	1 062	69,3	20,1	
	1970	1 429	74,3	14,7	
	1979	1 628	77,8	11,6	
Ukrainische ASSR	1926	29 018	80,0	9,2	
	1939	31 785	73,5	12,9	
	1959	41 869	76,8	16,9	
	1970	47 126	74,6	19,4	
	1979	49 609	73,6	21,1	
Weißrussische SSR	1926	4 983	80,6	7,7	
	1939	5 569	82,9	9,5	
	1959	8 055	81,1	8,2	
	1970	9 002	81,0	10,4	
	1979	9 532	79,4	11,9	

Unionsrepubliken und Autonome Republiken	Jahre	Gesamtbevölkerung in Tausend	davon Prozentanteil		
			Titularnation	Russen	andere
Uzbekische ASSR	1926	5273	65,9	4,7	Tadžiken – 18,4
	1939	6271	64,4	11,5	k. A.
	1959	8106	62,2	13,5	Tadžiken – 3,8
	1970	11799	65,5	12,5	Tadžiken – 3,8
	1979	15389	68,7	10,8	Tadžiken – 3,9
ASSR der Karakalpaken	1939	470	33,8	5,3	Uzbeken – 24,9
	1959	510	30,6	4,5	Uzbeken – 28,8 Kazachen – 26,3
	1970	702	31,1	3,6	Uzbeken – 30,3 Kazachen – 26,5
	1979	905	31,2	2,4	Uzbeken – 31,5 Kazachen – 27,0
Kazachische SSR	1926	6503	57,1	19,7	Ukrainer – 13,2
	1939	6094	38,2	40,3	Ukrainer – 10,8
	1959	9310	30,0	42,7	Ukrainer – 8,2 Deutsche – 7,1
	1970	13008	23,4	40,5	Ukrainer – 7,2 Deutsche – 6,6
	1979	14684	36,0	40,8	Ukrainer – 6,1 Deutsche – 6,1
Georgische SSR	1926	2666	67,1	3,6	Armenier – 11,5
	1939	3540	61,4	8,7	Armenier – 11,7
	1959	4044	64,3	10,1	Armenier – 11,0
	1970	4686	66,8	8,5	Armenier – 9,7
	1979	4993	68,8	7,4	Armenier – 9,0
Abchazische ASSR	1926	201	27,8	6,2	Georgier – 33,5
	1939	312	18,0	19,3	Georgier – 29,5
	1959	405	15,1	21,4	Georgier – 39,1
	1970	487	15,9	19,1	Georgier – 41,0
	1979	486	17,1	16,5	Georgier – 43,8
Adžarische ASSR (Adžarier und Georgier)	1926	132	57,9	7,7	
	1939	200	63,7	15,2	
	1959	245	72,8	13,4	
	1970	310	76,5	11,5	
	1979	354	80,2	10,0	

Unions-republiken und Autonome Republiken	Jahre	Gesamtbevölkerung in Tausend	davon Prozentanteil			
			Titularnation	Russen	andere	
Azerbajdžanische SSR	1926	2315	62,1	9,5	Armenier –	12,2
	1939	3205	28,4	16,5		
	1959	3698	67,5	13,6	Armenier –	12,0
	1970	5117	73,8	10,0	Armenier –	9,4
	1979	6027	78,1	7,9	Armenier –	7,9
ASSR Nachičevan (Azerbajdžaner)	1926	105	84,3	1,8		
	1939	127	85,6	2,0		
	1959	141	90,2	2,2		
	1970	202	93,8	1,9		
	1979	240	95,8	1,6		
Litauische SSR	1959	2711	79,3	8,5		
	1970	3128	80,1	8,6	Polen –	8,5
	1979	3392	80,0	8,9	Polen –	7,7
Moldauische SSR	1926	572	30,1	8,5	Ukrainer –	48,5
	1939	599	28,5	10,2	Ukrainer –	51,0
	1959	2884	65,4	10,2	Ukrainer –	14,6
	1970	3569	64,6	11,6	Ukrainer –	14,2
	1979	3950	63,9	12,8	Ukrainer –	14,2
Lettische SSR	1959	2093	62,0	26,6		
	1970	2364	56,8	29,8		
	1979	2503	53,7	32,8		
Kirgizische SSR	1926	993	66,6	11,7	Uzbeken –	11,0
	1939	1458	51,7	20,8	Uzbeken –	10,3
	1959	2066	40,5	30,2	Uzbeken –	10,6
	1970	2933	43,8	29,2	Uzbeken –	11,3
	1979	2523	47,9	25,9	Uzbeken –	12,1
Tadzikische SSR	1926	827	74,6	0,7	Uzbeken –	21,2
	1939	1484	59,6	9,1	Uzbeken –	23,8
	1959	1980	53,1	13,3	Uzbeken –	23,0
	1970	2900	56,2	11,9	Uzbeken –	23,0
	1979	3806	58,8	10,4	Uzbeken –	22,9
Armenische SSR	1926	880	84,0	2,2	Azerbajdžaner –	6,1
	1939	1282	82,8	4,0		
	1959	1763	88,0	3,2	Azerbajdžaner –	6,1
	1970	2492	88,6	2,7	Azerbajdžaner –	5,9
	1979	3037	89,7	2,3	Azerbajdžaner –	5,3

Unions-republiken und Autonome Republiken	Jahre	Gesamtbevölkerung in Tausend	davon Prozentanteil		
			Titular-nation	Russen	andere
Turkmenische SSR	1926	1 001	71,9	7,5	Uzbeken – 10,5
	1939	1 252	59,2	18,6	Uzbeken – 8,5
	1959	1 516	60,9	17,3	Uzbeken – 8,3
	1970	2 159	65,6	14,5	Uzbeken – 8,3
	1979	2 765	68,4	12,6	Uzbeken – 8,5
Estnische SSR	1959	1 197	74,6	20,1	
	1970	1 356	68,2	24,7	
	1979	1 465	64,7	27,9	

Quelle: hier nach Kappeler, Andreas (Hg.), Die Russen. Ihr Nationalbewußtsein in Geschichte und Gegenwart, Köln 1990, S. 187 ff.

4. Das Ausmaß der Repressionen

a) Schätzungen zum Ausmaß der Stalinistischen Repressionen

	1937–38 Verhaftungen insgesamt	1938 Lagerinsassen	1938 Gefängnis und Lagerinsassen	1952 Lagerinsassen	1937–38 Lagertote	1937–38 Hinrichtungen	1921–53 Hinrichtungen
Anton Antonov-Ovseenko	18,8 Mio.[1]		16 Mio.				7 Mio.
Roy A. Medvedev	5–7 Mio.					0,5–0,6 Mio.	
Ol'ga Šatunovskaja	19,8 Mio.[1]					7 Mio.	
Dmitri Volgokonov	3,5–4,5 Mio.						
Robert Conquest	7–8 Mio.	7 Mio.	8 Mio.	12 Mio.	2 Mio.	1 Mio.	
In den Quellen fassbar	2,5 Mio.	1,9 Mio.[2]	2,0[2] Mio.	2,5[2] Mio.	160,084[3]	681,692	799,455

1 1935–1940.
2 Einschließlich Arbeitskolonien.
3 In GULAG-Lagern, in Arbeitskolonien und in Gefängnissen.

Quelle: A. Antonov-Ovseenko, The Time of Stalin: Portrait of a Tyranny (New York, 1980), 212; Roy A. Medvedev. Let History Judge: The Origins and Consequences of Stalinism, rev. edn. (New York, 1989), 455; Moskovskie novosti, November 27, 1988; O. Šatunovskaja. „Fal'sifikacija", Argumenty i fakty, no. 22 (1900): Robert Conquest, The Great Terror: A Reassessment (New York, 1990), 485–86; GARF, fond 9401, opis' 1, delo 4157, listy 201–02; hier nach Getty, J. Arch/Rittersporn, Gábor/Zemskov, Viktor N., Victims of the Soviet Penal System in the Pre-war Years. A First Approach on the Basis of Archival Evidence, in: American Historical Review 98 (1993), S. 1022.

b) Zahl der Verhaftungen und Ermittlungen durch die Geheimpolizei und deren Ergebnisse 1930–1936 (aus einem Bericht, zusammengestellt für Stalins Nachfolger Ende 1953)

Jahr	Verhaftungen		Geständnisse	Hinrichtungen
	Alle Verbrechen	konter-revolutionäre Verbrechen		
1930	331 544	266 679	208 069	20 201
1931	479 065	343 734	180 696	10 651
1932	410 433	195 540	141 919	2 728
1933	505 256	283 029	239 664	2 154
1934	205 173	90 417	78 999	2 056
1935	193 083	108 935	267 076	1 229
1936	131 168	91 127	274 670	1 118
Gesamt	2 225 722	1 379 461	1 391 093	40 137

Quelle: GARF f. 9401, o. 1, d. 4157, 11. 201–03, a report preparaed for Stalin's successors at the end of 1953; hier nach Thurston, Robert W., Life and Terror in Stalin's Russia, 1934–1941, New Haven/London 1996, S. 10.

c) Häftlinge in Zwangsarbeitslagern und Arbeitskolonien (1934–1953)

	Zwangsarbeitslager		Arbeits-kolonien	Zwangsarbeiter insgesamt
	Insgesamt	*darunter „Konter-revolutionäre“		
1934	510 307	135 190		
1935	725 483	118 256	240 259	965 742
1936	839 406	105 849	457 088	1 296 494
1937	820 881	104 826	375 488	1 196 369
1938	996 367	185 324	885 203	1 881 570
1939	1 317 195	454 432	355 243	1 672 438
1940	1 344 408	444 999	315 584	1 659 992
1941	1 500 524	420 293	429 205	1 929 729
1942	1 415 596	407 988	361 447	1 777 043
1943	983 974	345 397	500 208	1 484 182
1944	663 594	268 861	516 225	1 179 819
1945	715 505	289 351	745 171	1 460 677
1946	746 871	333 883	956 224	1 703 095
1947	808 839	427 653	912 704	1 721 543
1948	1 108 057	413 156	1 091 478	2 199 535
1049	1 216 361	420 696	1 140 324	2 356 685
1950	1 416 300	**578 912	1 145 051	2 561 351
1951	1 533 767	475 976	994 379	2 528 146
1952	1 711 202	480 766	793 312	2 504 541
1953	1727 970	465 256	740 554	2 468 524

* Verurteilt wegen „konterrevulotionärer“ Vergehen.
** einschließlich Arbeitskolonien.

Quelle: Zemskov, V. N., Gulag. Istoriko-sociologičeskij aspekt, in: Sociologičeskie issledovanija 1991, Nr. 6, S. 11; hier nach Merl, Stephan, Das System der Zwangsarbeit und die Opferzahl im Stalinismus, in: Geschichte in Wissenschaft und Unterricht 46 (1995), S. 277 ff., hier: S. 303.

d) Zahl der Verbannten („Kulaken", deportierte Völker) in den Sondersiedlungen

1. Januar	Personen insgesamt	Zugang insgesamt	darunter		Abgang insgesamt	darunter			
			Geburten	Neuzugänge		Flucht	Verurteilung	gestorben	mind. freigelassen
1930/31		1803392			486370				
1932	1317022	201502	18053	71236	376440	207010		89754	
1933	1142084	398407	17082	268091	467945	215856		151601	
1934	1072546	254997	14033	24196	353850	87617		40012	25000
1935	973693	246194	26122	66704	202754	43070	3038	22173	15000
1936	1017133	164902	27617	16645	265248	26193	3492	19891	14000
1937	916787	128047	29036	10789	167183	27809	17385	17037	9000
1938	877651	424565	31867	11765	363664	9712	23830	15961	2000
1939	938552	220699	33716	13467	161738	7345	2644	16691	15236
1940	997513	137278	32732	6929	204579	4430	2823	16401	86961
1941	630221	237764	25624	20792	256269	2161	4343	15365	64590
1942	911716								
Okt. 1944	936547								
Okt. 1945	2230500								
1949	2300233								
1950			62001					33514	
1953	2753356								

Quelle: V. N. Zemskob: Specposenlency (po dokumrntacii NKVD i MVD SSSR). In: Sociologičeskie issledovanija 1990, Nr. 11, S. 6,

e) Die Verfolgung der orthodoxen Kirche

Jahr	Gemeinden/ Kirchen	Priester	Bischöfe	Klöster	Mönche/ Nonnen
Staatskirche im Zarenimperium vor der Revolution					
1914/1917	54 154	51 105	163	953/1 025	94 629
Verfolgung und Spaltung der Russischen Orthodoxen Kirche in den Revolutionswirren					
1923	Patriarchat: 13 000 Erneuerer 25000	? ca. 4 000 ermordet ?	? 28 ermordet ?	303	? ca. 5 500 ermordet
1930	Patriarchat: 22 000 Erneuerer 4000	ca. 22 000	ca. 40 150 in Haft	?	?
Höhepunkt des Stalin-Terrors in den Jahren 1936/1937					
1938/1939	unter 500	unter 500	4–7 ca. 10 ermordet	?	?
Ende der Kirchenverfolgung im Zweiten Weltkrieg					
1943/1944	ca. 2 000	2–3 000	42/47	ca. 70	ca. 3 000
1949	22 000	33 000	74	75	4 886
1958	22 000	33 000	73	69	ca. 4 400
Erneute Kirchenverfolgung unter Chruschtschow in den Jahren 1959 bis 1964					
1962	11500	8252	60	32	?
1967/1969	7500	6694	71	16	1273
1974	7 062	5 994	76	17	?
1985	ca. 7 000	ca. 7 000	72	18	ca. 1 500

Quelle: Felmy, Karl Christian/Kretschmar, Georg/Lilienfeld, Fairy von/Bischof Longin (Talypin)/Roepke, Claus-Jürgen (Hgg.), Tausend Jahre Kirche in Russland. Katalog zur Ausstellung der Evangelischen Akademie Tutzing, Tutzing 1987, S. 135.

5. Die Entwicklung der Partei zur Massenorganisation (1905–1990). Mitgliederbestand der kommunistischen Partei, des Zentralkomitees, des Politbüros, des Orgbüros und des Sekretariats

Jahr	Parteitag	Parteimitgliedschaft*		Zentralkomitee		Politbüro°		Orgbüro		Sekretaria	
		Mitgl.	Kand.	Mitgl.	Kand.	Mitgl.	Kand.	Mitgl.	Kand.	Mitgl.	Kan
1905		0,008		5							
1917		0,024									
1917 (Apr.)		0,040		9	4						
1917 (Aug.)		0,200		21	8						
1918 (März)	7.	0,390**		15	8						
1919		0,251									
1919 (März)	8.	0,314		19	8	5	3	5	1	2	
1920	9.	0,612		19	12	5	3	5		3	
1921	10.	0,730		25	15	5	3	7	3	3	
1922	11.	0,410	0,118	27	19	7	3	7	3	3	
1923	12.	0,381	0,118	40	17	7	4	7	3	3	
1924	13.	0,350	0,122	53	34	7	6	11	6	5	
1925	14.	0,440	0,361	63	43	9	5	11	5	5	2
1927	15.	0,762	0,426	71	50	9	8	13	7	5	3
1930	16.	1,184	0,493	71	67	10	5	11	4	5	2
1934	17.	1,826	0,874	71	68	10	5	10	2	4	
1939	18.	1,514	0,793	71	68	9	2	9		4	
1952	19.	5,853	0,854	125	110	25	11			10	
1956	20.	6,676	0,406	133	122	11	6			8	
1959	21.	7,622	0,617								
1961	22.	8,427	0,803	175	155	11	5			9	
1966	23.	11,548	0,809	195	165	11	8			11	
1971	24.	13,746	0,627	241	155	15	6			10	
1976	25.	15,030	0,609	287	139	16	6			11	
1981	26.	16,732	0,698	319	151	14	8			10	
1986	27.	19,412***		307	170	12	7			11	
1990	28.	17,918		412		24°°				18	

* In Millionen, wenn nicht anders angegeben zum 1. Januar des Jahres; die Angaben für die Anfangsjahre sind nur als Schätzungen zu betrachten, zu ihrer Problematik vgl. obige Darstellung.

** Nach anderen Angaben nur 0,115 Millionen.

*** Zahlen für 1. 1. 1987.

° 1952 bis 1966 war das Politbüro formell aufgelöst; an seine Stelle trat das Präsidium des Zentralkomitees.

°° Neuere Zusammensetzung des Politbüros; Aufnahme der Parteichefs der Unionsrepubliken.

Quelle: Lane, David, State and Politics in the USSR, Oxford 1985, S. 325ff.; Löwenhardt, John/Ozinga, James R./van Ree, Eric, The Rise and Fall of the Soviet Politbüro, London 1992, S. 86; H.-H. Schröder, Arbeiterschaft, Wirtschaftsführung und Parteibürokratie während der Neuen Ökonomischen Politik. Eine Sozialgeschichten der bolschewistischen Partie 1920–1028 (= Forschungen zur Osteuropäischen Geschichte Bd. 31), Berlin 1982, S. 54, 95, 140f., 331, 337; ergänzt durch Angaben im Fischer Weltalmanach 1989, 1992.

6. Tagungshäufigkeit und Zahl der Tagesordnungspunkte des Politbüros 1930–1936

a) Anzahl der Sitzungen

	1930	1931	1932	1933	1934	1935	1936
Januar	6	8	5	2	1	5	keine
Februar	6	6	7	2	1	1	1
März	8	8	6	5	3	1	1
April	7	8	5	3	1	2	1
Mai	6	7	4	1	2	1	1
Juni	6	7	10	3	3	3	1
Juli	7	11	5	2	6	3	1
August	8	6	13	4	2	1	keine
September	9	11	6	4	3	1	1
Oktober	7	6	3	2	11	keine	1
November	7	7	4	2	2	1	keine
Dezember	8	9	4	2	11	1	1

b) Anzahl der Tagesordnungspunkte

Jahr	Anzahl
1930	2857
1931	3878
1932	3704
1933	3245
1934	3945
1935	3282
1936	3367
1937	3775
1938	2279
1939	2973
1940	3008

Quelle: O.V. Chlevnjuk, Politbjuro. Mechanizmy političeskoj vlasti v 30-e gody, Moskau 1996, S. 288.

7. Das Nationaleinkommen Russlands 1861 und 1913 im internationalen Vergleich

	1861				1913			
	National-einkommen (Mio. Rubel) Preise von 1913	Bevölkerung (in Mio.)	NE pro Kopf (Rubel)	Russland (= 100)	National-einkommen (Mio. Rubel) Preise von 1913	Bevölkerung (in Mio.)	NE pro Kopf (Rubel)	Russland (= 100)
Russland	5269	74	71	100	20266	171	119	100
Großbritannien	6469	20	323	455	20869	36	580	487
USA	14405	32	450	634	96030	93	1033	868
Deutschland	6313	36	175	246	24280	65	374	314
Frankreich	5554	37	150	211	11816	39	303	254
Italien	4750	25	183	258	9140	35	261	219
Spanien	k. A.	16	k. A.	k. A.	3975	20	199	167

Quelle: Gregory, Paul, Russian National Income, Cambridge 1982, S. 151 ff.; hier nach Gatrell, Peter, The Tsarist Economy 1850–1917, London 1986, S. 32.

8. Die nachhaltige Prägung der Wirtschaft durch das Dorf: die Entstehung des Nationaleinkommens nach Sektoren in % (1900–1930)

Sektor	1900	1913	1925/26	1928	1930
Land- und Forstwirtschaft	54,9	53,9	49,9	47,5	42,7
Industrie	21,3	21,7	28,2	28,9	33,0
Bauwesen	7,2	7,1	4,3	7,1	7,8
Transport- und Postwesen	8,1	8,9	6,0	4,3	5,2
Handel	8,5	8,3	11,6	12,2	11,3
Zusammen	100,0	99,9	100,0	100,0	100,0

Quelle: Vajnḑtejn, Al'b. L., Narodnyj dochod Rossii i SSSR. Istorija, metodologija isčislenija, dinamika, Moskau 1969, S. 65, 68, 71, 93–98; hier nach Haumann, Heiko, Die Wirtschaft, in: Schramm, Gottfried (Hg.), Handbuch der Geschichte Russlands, Band 3 , Stuttgart 1987, S. 1205.

9. Die Kollektivierung der sowjetischen Landwirtschaft: die Durchführung und die Resultate

a) Die Kollektivierung der Wirtschaften und der Saatfläche 1928–1938 (zum 1. Juli)

	1928	1929	1930	1931	1932	1933	1934	1935	1936	1937	1938
in % aller Wirtschaften	1,7	3,9	23,6	52,7	61,5	65,6	71,4	83,2	90,5	93,0	95,5
in % der Saatfläche	1,2	3,6	33,6	67,8	77,7	83,1	87,4	94,1	98,5	99,1	99,3
Höfe pro Kolchose	13				71	68	67	71	76	76	78
Saatfläche pro Kolchose (ha)	41				434	417	422	426	453	476	484

Quellen: Kolchozy vo vtoroj Stalinskoj pjatiletke. Statističeskij sbornik, Moskau/Leningrad 1939, S. 1, 6; Sdvigi v sel'skom chozjajstve SSSR meždu XV i XVI partijnymi s-ezdami. Statističeskie svedenija po sel'skomu chozjajstvu za 1927–1930 gg., Moskau 1931, S. 9; hier nach: Merl, Stephan, Russland und die Sowjetunion 1914–1980, in: Fischer, Wolfram (Hg.), Handbuch der europäischen Wirtschafts- und Sozialgeschichte Band 6, Stuttgart 1987, S. 85.

b) Die Pro-Kopf-Produktion landwirtschaftlicher Erzeugnisse 1909–1983

Jahr		Getreide	1913 = 100	Fleisch	1913 = 100	Milch	1913 = 100
1913	a	540,2	100	31,4	100	184,7	100
	b	549,1	100	29,4	100	178,0	100
1909–1913	a	472,3	87	31,2	99	187,6	102
	b	485,5	88	29,0	99	179,4	101
1924–1928	b	471,4	86	28,6	97	199,3	112
1929–1932	b	463,7	84	27,1	92	165,7	93
1933–1937	b	449,5	82	16,6	56	136,9	77
1938–1940	b	450,3	82	26,0	88	159,5	90
1946–1950	a	369,3	68	19,9	64	184,1	100
1951–1955	a	462,8	86	29,8	95	198,2	107
1956–1960	a	582,0	108	37,8	120	274,0	148
1961–1965	a	575,5	107	41,1	131	285,8	155
1966–1970	a	700,0	130	48,5	154	336,6	182
1971–1975	a	723,5	134	55,8	178	348,3	189
1976–1980	a	781,5	145	56,4	180	353,0	191
1981–1983	a	663,0	123	58,1	185	341,1	185

a = bis 1990 gültige Grenzen b = Grenzen bis 1939

Quellen: ebenda S. 689.

10. Die Stalinistische Industrialisierung und ihre wirtschaftlichen Ergebnisse

a) Industrielle Bruttoproduktion 1913–1940 (Indexberechnungen und nach jährlichen Zuwachsraten), aufgrund sowjetischer Angaben

Jahr	Insgesamt		Produktionsgüter		Konsumgüter	
	Index	in % zum Vorjahr	Index	in % zum Vorjahr	Index	in % zum Vorjahr
1913	100					
1917	71		81	67		
1921	31		29	33		
1924	45		52	41		
1925	73	62,2	80	53,8	69	68,3
1926	98	34,2	113	41,3	90	30,4
1927	111	13,3	128	13,3	102	13,3
1928	132	18,9	155	21,1	120	17,6
1929	158	19,7	200	29,0	137	14,2
1930	193	22,2	276	38,0	151	10,2
1931	233	20,7	355	28,6	171	13,2
1932	267	14,6	424	19,4	187	9,4
1933	281	5,2	450	6,1	196	4,8
1934	335	19,2	563	25,1	220	12,2
1935	411	22,7	713	26,6	258	17,3
1936	529	28,7	934	31,0	324	25,6
1937	588	11,2	1013	8,5	373	15,1
1938	657	11,7	1138	12,3	415	11,3
1939	763	16,1	1353	18,9	464	11,8
1940	852	11,7	1554	14,9	497	7,1

Quelle: Nach sowjetischen Angaben zusammengestellt bei Clarke, Roger A., Soviet Economic Facts 1917–1970, London 1972, S. 8.

b) Das Wachstum der sowjetischen Industrie 1928–1940 (sowjetische Statistik und westliche Berechnungen im Vergleich)

Jahr	Sowjetische Statistik	Westliche Berechnungen			
		Seton	Hodgman	Jasny	Nutter
1928	100	100	100	100	100
1932	202	181	172	165	140
1937	445	380	371	257	279
1940	587	462	430	350	312

Quelle: Raupach, Hans, Wirtschaft und Gesellschaft Sowjetrußlands 1917–1977, Wiesbaden 1979, S. 77.

c) Die Aufbringung des Nettosozialprodukts nach Wirtschaftsektoren, 1913–1940 (in %)

	1913	1928	1932	1937	1940
Landwirtschaft	50,7	48,3	32,1	31,0	29,5
Industrie	21,4	20,4	28,8	32,2	32,6
Bau	5,1	3,2	5,1	5,2	4,5
Transport	5,8	3,9	7,5	8,3	8,2
Handel	8,1	7,9	6,2	5,1	4,7
Dienstleistungen	8,9	16,3	20,3	18,1	20,3
insgesamt	100,0	100,0	100,0	100,0	100,0

d) Das Bruttosozialprodukt in der UdSSR 1913–1940 (pro Kopf der Bevölkerung im internationalen Vergleich, in „internationalen Dollar" und Preisen von 1980)

Land	1913	1928	1932	1937	1940
Japan	800	1150	1130	1330	1660
Russland (UdSSR)	900	900	930	1440	1440
Italien	1550	1780	1740	1960	2070
Deutschland	1960	2280	1880	2740	3190
Frankreich	2000	2550	2280	2590	2330
Großbritannien	2970	3110	2990	3610	3980
USA	3790	4690	3450	4570	4970

Quelle für c und d: Davies, R. W./Harrison, Mark/Wheatcroft, S. G. (Hgg.), The Economic Transformation of the Soviet Union. 1913–1945, Cambridge 1994, S. 272.

11. Die landwirtschaftliche Produktion in der Chruschtschow-Zeit: Planvorgaben und Realität

a) Das Wachstum der landwirtschaftlichen Produktion 1953–1965 (nach sowjetischen und amerikanischen Angaben)

Jahr	sowjetische Angaben	amerikanische Angaben
1953	2,9 %	6,0 %
1954	5,1 %	2,0 %
1955	11,0 %	13,3 %
1956	13,5 %	14,7 %
1957	3,1 %	– 1,5 %
1958	10,8 %	8,4 %
1959	0,4 %	2,1 %
1960	2,2 %	– 2,0 %
1961	3,0 %	6,9 %
1962	1,2 %	– 3,0 %
1963	– 7,5 %	– 20,8 %
1964	14,5 %	32,1 %
1965	1,9 %	5,8 %

b) Wachstumsraten im Jahresdurchschnitt

Jahr	sowjetische Angaben	amerikanische Angaben
1953–1958	7,7 %	7,15 %
1959–1965	2,2 %	3,0 %
1953–1965	4,8 %	4,9 %

c) Wachstum im Schaubild

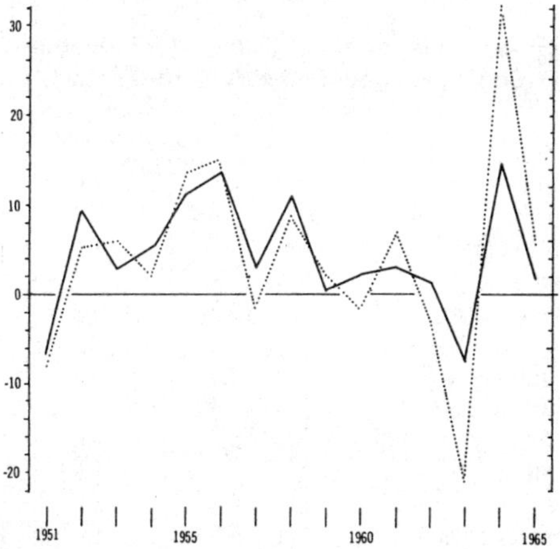

______ sowjetische Angaben
.... amerikanische Schätzungen

Quelle für 11 a, b, c: Sapir, Jacques, Les fluctuations économiques en URSS, 1941–1985, Paris 1989, S. 134f.

d) Planvorgaben und Realität

Jahr	Insgesamt	Ernteerträge	Viehbestand
1958	100	100	100
1959	100,4	95	108
1960	103	99,4	107
1961	106	101	112
1962	107	101	115
1963	99	92	108
1964	113	119	106
1965	114	107	123
1965 *Plan*	170		

Quelle: SSSR v cifrach v 1965 godu, Moskau 1966, S. 69; hier nach: Nove, Alec, An Economiv History of U.S.S.R., Harmondsworth 1986, S. 364.

12. Die Entwicklung der sowjetischen Wirtschaft unter Breschnew

a) Die Produktion ausgewählter Zweige der Industrie 1971–1982 (Zunahmen gegenüber dem Vorjahr in %)

	1971–1975	1976–1980	1976	1977
Stromerzeugung	7,1	4,9	7	3
Brennstoffindustrie	5,9	3,0	4	4
Eisen- und Buntmetallurgie	5,9	1,7	4	2
Chemische und erdölverarbeitende Industrie	10,5	5,8	8	7
Maschinenbau und metallverarbeitende Industrie	11,6	8,2	10	9
Holz-, holzverarbeitende und Papierindustrie	5,2	1,6		3
Baustoffindustrie	7,3	1,9	4	3
Leichtindustrie	4,6	3,2	4	4
Nahrungsmittelindustrie	5,2	1,4	– 2,5	5
Haushaltswaren und dauerhafte Konsumgüter	9,9	7,2	7	8
Industrie insgesamt	7,4	4,4	4,8	5,7

	1978	1979	1980	1981	1982
Stromerzeugung	5	3	5	2	3
Brennstoffindustrie	3	2	2	1	2
Eisen- und Buntmetallurgie	2	0,2	0,6	0,5	0,9
Chemische und erdölverarbeitende Industrie	6	3	6		3
Maschinenbau und metallverarbeitende Industrie	9	8	6	6	5
Holz-, holzverarbeitende und Papierindustrie	2	– 2	2	3	3
Baustoffindustrie	2	– 1	0,9	2	0,9
Leichtindustrie	4	2	3	3	0,2
Nahrungsmittelindustrie	2	2	– 0,3	2	4
Haushaltswaren und dauerhafte Konsumgüter	8	5	8	7	2
Industrie insgesamt	4,8	4,3	3,6	3,4	2,8

Quellen: Nach Statistischen Jahrbüchern der UdSSR, Plandokumenten und Planerfüllungsberichten zusammengestellt in: Sowjetunion 1982/83. Ereignisse, Probleme, Perspektiven (hg. vom Bundesinstitut für ostwissenschaftliche und internationale Studien), München/Wien 1983, S. 341.

b) Preise von Konsumgütern und Dienstleistungen in Arbeitszeiteinheiten und internationalen Vergleich, März 1982

Lebensmittel	kg	Moskau	München	Paris	London	Washington
	wöchentlicher Warenkorb eines Vier-Personen-Haushalts erforderliche Arbeitszeit in Minuten					
Mehl	1,0	28	9	6	6	5
Brot	7,0	119	189	126	175	112
Nudeln	2,0	68	32	22	28	28
Rindfleisch	1,0	123	150	119	115	69
Schweinefleisch	1,5	176	150	108	117	63
Rinderhackfleisch	1,0	123	70	80	63	37
Wurst	1,0	160	75	75	51	33
Kabeljau	1,0	47	45	118	72	61
Zucker	3,3	191	33	30	36	30
Butter	0,5	111	26	24	25	28
Margarine	2,0	222	34	36	64	46
Milch (l)	12,0	264	84	96	108	72
Käse	2,0	370	130	118	130	200
Eier (Stück, billigste Sorte)	18	99	22	23	29	14
Kartoffeln	9,0	63	36	36	27	63
Kohl	3,0	36	21	27	30	27
Möhren	1,0	19	10	7	13	11
Tomaten	1,0	62	28	25	32	23
Äpfel	1,0	92	15	15	23	10
Tee	0,1	53	10	17	5	10
Bier (l)	3,0	48	24	21	54	33
Gin/Wodka (l)	1,0	646	106	153	187	87
Zigaretten (Stück)	120	90	96	48	150	54

Einzelne Produkte und Leistungen	Moskau	München	Paris	London	Washington
	wöchentlicher Warenkorb eines Vier-Personen-Haushalts erforderliche Arbeitszeit in Minuten				
Bekleidung					
Unterhose	366	18	17	18	18
Herrenhemd	615	289	208	237	137
Herrenschuhe 1 Paar (Stunden)	25	5	7	7	8
Dienstleistungen					
Benutzung einer Waschmaschine (12 kg)	22	50	30	16	7
Chemische Reinigung eines Herrenmantels	92	54	91	53	79
Damenfriseur, nur Waschen und Legen	185	126	102	73	148
Öffentlicher Personenverkehr					
Bus-Fahrschein 2–3 km	3	8	9	11	7
Eisenbahn-Karte 60–100 km	258	86	87	119	104
Flug-Ticket 300 km economy (Stunden)	14	16	17	18	11
Wohnen	*erforderliche Arbeitszeit in Stunden*				
Miete, monatlich, staatlich subventioniert	12	24	39	28	51
Dauerhafte Konsumgüter					
Kühlschrank, billigster, 230 l	355	54	69	75	61
Waschmaschine, automatisch	165	96	96	81	47
Fernsehgerät, schwarz-weiß 61 cm Bildröhre	99	49	44	35	38
Herrenfahrrad, billigstes	60	22	26	22	17
private Pkw	*erforderliche Arbeitszeit in Monaten*				
Kleinwagen (Typ Ford Escort)	53	6	8	11	5
Pkw, Mittelklasse (Typ Ford Granada)	88	9	12	18	8

Quelle: K. Bush, Radio Liberty Research Supplement. Retail Prices in Moscow and Four Western Cities in March, 4. 6. 1982; hier nach ebenda, S. 338.

13. Entwicklung und Planziele der sowjetischen Wirtschaft beim Amtsantritt Gorbatschows (1985)

Industrieproduktion

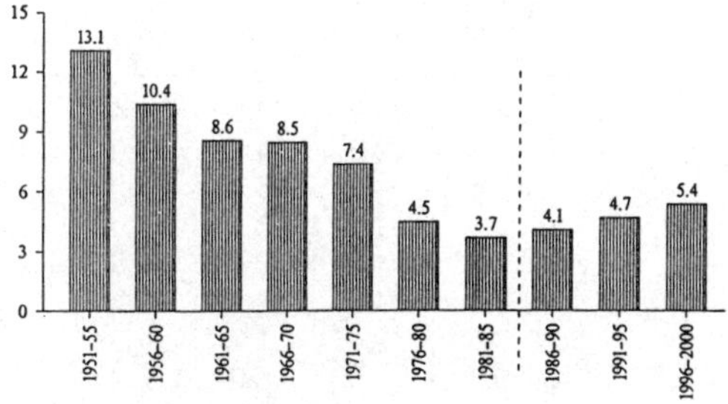

Agrarproduktion

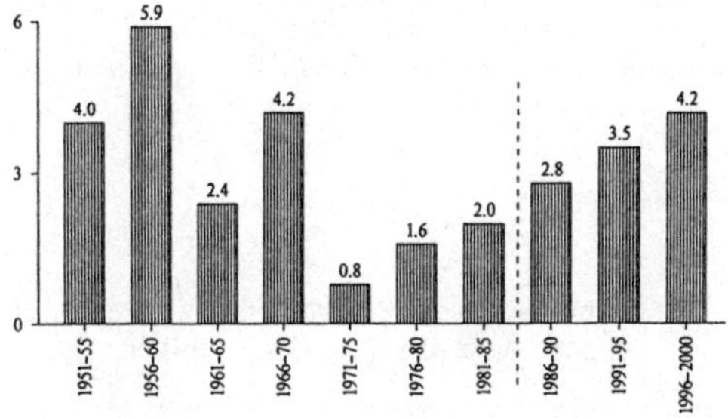

Realeinkommen pro Kopf der Bevölkerung

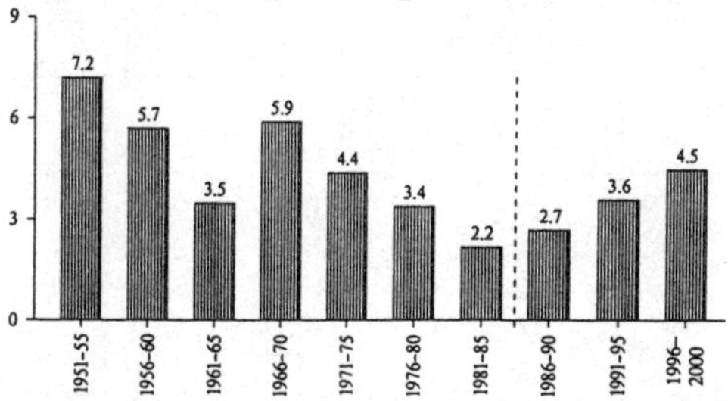

Quelle: Höhmann, Hans-Hermann, Entwicklungsetappen des Wirtschaftssystems, in: Bütow, Hellmuth G. (Hg.), Länderbericht Sowjetunion (= Schriftenreihe der Bundeszentrale für politische Bildung Bd. 263), Bonn 1988, S. 276ff.

14. Die sowjetische Wirtschaft Ende der 80er Jahre im internationalen Vergleich

a) Zuwachsraten des realen Bruttosozialprodukts (1986–1991)

	1986	1987	1988	1989	1990	1991
UdSSR[1]	4,1	1,3	2,2	1,4	– 5,0	– 20,0
USA	3,1	3,8	4,5	3,0	1,0	0,5
Japan	2,5	4,2	5,7	4,8	5,0	3,5
Bundesrepublik	2,3	1,8	3,7	4,0	3,5	2,3
Frankreich	2,3	1,9	3,5	3,6	2,5	2,3
Großbritannien	3,5	4,7	4,1	2,3	1,6	0,7
VR China	7,8	9,4	11,2	4,0	4,4	
Kanada	3,1	4,5	5,0	2,9	1,1	0,9

[1] Zu den Faktorkosten.

Quelle: Sowjetunion 1990/91. Krise, Zerfall, Neuorientierung (hg. vom Bundesinstitut für ostwissenschaftliche und internationale Studien), München/Wien 1991, S. 364.

b) Umfang des Bruttosozialproduktes (BSP) 1989 absolut und pro Kopf der Bevölkerung

	Bevölkerung (Mio.) (Jahresmitte)	BSP		BSP pro Kopf	
		Mrd. US-$ von 1989	USA = 100	US-$	USA = 100
UdSSR	288,7	1455,6	28,0	5042	24,1
USA	248,8	5198,4	100,0	20894	100,0
Japan	123,2	1913,4	36,8	15531	74,3
Bundesrepublik	61,8	942,7	18,1	15254	73,0
Frankreich	56,1	818,5	15,7	14590	69,8
Großbritannien	57,2	817,7	15,7	14295	68,4
VR China	1102,4	427,0	8,2	387	1,9
Kanada	26,2	513,4	9,9	19595	93,8
Brasilien	149,6	350,0	6,7	2340	11,2

Quelle: hier nach Sowjetunion 1990/91, S. 363.

15. Zwischen Staats- und Marktwirtschaft: die Schattenwirtschaft

(Preise ausgewählter Konsumgüter in Rubeln)
Stand: 1. Halbjahr 1990

	staatlicher Einzelhandel (* = zur Zeit nicht erhältlich)	Second-hand	Genossen-schaft	Schatten-wirtschaft
Hüte	15–20	40	25	80
Lippenstifte	1,5–5	12	5	25–40
Nagellack	1,5*	15	3	15–25
Parfüms	15–80	35–105	–	80–450
Goldene Ohrringe	200*	200	180–3000	>800
T-Shirts	4	25–75	25	150–300
BHs	4,5–11	16	15	100–300
Blusen	15	35–100	35	500
Pullover	50	100–250	80	1000
Overalljacken	100–150*	350–400	150	1000
Winterjacken	180*	1000	250–300	1500–3000
Schafslederjacken	1500*	800–900	3000	3000–7000
Damenslips	2–5	2–5	5–10	30
jeans	70–120	100–150	150	500
Röcke	45	80–180	80–180	400
Strumpfhosen	3-15	10–20	15–25	70
Armbänder	4	30–180	7	200
Socken	1–3*	12	12	20–30
Sportschuhe	35*	40	120	1000
Schuhe	55*	120	150	300
Importierte Boots	100–140*	100–150	90–250	2000
Handtaschen	17–40	40–80	40	200–450

Quelle: Allunionszentrum für kommerzielle Informationen, in: Business in the USSR 6/1990, S. 29; hier nach: Holtbrügge, Dirk, Ursachen, Ausmaße und Ausprägungen der Schattenwirtschaft in der UdSSR, in: Osteuropa 41 (1991), S. 48.

16. Kennziffern zur wirtschaftlichen Entwicklung Russlands 1990–1996

a) Beschäftigungsstruktur und Bruttosozialprodukt pro Kopf (1990 und 1994 im Vergleich)

	1990	1994
Beschäftigungsstruktur (in %)		
Industrie	42	38
Landwirtschaft	13	15
Dienste	45	47
insgesamt	100	100
Beschäftigte im Staatssektor	90	44
Bruttosozialprodukt pro Kopf		
in US-Dollar	4110	2650
in Kaufkraftparität	6440	4610

Quelle: The International Bank for Reconstruction and Development/World Bank (Hg.), World Development Report 1996. From Plan to Market, Oxford 1996, S. 21.

b) Die Entwicklung des Bruttosozialprodukts, der Konsumtion und Inflation 1991–1996 (jeweils in % zum Vorjahr)

	1991	1992	1993	1994	1995	1996
Bruttosozialprodukt	– 0,5	– 14,5	– 8,7	– 12,6	– 4,3	– 6,0
Konsumtion	– 6,1	– 5,3	– 1,0	– 2.1	– 4,9	k. A.
Inflation	138,0	2323,0	844,0	202,0	131,0	21,8

Quelle: World Bank (Hg.), Statistical Handbook 1996. States of the Former USSR, vol. 21, Washington, DC 1996, S. 386; Joseph R. Blasi, Maya Kroumova, Douglas Kruse, Kremlin Capitalism. Privatizing zhe Russian Economy, Ithaca, NY 1997, S. 190; Radio Free Europe/Radio Liberty, Newsline, 7. April 1997; hier nach: Thomas F. Remington, Politics in Russia, New York 1999, S. 198.

c) Verfall des Rubels gegenüber dem Dollar, 1991–1994

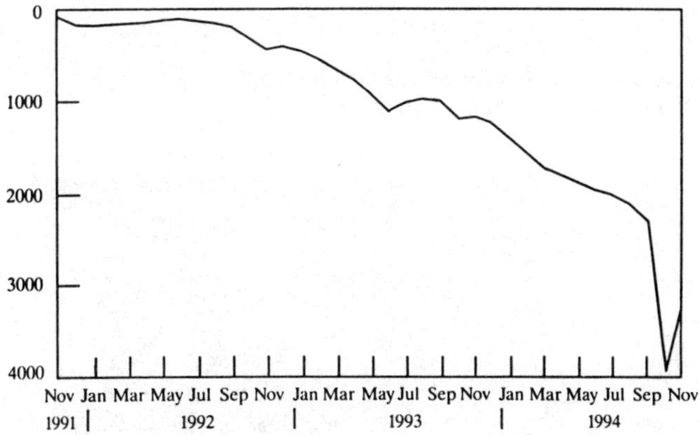

Quelle: Government of the Russian Federation (Hg.), Russian Economic Trends, 1993, Bd. 2, Nr. 4 S. 120f.; Russian Economic Trends, 1994, Bd. 3, S. 124–127; hier nach: Åsland, Anders, How Russia Became a Market Economy, Washington, DC 1995, S. 277.

d) Makroökonomische Kennziffern der Krisenjahre 1991–1993

	1991	1993	1993
Inflation (Konsumentenpreise, Ende des Jahres, in %)	144	2 520	840
Inflation (Industr. Großhandelspreise, Ende des Jahres, in %)		3 275	890
Lohn (Ende des Jahres, Steigerung in %)	–	1 245	775
Haushaltsdefizit (in % des Bruttosozialprodukts)	ca. 30	19,7	9,4
Wechselkurs (Ende des Jahres, Rubel zu Dollar)	170	415	1 247
Arbeitslosigkeit (Ende des Jahres, in % zu Beschäftigten)	–	4,9	5,5

Quelle: Zusammengestellt aufgrund von Veröffentlichungen der Regierung sowie der Staatlichen Kommission für Statistik Russlands und des Internationalen Währungsfond bei Åslund, How Russia Became a Market Economy, S. 275.

17. Erinnerung an die Sowjetunion (Meinungsumfragen in Russland März 1992 – Februar 2020)

1. Bedauern Sie den Zerfall der Sowjetunion? (eine Antwortnennung möglich)

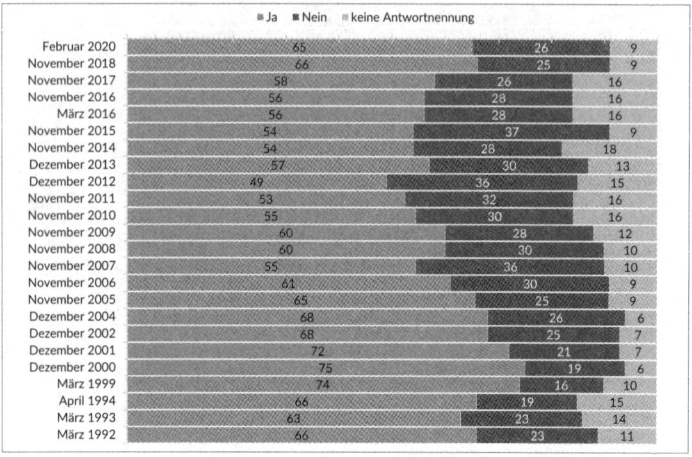

Quelle: repräsentative Umfrage des Lewada-Zentrums vom 20. – 26. Februar 2020, https://www.levada.ru/2020/03/24/struktura-i-vosproizvodstvo-pamyati-o-sovetskom-soyuze/, *veröffentlicht am 24. März 2020*

2. Was glauben Sie: War der Zusammenbruch der Sowjetunion unvermeidbar oder hätte man ihn verhindern können? (eine Antwortnennung möglich)

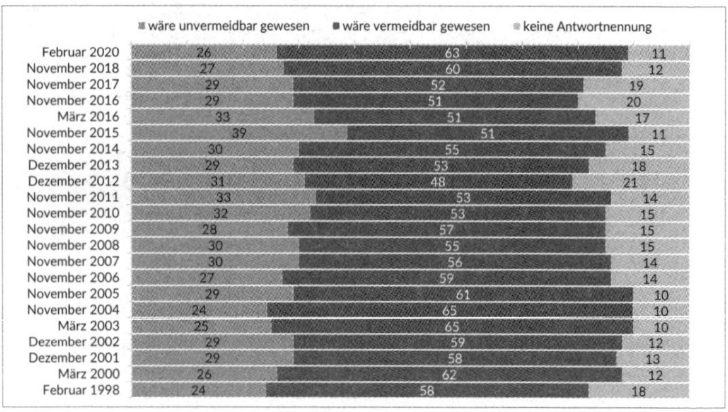

Quelle: repräsentative Umfrage des Lewada-Zentrums vom 20. – 26. Februar 2020, https://www.levada.ru/2020/03/24/struktura-i-vosproizvodstvo-pamyati-o-sovetskom-soyuze/, *veröffentlicht am 24. März 2020*

Wichtige Daten der sowjetischen und postsowjetischen Geschichte

Alle Angaben nach dem westeuropäischen, gregorianischen Kalender, den im Februar 1918 auch Sowjetrussland übernahm; Angaben nach dem alten, julianischen Kalender gegebenenfalls in eckigen Klammern.

1917	22. [9.] Januar	Massendemonstrationen zum Jahrestag des „Blutsonntags“ (1905); Demonstrations- und Streikwelle, steigert sich zur „Februarrevolution“.
	12. März [27. Februar]	Truppen der Petrograder Garnison schließen sich dem Aufstand an.
	13. März [28. Februar]	Gründung des Provisorischen Dumakomitees, aus dem die „Provisorische Regierung“ hervorgeht, und des Petrograder Arbeiter- und Soldatenrates.
	15. [2.] März	Thronverzicht des Zaren.
	16. [3.] April	Rückkehr Lenins aus der Schweiz; neues Sofortprogramm der Bolschewiki („Aprilthesen“).
	6./7. November [24./25.] Oktober	Bewaffneter Aufstand der Bolschewiki, Auftakt der „Oktoberrevolution“.
1918	18. [5.] Januar	Zusammentritt der Konstituante; nach nur einer Sitzung von den Bolschewiki aufgelöst.
	3. März	Frieden von Brest-Litowsk.
	Mitte März	Regierungssitz von Petrograd nach Moskau verlegt.
	Frühjahr	Unabhängigkeitserklärungen der Ukraine, Weißrusslands, Georgiens, Armeniens, Aserbaidschans; Beginn des Bürgerkrieges und der alliierten Intervention.
	Juli	Verfassung der RSFSR verabschiedet; Sozialrevolutionäre Revolte gegen die Bolschewiki; Zarenfamilie ermordet.
1919	März	8. Parteitag, Entschluss zum Ausbau der Parteiorganisation, Gründung der Komintern.
1920	März	9. Parteitag billigt den Elektrifizierungsplan.
	April	Letzte Phase der Bürgerkrieges; Offensive polnischer Truppen in der Ukraine.
	Herbst	Höhepunkt der kriegskommunistischen“ Diskussionen.
1921	März	Kronstädter Aufstand; 10. Parteitag; Übergang zur NÖP.
	seit Herbst	Hungersnot nach Missernte; die Zahl der Opfer: 4 bis 5 Millionen (Schätzungen).
1922	3. April	Stalin Generalsekretär der Partei.
	16. April	Vertrag von Rapallo.

1922	Dezember	Zusammenschluss der RSFSR, Weißrusslands, der Ukraine und des Transkaukasusgebietes (Georgiens, Armeniens und Aserbaidschans) zur UdSSR.
1924	21. Januar	Tod Lenins; Beginn der Auseinandersetzungen um seine Nachfolge.
	2. Februar	Diplomatische Anerkennung durch England, andere Staaten folgen.
1925	Dezember	14. Parteitag bestätigt Politik der NĖP und des „Aufbaus des Sozialismus in einem Lande".
1927	Mai	Abbruch der diplomatischen Beziehungen zu England.
	Herbst	„Linke Opposition" verliert alle Partei- und Regierungsämter.
	Dezember	15. Parteitag beschließt Einleitung einer forcierten Industrialisierung.
1928	seit Frühjahr	Abrechnung mit „Rechtsabweichlern" in Partei- und Staatsführung; Schachty-Verfahren leitet Prozesswelle gegen Saboteure und Verräter" am sozialistischen Aufbau ein.
1929	seit Sommer	Übergang zur Massenkollektivierung.
1932	21. Januar	Nichtangriffspakt mit Finnland; entsprechende Verträge mit Lettland, Estland, Polen, Frankreich folgen.
	seit Herbst	Hungersnot: 5 bis 9 Millionen Tote (Schätzungen).
1934	18. September	Eintritt in den Völkerbund.
	1. Dezember	Ermordung Kirows liefert Anlass zu den „Großen Säuberungen", zu Schauprozessen gegen die ehemalige „linke" und rechte" Opposition sowie zur Liquidierung der Armeespitze (1936–1938).
1935	2. Mai	Beistandspakt mit Frankreich.
	16. Mai	Beistandspakt mit der Tschechoslowakei.
1936	5. Dezember	Neue Verfassung („Stalin-Verfassung").
1939	19. August	Handels- und Kreditabkommen mit Deutschland.
	23./24. August	Nichtangriffspakt mit Deutschland („Hitler-Stalin-Pakt").
	17. September	Einrücken der Roten Armee in Ostpolen.
	28. September	Grenz- und Freundschaftsvertrag mit Deutschland.
	Ende November	Beginn des „Winterkrieges" in Finnland.
1940	11. Februar	Wirtschaftsabkommen mit Deutschland.
	Juni	Sowjetischer Einmarsch in die baltischen Staaten; Ultimatum zwingt Rumänien zur Abtretung Bessarabiens und der Nordbukowina.
1941	22. Juni	Deutscher Angriff auf die UdSSR („Unternehmen Barbarossa").
	8. September	Beginn der 900tägigen Blockade Leningrads.
	24. September	UdSSR tritt Zielen der Atlantik-Charta bei.
	16. Oktober	Übersiedelung der Regierung von Moskau nach Kuibyschew.

1942	19. August	Beginn des deutschen Angriffs auf Stalingrad unter General Paulus.
	Mitte November	Einkesselung der 6. Armee bei Stalingrad, leitet endgültige Wende des Krieges ein.
1943	April	Deutsche Truppen entdecken bei Katyn Massengräber polnischer Offiziere; UdSSR bricht diplomatische Beziehungen zur polnischen Exilregierung ab.
	Mai	Auflösung der Komintern.
	September	Erlaubnis zur Neuwahl eines Patriarchen der orthodoxen Kirche.
	Dezember	Konferenz von Teheran.
1944	21. Juli	Bildung des „Polnischen Komitees der Nationalen Befreiung" („Lubliner Komitee").
	12. September	Londoner Protokoll der Alliierten über die Besatzungszonen in Deutschland.
1945	1. Januar	Lubliner Komitee erklärt sich zur Provisorischen Regierung Polens.
	Februar	Konferenz von Jalta.
	9. Mai	Wiederholung der deutschen Gesamtkapitulation im sowjetischen Hauptquartier Berlin-Karlshorst.
	26. Juni	Unterzeichnung der Charta der Vereinten Nationen.
	17. Juli	Beginn der Potsdamer Konferenz.
1946	14. August	ZK-Entschließungen gegen zwei Leningrader Zeitschriften signalisieren Verschärfung des innenpolitischen Restriktionskurses.
1947	September	Gründung eines „Kommunistischen Informationsbüros" (Kominform).
1948	24. Juni	Beginn der Berliner Blockade.
	27. Juni	Bruch mit Jugoslawien (Tito).
1949	25. Januar	Gründung des „Rates für Gegenseitige Wirtschaftshilfe".
	1. Oktober	Gründung der „Volksrepublik China- und Anerkennung durch die Sowjetunion.
	7. Oktober	Gründung der DDR.
1950	14. Februar	Freundschafts- und Beistandspakt mit der VR China.
	26. Juni	Beginn des Koreakrieges.
1952	10. März	Stalin-Note zur deutschen Einheit.
	Oktober	19. Parteitag; neue Parteistatuten schaffen Politbüro ab.
1953	5. März	Tod Stalins; Übernahme der Macht durch eine „kollektive Führung".
	17. Juni	Arbeiteraufstand in der DDR.
	10. Juli	Sturz Berijas.
1954	25. Januar	Beginn der Berliner Außenministerkonferenz.
	26. April	Beginn einer Konferenz zum Indochinaproblem in Genf.
1955	8. Februar	Rücktritt Malenkows, Bulganin neuer Ministerpräsident.

1955	14. Mai	Gründung des Warschauer Paktes.
	Juli	Genfer Gipfelkonferenz.
	September	Adenauerbesuch in Moskau; Aufnahme diplomatischer Beziehungen zur Bundesrepublik.
1956	Februar	20. Parteitag; Chruschtschows Geheimrede zu den Verbrechen Stalins.
	17. April	Auflösung des Kominform.
	Juni	Arbeiterunruhen in Posen.
	Herbst	Aufstand in Ungarn.
1957	Ende Juni	Entmachtung der „Anti-Partei-Gruppe".
	4. Oktober	Start des „Sputnik".
1958	27. März	Rücktritt Bulganins, Chruschtschow übernimmt zur Parteiführung den Vorsitz im Ministerrat.
	27. November	Sowjetisches Berlin-Ultimatum.
1960	Mai	Abschuss eines amerikanischen Aufklärungsflugzeugs; Pariser Gipfelkonferenz scheitert.
	Juni	Offener Ausbruch des ideologischen Dissenses mit China.
1961	12. April	J. Gagarin umkreist als erster Mensch in einem Raumschiff die Erde.
	13. August	Mauerbau in Berlin.
	Oktober	22. Parteitag; neues Parteiprogramm verspricht Einholen und Überholen der USA; Leichnam Stalins aus dem Mausoleum entfernt.
1962	Oktober	Kubakrise.
1963	20. Juni	Installation einer Direktverbindung („Rotes Telefon") zwischen Moskau und Washington.
	25. Juli	Teilabkommen über das Verbot von Kernwaffenversuchen in der Atmosphäre zwischen der UdSSR, den USA und Großbritannien.
1964	Oktober	Entmachtung Chruschtschows; Breschnew wird Erster Sekretär der Partei, Kossygin Ministerpräsident.
1966	Februar	Verurteilung der Schriftsteller Sinjawsky und Daniel zu Zwangsarbeit wegen „Diffamierung des Sowjetsystems".
	29. März	Beginn des 23. Parteitags; Wiedereinführung des Politbüros und des Titels eines Generalsekretärs.
1968	21. August	Einmarsch der Warschauer Pakttruppen in die Tschechoslowakei.
	26. September	These von der „begrenzten Souveränität sozialistischer Staaten" („Breschnew-Doktrin").
1969	März	Sowjetisch-chinesische Grenzgefechte am Ussuri.
	17. November	Beginn von Verhandlungen zur Begrenzung der strategischen Rüstung (SALT) mit den USA.
1970	12. August	Gewaltverzichtsvertrag mit der Bundesrepublik.
1971	3. September	Viermächteabkommen über Berlin.
1972	26. Mai	Unterzeichnung des SALT I-Abkommens.

	21. November	Zweite Runde der Gespräche zur Begrenzung strategischer Rüstung (SALT II).
1973	3. Juli	Beginn der Konferenz für Sicherheit und Zusammenarbeit in Europa.
	30. Oktober	Beginn der MBFR-Verhandlungen in Wien (Vorgespräche seit Januar).
1974	13. Februar	Solschenizyn ausgewiesen.
1975	1 . August	Unterzeichnung der KSZE-Schlussakte in Helsinki.
	November	Kubanische Soldaten greifen in den angolanischen Bürgerkrieg ein.
1976	13. Mai	Gründung der ersten „Helsinki-Gruppe".
	9. Oktober	Friedensnobelpreis für den sowjetischen Bürgerrechtler Sacharow.
1977	16. Juni	Breschnew übernimmt Vorsitz im Präsidium des Obersten Sowjet.
	7. Oktober	Neue Verfassung („Breschnew-Verfassung"); verankert in Art. 6 die Führungsrolle der Partei.
1979	18. Juni	SALT II-Vertrag unterzeichnet.
	12. Dezember	„Doppelbeschluss" der NATO.
	Ende Dezember	Sowjetischer Einmarsch in Afghanistan.
1980	Januar	Verbannung Sacharows nach Gorki.
	19. Juli	Eröffnung der Olympischen Sommerspiele in Moskau; Boykott durch über 40 Staaten wegen des sowjetischen Einmarsches in Afghanistan.
	August	Arbeiter besetzen die Danziger Leninwerft; Gründung der Gewerkschaft „Solidarität".
1981	13. Dezember	General Jaruzelski verkündet das Kriegsrecht in Polen, um Einmarsch der Paktstaaten zuvorzukommen.
1982	10. November	Tod Breschnews; Andropow wird (2 Tage später) neuer Generalsekretär.
1984	9. Februar	Tod Andropows; neuer Generalsekretär Tschernenko (13. Febr.).
1985	10. März	Tod Tschernenkos; einen Tag später wird Gorbatschow neuer Generalsekretär.
1986	26. April	Explosion von Block 4 der Kernkraftanlage von Tschernobyl.
	Dezember	Sacharow erhält Erlaubnis zur Rückkehr nach Moskau.
1987	Ende Oktober	Ablösung Jelzins als Moskauer Parteichef.
	8. Dezember	Unterzeichnung des INF-Vertrages zur Beseitigung der Mittelstreckenraketen.
1988	Frühjahr	Verschärfung der Auseinandersetzungen um Berg-Karabach zwischen Armeniern und Aserbaidschanern, Auftakt zur Eskalation der Nationalitätenprobleme.
	15. April	Genfer Abkommen über Afghanistan (einen Monat später beginnt der Abzug sowjetischer Truppen).
1988	29. April	Treffen Gorbatschows mit Patriarch Pimen.

	28. Juni	Beginn der 19. Parteikonferenz; Ankündigung von Verfassungsänderungen: Wahl eines Volksdeputiertenkongresses, aus dem ein erneuerter Oberster Sowjet hervorgehen soll.
	Herbst	Gründung oppositioneller „Volksfronten“ in den baltischen Republiken.
1989	März	Wahlen zum Kongress der Volksdeputierten der UdSSR.
	25. Mai	Konstituierende Sitzung des Volksdeputiertenkongresses; Gorbatschow wird Vorsitzender des neuen Obersten Sowjet.
	30. Juli	Radikale Reformer bilden im Obersten Sowjet die „Interregionale Abgeordnetengruppe“.
	9. November	Öffnung der Berliner Mauer.
1990	März	3. Sitzungsperiode des Volksdeputiertenkongresses; Führungsanspruch der KP aus Verfassung gestrichen; UdSSR erhält Präsidialsystem; Gorbatschow zum Präsidenten gewählt.
	seit Frühjahr	Unabhängigkeitserklärungen Litauens, Lettlands, Estlands; Souveränitätserklärungen der übrigen Unionsrepubliken folgen; Gorbatschow strebt neues Staatsorganisationsgesetz („Unionsvertrag“) an.
	Juli	28. Parteitag; Austritt Jelzins und anderer Radikalreformer.
	12. September	Abschluss der 2 + 4 Gespräche; vereintes Deutschland erhält volle Souveränität zurück.
	20. Oktober	Gründung der nichtkommunistischen Bewegung „Demokratisches Russland“.
	19. November	Unterzeichnung des KSE-Abkommens in Paris.
1991	13. Januar	Sowjetische Truppen besetzen Sendehaus des litauischen Rundfunks in Wilna; 14 Tote.
	9. Februar	Volksabstimmung in Litauen, 90,5 % für Unabhängigkeit; Anfang März folgen Estland und Lettland mit 77,8 % bzw. 73,7 %.
	März	Dossier der Zeitung „Moscow News“ weist 76 Schauplätze von Nationalitätenkonflikten aus und 80 weitere, wo sie drohen.
	31. März	Volksabstimmung in Georgien; 98,9 % stimmen für Unabhängigkeit.
	12. Juni	Wahl Jelzins zum Präsidenten Russlands.
	28. Juni	Auflösung des RGW.
1991	31. Juli	Unterzeichnung des START I-Vertrages.
	1. Juli	Auflösung des Warschauer Paktes.
	18. August	Putschversuch gegen Gorbatschow.
	23. August	Jelzin verbietet der KP in Russland jegliche Aktivitäten.
	24. August	Rücktritt Gorbatschows als Generalsekretär der KPdSU.

	8. Dezember	Russland, Weißrussland und die Ukraine erklären die UdSSR für aufgelöst und gründen die Gemeinschaft Unabhängiger Staaten“ (GUS).
	21. Dezember	Armenien, Aserbaidschan, Kasachstan, Kirgisien, Moldawien, Tadschikistan, Turkmenistan und Usbekistan schließen sich der GUS an.
	25. Dezember	Rücktritt Gorbatschows als sowjetischer Staatspräsident.
1992	Juni	Aufnahme Russlands in IWF und Weltbank.
1993	3. Januar	Unterzeichnung des START II-Vertrages.
	13./14. Februar	Neugründung der Kommunistischen Partei.
	25. April	Referendum spricht Jelzin das Vertrauen aus.
	21. September	Auflösung des Volksdeputiertenkongresses und Obersten Sowjet.
	4. Oktober	Erstürmung des Parlamentssitzes („Weißes Haus “).
	12. Dezember	Neue Verfassung per Referendum angenommen; Wahlen zum neuen Zweikammernparlament (Staatsduma und Föderationsrat).
1994	11. Dezember	Beginn des Ersten Tschetschenienkrieges.
1995	17. Dezember	Wahlen zur Staatsduma; Kommunisten stärkste Fraktion.
1996	3. Juli	Präsidentschaftswahl: Jelzin erst im zweiten Wahlgang gewählt.
1998	23. März	Jelzin entlässt Tschernomyrdin (Ministerpräsident seit 1992).
	August	Schwere Finanzkrise; faktische Zahlungsunfähigkeit Russlands.
1999	9. August	Jelzin nominiert Putin als Ministerpräsidenten.
	31. August	Beginn einer Anschlagsserie (300 Tote).
	19. Dezember	Wahlen zur Staatsduma.
	30. September	Beginn des Zweiten Tschetschenienkrieges.
	31. Dezember	Rücktritt Jelzins.
2000	26. März	Vorgezogene Präsidentschaftswahl; Wahl Putins (mit 52,9 %).
2002	23. Oktober	Anschlag auf Moskauer Musical-Theater „Nord-Ost“ (über 100 Tote).
2003	7. Dezember	Staatsdumawahl: Kremlpartei „Einiges Russland“ stärkste Fraktion.
2004	14. März	Erneute Wahl Putins zum Präsidenten, er siegt mit 71,3 % (2. Amtszeit)
	1. September	Terroristischer Überfall auf eine Schule in Beslan (über 300 Tote).
2005	31. Mai	„Oligarch“ M.Chodorkowski wird zu 9 Jahren Lagerhaft verurteilt.
2006	7. Oktober	Journalistin Politkowskaja erschossen.
2007	2. Dezember	Staatsdumawahl: zwei Drittel der Sitze für „Einiges Russland“.

2008	2. März	Präsidentschaftswahl: D. Medwedew (mit 70,3 %) gewählt; Putin wird Ministerpräsident.
	7. August	Kaukasuskrieg beginnt (Einmarsch georgischer Truppen in Südossetien; Russland greift ein; Niederlage Georgiens).
2011	8. November	Ostseegasleitung (Nord Stream 1) durch Bundeskanzlerin A.Merkel und Präsident Medwedew eingeweiht.
	4. Dezember	Dumawahlen, „Einiges Russland" wird mit 49,3 % offiziell zur Wahlsiegerin erklärt; anhaltende Massenproteste in 90 Städten des Landes wegen offensichtlicher Wahlmanipulationen.
2012	4. März	Erneute Wahl Putins zum Präsidenten (3. Amtszeit); Medwedew wird Ministerpräsident.
2013	November	Beginn von Massenprotesten auf dem Platz der Unabhängigkeit (Maidan) in Kiew, mit ausgelöst durch die Nichtunterzeichnung des mit der EU ausgehandelten Assoziierungsabkommen auf Druck Moskaus.
2014	18.-20. Februar	Kiewer Protestbewegung von starken Sicherheitskräften niedergeschlagen (über 100 Tote).
	18. März	Vertrag über Beitritt der Krim und Sewastopols zur Russischen Föderation.
	7./28. April	Ausrufung der Volksrepubliken Donezk und Luhansk in der Ostukraine.
2015	27. Februar	Ermordung des Oppositionspolitikers Boris Nemzow.
	15. Mai	Vier Gesetze zur „Entkommunisierung" in der Ukraine.
	September	Beginn des russischen Militäreinsatzes in Syrien auf der Seite von Präsident Assad.
2018	18. März	Wiederwahl Putins zum Präsidenten (4. Amtszeit).
	Mitte Mai	Beginn der Bauarbeiten an der zweiten Gasostsee-Pipeline (Nord Stream 2) auf deutschem Boden.
2019	21. April	Wahl W. Selenskyjs zum Präsidenten der Ukraine
2020	3. Juli	Inkrafttreten eines Pakets von 170 Verfassungsänderungen, die es u.a. Putin erlauben, bis 2036 im Amt zu bleiben.
	20. August	Giftanschlag auf den Oppositionspolitiker A. Nawalny mit dem chemischen Kampfstoff Nowitschok.
2021	17. Januar	Rückkehr Nawalnys nach Moskau, Verhaftung, Beginn landesweiter Proteste, westliche Sanktionen.
2022	24. Februar	Überfall russischer Truppen auf das Staatsgebiet der Ukraine; Generalversammlung der UNO verurteilt mit großer Mehrheit die russische Invasion.

Karten

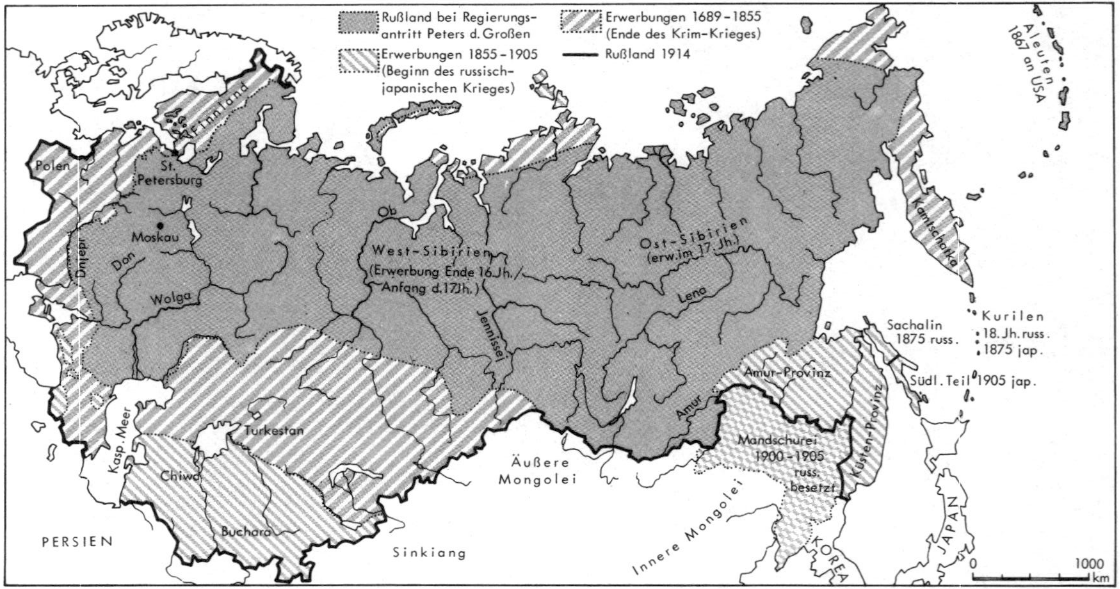

Karte 1: Zur Entstehung des Vielvölkerreiches: die Entwicklung des Staatsgebietes von Peter dem Großen bis 1914 (Quelle: Carsten Goehrke/Manfred Hellmann/Richard Lorenz/Peter Scheibert, Rußland. Fischer Weltgeschichte Band 31, Frankfurt 1972, S. 243).

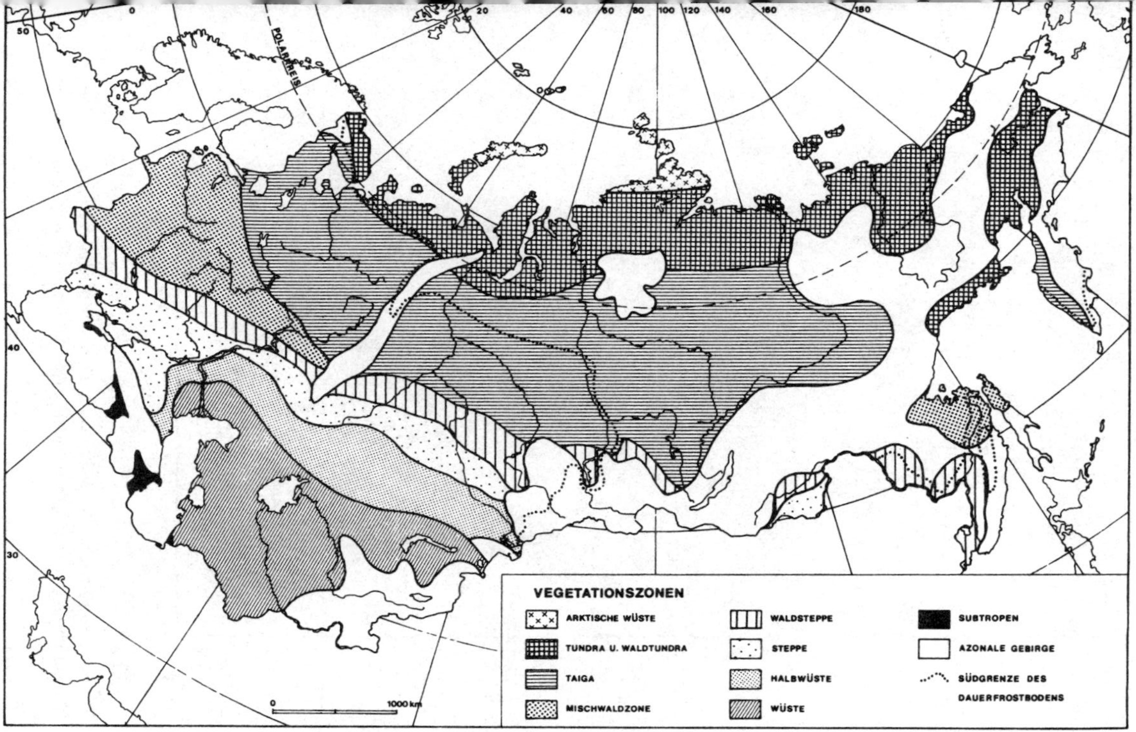

Karte 2: Die naturräumlichen Bedingungen: die Klima- und Vegetationszonen (Quelle: Walter Feichtner/Bernhard Seyr, Sowjetunion, Band 1: Geschichte, Geographie und Wirtschaft, Beck'sche Schwarze Reihe Bd. 245, München 1981, S. 206.

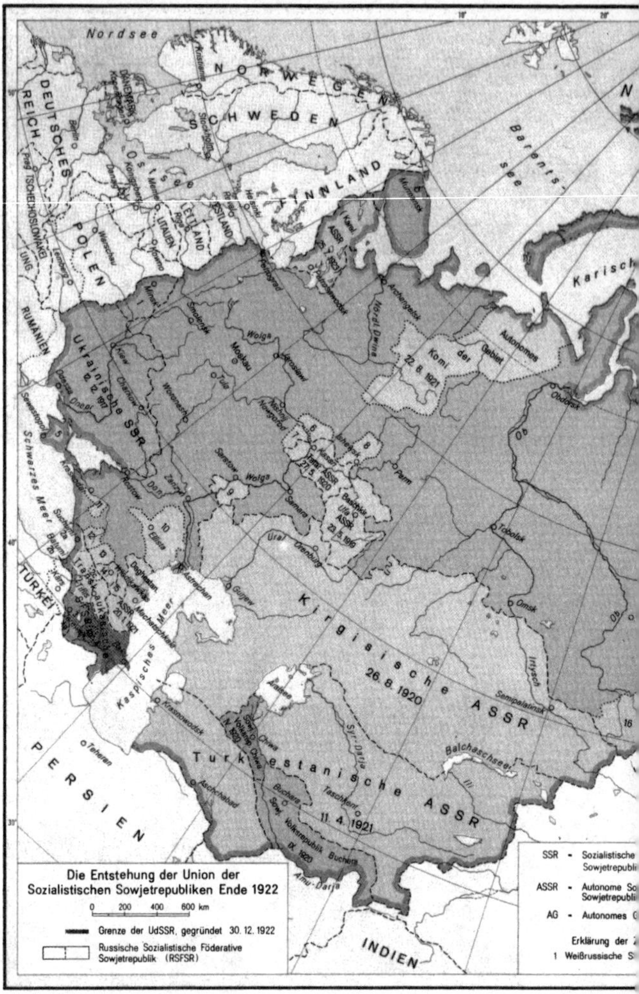

Karte 3: Die Entstehung der Union der Sozialistischen Sowjetrepubliken: der Zusammenschluss der „Russischen Sozialistischen Föderativen Sowjetrepublik“ (RSFSR), der „Ukrainischen SSR“, der „Weißrussischen SSR“ sowie der „Transkaukasischen Sozialistischen Föderativen Sowjetrepublik“ zur UdSSR. Die Karte zeigt die Gliederung der neuen Sowjetunion“ in Unions-(Sowjet-) Republiken, Autonome Republiken, (ASSR) und Autonome Gebiete (AG)

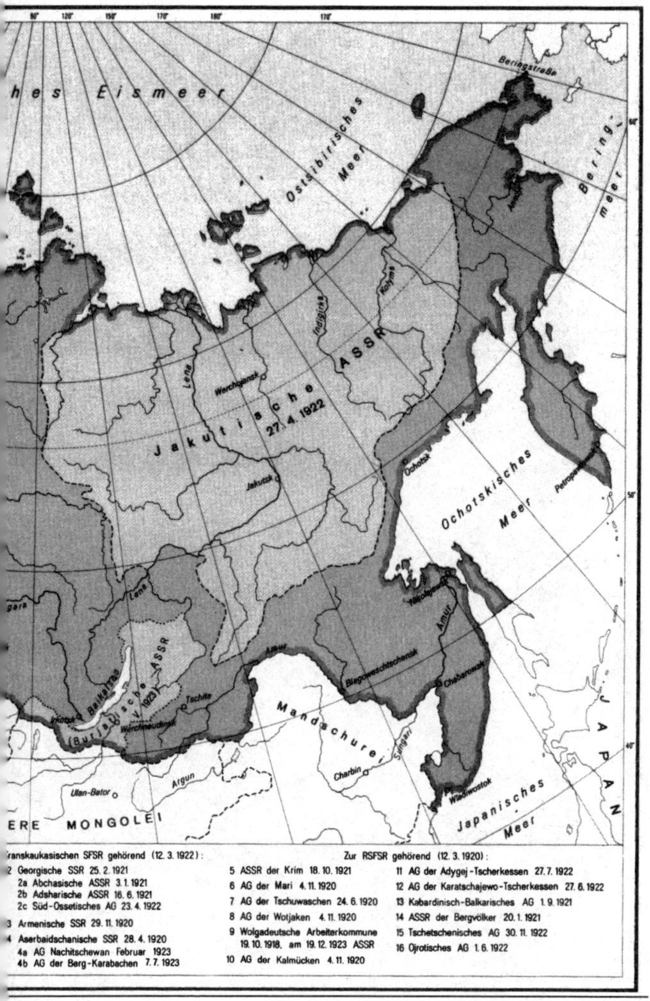

Gebiete (AG) sowie deren Gründungsdaten. Im Laufe der 20er und 30er Jahre wurden die Transkaukasische SFSR aufgelöst, die mittelasiatischen Gebiete aus der RSFSR ausgegliedert und damit Georgien, Armenien, Aserbaidschan, Kasachstan, Kirgisien, Tadschikistan, Turkmenien und Usbekistan eigene Unionsrepubliken. (Quelle: Bundeszentrale für politische Bildung, Bonn).

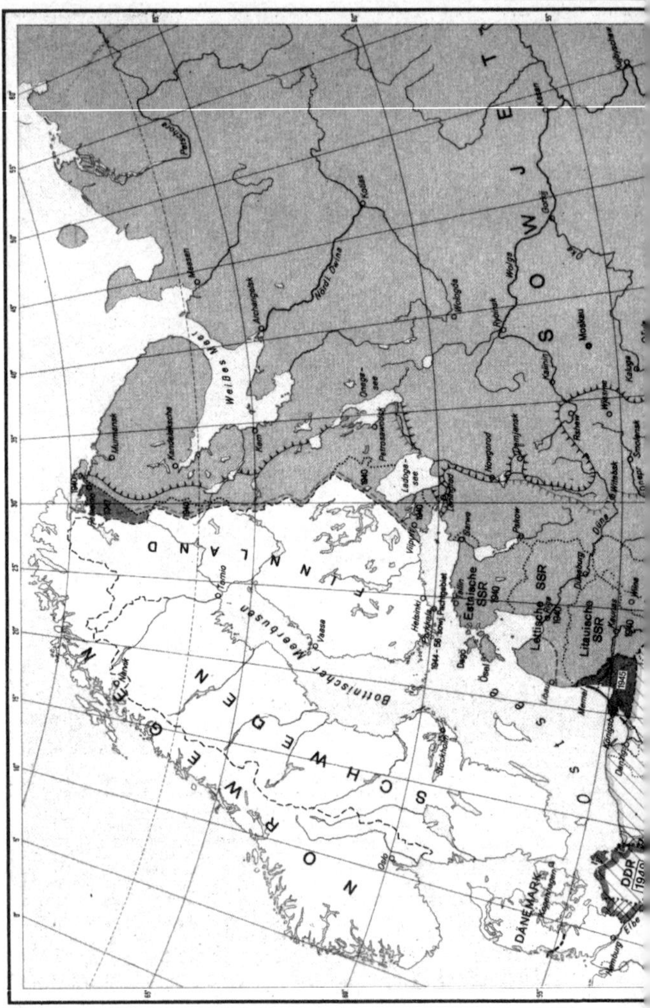
NORWEGEN
SCHWEDEN
FINNLAND
SOWJET
DÄNEMARK
DDR
Weißes Meer
Bottnischer Meerbusen
OSTSEE
Estnische SSR
Lettische SSR
Litauische SSR
Moskau
Stockholm
Oslo
Helsinki
Leningrad
Narvik
Murmansk
Archangelsk
Wologda
Kotlas
Mesen
Kem
Petrosawodsk
Onegasee
Ladogasee
Wiborg
Nowgorod
Pskow
Tallin
Riga
Memel
Kaunas
Dünaburg
Witebsk
Smolensk
Kalinin
Rybinsk
Wolga
Gorki
Kasan
Nördl. Dwina
Vaasa
Tornio
Dagö
Ösel
Hamburg
Elbe
Kopenhagen
Königsberg
Danzig
1940
1945
1944–56 Sowj. Pachtgebiet

Karte 4: Die Sowjetunion und der Zweite Weltkrieg: ihr Vormarsch nach der Wende von Stalingrad und die Entstehung eines Satellitengürtels in Ostmitteleuropa 1943–1948 (Quelle: Bundeszentrale für politische Bildung, Bonn).Frankfurt 1972, S. 243).

Die Sowjetunion auf dem Höhepunkt der Macht (um 1980)

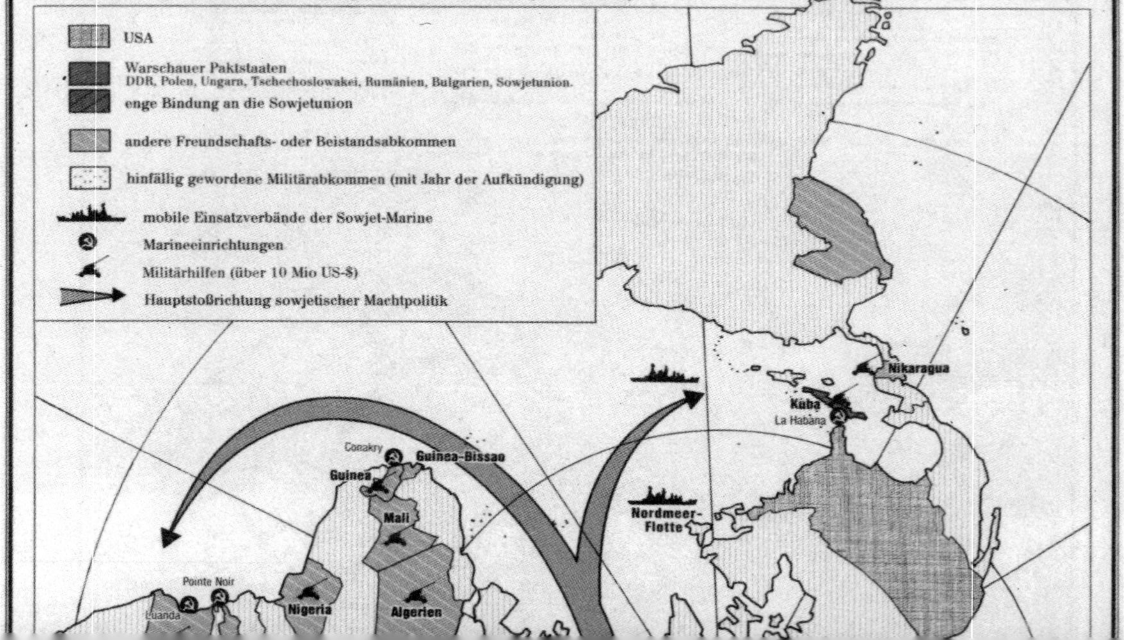

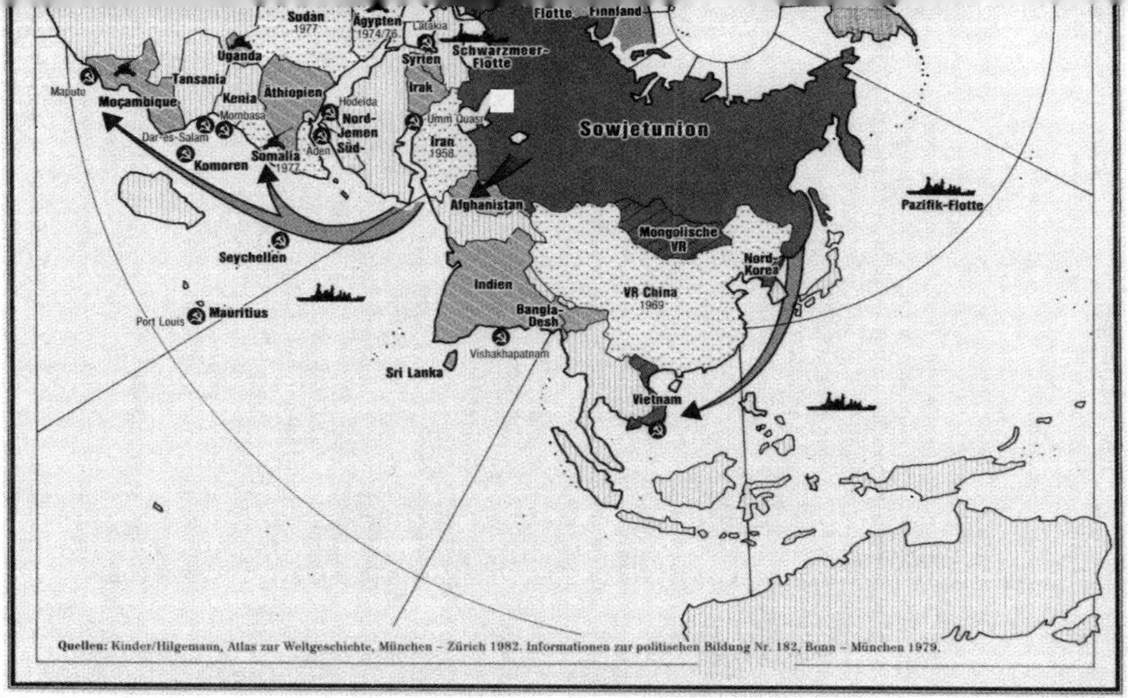

Karte 5: Das Sowjetimperium auf dem Höhepunkt seiner Macht: der Warschauer Militärpakt (WPO) und die „Staaten sozialistischer Orientierung“ (Quelle: Hugo Portisch, Hört die Signale. Aufstieg und Fall des Sowjetkommunismus, Wien 1991, S. 442).

Abkürzungen

ČK	Črezvyčajnaja komissija, Außerordentliche Kommission
Dneproges	(nach wiss. Transliteration) Dneprogės, Dneprovskaja gidroėlektro-stancija, Dniepr-Wasserkraftwerk
FSB	Federal'naja služba bezopasnosti Rossijskoj Federacii, Föderaler Dienst für die Sicherheit der Russischen Föderation
Gosizdat	Gosudarstvennoe literaturnoe izdatel'stvo, Staatsverlag
Goslitizdat	Gosudarstvennoe literaturnoe izdatel'stvo, Staatlicher Literaturverlag
Gosplan	Gosudarstvennaja planovaja komissija, Staatliche Planungskommission
GPU	Gosudarstvennoe političeskoe upravlenie, Staatliche politische Verwaltung
GULAG	Glavnoe upravlenie lagerej, Hauptverwaltung der Lager
GUS	Gemeinschaft Unabhängiger Staaten, russ. Abk. SNG (sodružestvo nezavisimych gosudarstv)
INF	Intermediate-Range Nuclear Forces, (Landgestützte) Atomwaffen mittlerer Reichweite
KGB	Komitet gosudarstvennoj bezopasnosti, Komitee für Staatssicherheit
Kolchos	(nach der wiss. Transliteration) kolchoz, kollektivnoe chozjajstvo, Kollektivwirtschaft
Kominform	russ. Abk. Informbjuro, Informacionnoe bjuro kommunističeskich i rabočich partij, Informationsbüro der kommunistischen und Arbeiterparteien
Komintern	Kommunističeskij Internacional, Kommunistische Internationale
Komsomol	Kommunističeskij sojuz molodeži, Kommunistischer Jugendverband
KPdSU	Kommunistische Partei der Sowjetunion, russ. Abk. KPSS
KSE	Konventionelle Streitkräfte in Europa
KSZE	Konferenz für Sicherheit und Zusammenarbeit in Europa
MBFR	Mutual Balanced Force Reduction, Beiderseitige und ausgewogene Truppenreduzierungen
MTS	Mašinno-traktornaja stancija, Maschinen- und Traktorenstation
NEP	Novaja ėkonomičeskaja politika, Neue Ökonomische Politik
NGO	Non-Governmental Organisation (Nichtregierungsorganisation)
NKWD	(nach der wiss. Transliteration) NKVD, Narodnyj komissariat vnutrennich del, Volkskommissariat des Inneren
OECD	Organisation for Economic Co-operation and Development

OGPU	Ob-edinennoe gosudarstvennoc političeskoe upravlenie, Vereinigte → GPU
OSZE	Organisation für Sicherheit und Zusammenarbeit in Europa
OUN	Organisation Ukrainischer Nationalisten
OVKS	Organisation des Vertrags über kollektive Sicherheit (russ. ODKB)
RGW	Rat für Gegenseitige Wirtschaftshilfe, engl. Abk. COMECON
Roskomnadsor	Federal'naja služba po nadzoru v sfere svjazi, informacionnych technologii i massovych kommunikacij, Föderaler Dienst für die Aufsicht im Bereich der Informationstechnologie und Massenkommunikation
RSFSR	Rossijskaja Sovetskaja Federativnaja Socialističeskaja Respublika, Russische Sozialistische Föderative Sowjetrepublik
SALT	Strategic Arms Limitation Talks, Gespräche über Begrenzung strategischer (Nuklear) Waffen
Samizdat	Samizdatel'stvo, Selbst-Verlag
Sowchos	(nach der wiss. Transliteration) sovchoz, sovetskoe chozjajstvo, Sowjetwirtschaft, gelegentlich auch als Staatswirtschaft übersetzt
SS	Surface-to-Surface (Missile), Bezeichnung für sowjet. Boden- Boden-Flugkörper-Typen
SSSR	Sojuz Sovetskich Socialističeskich Respublik, Union der Sozialistischen Sowjetrepubliken, UdSSR
START	Strategic Arms Reduction Talks, Gespräche über die Reduzierung strategischer (Nuklear) Waffen
TASS	Telegrafnoe agenstvo Sovetskogo Sojuza, Nachrichtenagentur der Sowjetunion
Tamizdat	Tamizdatel'stvo, Dort-Verlag
Tscheka	im Deutschen auch für → ČK
Turksib	Turkestano-sibirskaja železnaja doroga, Turkestanisch-sibirische Eisenbahn
UdSSR	Union der Sozialistischen Sowjetrepubliken, Sowjetunion
UPA	Ukrajnska postanska armija, Ukrainische Aufstandsarmee
WPO	Warschauer-Pakt-Organisation
ZK	Zentralkomitee

Literaturhinweise

Die Literaturhinweise sind für des Russischen nicht mächtige Leser gedacht und beschränken sich folglich auf westsprachige Titel. Aus Gründen des Umfangs konnten dabei Quelleneditionen, schöngeistige und Memoirenliteratur nur in Ausnahmefällen berücksichtigt werden.

Adler, Nanci, Victims of Soviet Terror. The Story of the Memorial Movement, Westport, Conn./London 1993.

Altrichter, Helmut, Die Bauern von Tver. Vom Leben auf dem russischen Dorfe zwischen Revolution und Kollektivierung, München 1984.

Altrichter, Helmut, Staat und Revolution in Sowjetrußland 1917–1922/23, 2., erw. Aufl. Darmstadt 1996.

Altrichter, Helmut, Rußland 1917. Ein Land auf der Suche nach sich selbst, Paderborn/Wien/München/Zürich 1997.

Altrichter, Helmut, Russland 1989. Der Untergang des sowjetischen Imperiums, München 2009.

Altrichter, Helmut, Stalin. Herr des Terrors. Eine Biografie, München 2018.

Altrichter, Helmut / Baberowski, Jörg / Dolderer, Winfried / Hausmann, Guido / Hildermeier, Manfred / Neutatz, Dietmar / Stadelmann, Matthias, 1917. Revolutionäres Russland, Darmstadt 2016.

Altrichter, Helmut/Haumann, Heiko (Hgg.), Die Sowjetunion. Von der Oktoberrevolution bis zu Stalins Tod. Dokumente. 2 Bände, München 1986/87.

Anweiler, Oskar/Meyer, Klaus (Hgg.), Die sowjetische Bildungspolitik seit 1917. Dokumente und Texte, Heidelberg 1961.

Antipow, Lilia/Petrick, Jörn/Dornhuber, Matthias (Hgg.), Glücksuchende? Conditio Judaica im sowjetischen Film, Würzburg 2011.

Anweiler, Oskar/Ruffmann, Karl-Heinz (Hgg.), Kulturpolitik der Sowjetunion, Stuttgart 1973.

Applebaum, Anne, Der Gulag, Berlin 2003.

Applebaum, Anne, Der Eiserne Vorhang. Die Unterdrückung Osteuropas 1944-1956, München 2012 (amerik. Ausgabe im gleichen Jahr).

Applebaum, Anne, Roter Hunger. Stalins Krieg gegen die Ukraine, 2. Aufl. München 2017 (amerik. Ausgabe im gleichen Jahr).

Baberowski, Jörg, Der Feind ist überall. Stalinismus im Kaukasus, München 2003.

Baberowski, Jörg, Verbrannte Erde. Stalins Herrschaft der Gewalt, München 2012.

Ball, Alan M., Russia's Last Capitalists. The Nepmen, 1921–1929, Berkeley/Los Angeles/London 1990.

Ball, Alan M., And Now my Soul Is Hardened. Abandoned Children in Soviet Russia, 1918–1930, Berkeley/Los Angeles/London 1994.

Benningsen, Alexandre/Broxup, Marie, The Islamic Threat to the Soviet State, London 1983.

Binner, Rolf/Bonwetsch, Bernd/Junge, Marc (Hgg.), Stalinismus in der sowjetischen Provinz 1937–1938. Die Massenaktion aufgrund des operativen Befehls No 00447, Berlin 2010.
Bljum, Arlen V., Zensur in der UdSSR. Hinter den Kulissen des „Wahrheitsministeriums" 1917–1929, Bochum 1999.
Boetticher, Manfred von, Industrialisierungspolitik und Verteidigungskonzeption der UdSSR 1926–1930. Herausbildung des Stalinismus und „äußere Bedrohung", Düsseldorf 1979.
Brovkin, Vladimir N., The Mensheviks after October. Socialist Opposition and the Rise of the Bolshevik Dictatorship, Ithaca, NY/London 1987.
Brovkin, Vladimir N., Behind the Front Lines of the Civil War. Political Parties and Social Movements in Russia, 1918–1922, Princeton, NJ 1994.
Brown, Archie, Der Gorbatschow-Faktor. Wandel einer Weltmacht, Frankfurt am Main 2000 (engl. Ausgabe 1997).
Brunner, Georg (Hg.), Das Parteistatut der KPdSU 1903–1961, Köln 1965.
Bütow, Hellmuth G. (Hg.), Länderbericht Sowjetunion, Bonn 2. Aufl. 1988 (1. Aufl. 1986).
Buwalda, Petrus, They Did Not Dwell Alone. Jewish Emigration from the Soviet Union, 1967–1990, Washington, D.C./Baltimore 1997.
Carr, Edward H., A History of Soviet Russia, 7 Bände, New York 1951–1960.
Chamberlin, William Henry, Die Russische Revolution 1917–1921, 2 Bände Frankfurt am Main 1958 (engl. Ausg. 1935).
Chlevnjuk, Oleg W., Das Politbüro. Mechanismen der politischen Macht in der Sowjetunion der dreißiger Jahre, Hamburg 1998 (russ. Ausgabe 1996).
Chlevnjuk (hier: Khlevnjuk), Oleg V., In Stalin's Shadow. The Career of „Sergo" Ordzonikidze, New York/London 1995 (russ. Ausgabe 1993).
Chlevnjuk, Oleg, Stalin. Eine Biographie, München 2015.
Clarke, Roger A., Soviet Economic Facts 1917–1970, London 1972.
Cohen, Stephan F., Bukharin and the Bolshevik Revolution. A Political Biography 1888–1938, London 1973.
Cohen, Stephan F./Rabinowitch, Alexander/Sharlet, Robert (Hgg.), The Soviet Union since Stalin, Bloomington 1980.
Conquest, Robert, Am Anfang starb Genosse Kirow. Säuberungen unter Stalin, Düsseldorf 1970 (engl. Ausg. 1968).
Conquest, Robert, Der Große Terror. Sowjetunion 1934–1938, München 1992 (amerik. Ausgabe 1990).
Conquest, Robert, Stalins Völkermord. Wolgadeutsche, Krimtataren, Kaukasier, Wien 1974 (engl. Ausg. 1970).
Courtois, Stéphan/Werth, Nicolas/Panné, Jean-Louis/Paczkowski, Andrzej/Bartosek, Karel/Margolin, Jean-Louis, Das Schwarzbuch des Kommunismus. Unterdrückung, Verbrechen und Terror. Mit einem Kapitel „Die Aufarbeitung des Sozialismus in der DDR" von Joachim Gauck und Ehrhart Neubert, 5. Aufl. München/Zürich 1998 (franz. Ausgabe 1997).
Dahlke, Sandra, An der antireligiösen Front. Der Verband der Gottlosen in der Sowjetunion der zwanziger Jahre, Hamburg 1998.
Dahlmann, Dittmar/Hirschfeld, Gerhard (Hgg.), Lager, Zwangsarbeit, Vertreibung und Deportation. Dimensionen der Massenverbrechen in der Sowjetunion und in Deutschland 1933 bis 1945, Essen 1999.

Daniels, Robert V., Das Gewissen der Revolution. Kommunistische Opposition in Sowjetrußland, Köln/Berlin 1962 (engl. Ausgabe 1960).

Dallin, Alexander, Deutsche Herrschaft in Rußland 1941-1945. Eine Studie über Besatzungspolitik, Düsseldorf 1958 (engl. Ausg. 1957, 1980).

Danilov, Viktor P., Rural Russia Under the New Regime, London/Melbourne/Sydney/Auckland/Johannesburg 1988 (russ. Ausgabe 1979).

Davies, Robert W., Perestroika und Geschichte. Die Wende in der sowjetischen Historiographie, München 1991 (engl. Ausgabe 1989).

Davies, Robert W., Soviet History in the Yeltsin Era, London/New York 1997.

Davies, Robert W., The Industrialisation of Soviet Russia, bisher 4 Bände, London 1979–1996.

Davies, Robert W./Harrisson, Mark/Wheatcroft, S. G. (Hgg.), The Economic Transformation of the Soviet Union, 1913–1945, Cambridge 1994.

Davies, Sarah, Popular Opinion in Stalin's Russia. Terror, Propaganda and Dissent, 1934–1941, Cambridge 1997.

Dunmore, Timothy, Soviet Politics, 1945–53, London/Basingstoke 1984.

Dyakov, Yu. L./Bushueva, T. S., The Red Army and the Wehrmacht. How the Soviets Militarised Germany, 1922–1933, and Paved the Way for Fashism, New York 1995.

Eggeling, Wolfram, Die sowjetische Literaturpolitik zwischen 1953 und 1970. Zwischen Entdogmatisierung und Kontinuität, Bochum 1994.

Eimermacher, Karl, Die russische Literaturpolitik 1917–1932. Von der Vielfalt zur Bolschewisierung der Literatur, Bochum 1994.

Elleman, Bruce A., Diplomacy and Deception. The Secret History of Sino-Soviet Diplomatic Relations, 1917–1927, Armonk, NY 1997.

Ennker, Benno, Die Anfänge des Leninkults in der Sowjetunion, Köln/Weimar/Wien 1997.

Erlich, Alexander, Die Industrialisierungsdebatte in der Sowjetunion 1924–1928, Frankfurt/Wien 1971 (engl. Ausgabe 1960).

Fainsod, Merle, Smolensk under Soviet Rule, Cambridge/Mass. 1958.

Figes, Orlando, Die Tragödie eines Volkes. Die Epoche der Russischen Revolution 1891 bis 1924, Berlin 1998 (engl. Ausgabe 1996).

Figes, Orlando, Peasant Russia, Civil War. The Volga Countryside in Revolution (1917–1921), Oxford 1989.

Fitzpatrick, Sheila (Hg.), Cultural Revolution in Russia, 1928–1931, Bloomington 1978.

Fitzpatrick, Sheila/Rabinowitch, Alexander/Stites, Richard (Hgg.), Russia in the Era of NEP. Explorations in Soviet Society and Culture, Bloomington/Indianapolis 1991.

Foglesong, David S., America's Secret War against Bolshevism. U.S. Intervention on the Russian Civil War, 1917–1920, Chapel Hill 1995.

Fukuyama, Francis, Das Ende der Geschichte. Wo stehen wir? München 1992 (amerik. Ausgabe 1992).

Furet, François, Das Ende der Illusion. Der Kommunismus im 20. Jahrhundert, München/Zürich 1996 (franz. Ausgabe 1995).

Gaiduk, Ilya V., The Soviet Union and the Vietnam War, Chicago 1996.

Gassner, Hubertus (Hg.), Agitation zum Glück. Sowjetische Kunst der Stalinzeit, Bremen 1994.

Geldern, James von, Bolshevik Festivals, 1917–1920, Berkeley/Los Angeles/London 1993.
Getty, J. Arch, Origins of the Great Purges. Soviet Communist Party Reconsidered, 1933–1938, Cambridge/London/New York/New Rochelle/Melbourne/Sydney 1985.
Getty, J. Arch/Manning, Roberta T. (Hgg.), Stalinist Terror. New Perspectives, Cambridge 1993.
Getty, J. Arch/Naumov, Oleg V., The Road to Terror. Stalin and the Self-Destruction of the Bolsheviks, 1932–1939, New Haven/London 1999.
Geyer, Dietrich, Die Russische Revolution. Historische Probleme und Perspektiven, Stuttgart/Berlin/Köln/Mainz 1968 (4. Aufl. Göttingen 1985).
Geyer, Dietrich (Hg.), Die Umwertung der sowjetischen Geschichte, Göttingen 1991.
Geyer, Dietrich (Hg.), Sowjetunion. Außenpolitik, 3 Bände, Köln/Wien 1972–1976.
Gitelman, Zvi (Hg.), Bitter Legacy. Confronting the Holocaust in the USSR, Bloomington/Indianapolis 1997.
Gleason, Abbott/Kenez, Peter/Stites, Richard (Hgg.), Bolshevik Culture. Experiment and Order in the Russian Revolution, Boomington 1985.
Goncharov, Sergei N./Lewis, John W./Litai, Xue, Uncertain Partners. Stalin, Mao, and the Korean War, Stanford 1993.
Gori, Francesca/Pons, Sivio (Hgg.), The Soviet Union and Europe in the Cold War, 1943–1953, Basingstoke 1996.
Gorodetsky, Gabriel, Grand Delusion. Stalin and the German Invasion of Russia, New Haven/London 1999.
Gorzka, Gabriele (Hg.), Kultur im Stalinismus. Sowjetische Kultur und Kunst der 1930er bis 50er Jahre, Bremen 1994.
Häfner, Lutz, Die Partei der Linken Sozialrevolutionäre in der Russischen Revolution von 1917/18, Köln/Weimar/Wien 1994.
Hagen, Mark von, Soldiers in the Proletarian Dictatorship. The Red Army and the Soviet Socialist State, 1917–1930, Ithaca, NY/London 1990.
Hahn, Werner G., Postwar Soviet Politics, The Fall of Zhdanov and the Defeat of Moderation, 1946–53, Ithaca, NY/London 1982.
Harrisson, Mark, Accounting for War. Soviet Production, Employment, and the Defence Burden, 1940–1945, Cambridge 1996.
Haumann, Heiko, Beginn der Planwirtschaft. Elektrifizierung, Wirtschaftsplanung und gesellschaftliche Entwicklung Sowjetrußlands 1917–1921, Düsseldorf 1974.
Hildermeier, Manfred, Die Russische Revolution 1905–1921, Frankfurt am Main 1989.
Hildermeier, Manfred (Hg.), Stalinismus vor dem Zweiten Weltkrieg. Neue Wege der Forschung, München 1998.
Hildermeier, Manfred, Geschichte der Sowjetunion 1917-1991. Entstehung und Niedergang des ersten sozialistischen Staates, 2. Aufl. München 2017.
Hillgruber, Andreas, Sowjetische Außenpolitik im Zweiten Weltkrieg, Königstein /Ts. 1979.
Hobsbawm, Eric, Das Zeitalter der Extreme. Weltgeschichte des 20. Jahrhunderts, 5. Aufl. München 1997 (engl. Ausgabe 1994).

Hoensch, Jörg K., Sowjetische Osteuropa-Politik 1945–1975, Düsseldorf 1977.
Hoffmann, David Lloyd, Peasant Metropolis. Migration to Moscow and the Politics of Social Identity, 1921–1941, Ithaca, NY 1994.
Hoffmann, Erik P./Laird, Robbin F. (Hgg.), The Soviet Polity in the Modern Era, New York 1984.
Hough, Jerry, Demokratization and Revolution in the USSR, 1985–1991, Washington, D.C. 1997.
Hosking, Geoffrey, The First Socialist Society. A History of the Soviet Union from Within, 2., erw. Aufl. Cambridge, Mass. 1994.
Hosking, Geoffrey, Eine Weltmacht am Scheidewege, Bonn/Berlin 1991 (engl. Ausg. 1990).
Hughes, James, Stalinism in a Russian Province. Collectivization and Dekulakization in Siberia, London/New York 1997.
Jacobson, Jon, When the Soviet Union Entered World Politics, Berkeley/Los Angeles/London 1994.
Jakobson, Michael, Origins of the GULAG. The Soviet Prison Camp System 1917–1934, Lexington 1993.
Kappeler, Andreas, Rußland als Vielvölkerreich. Entstehung, Geschichte, Zerfall, München 1992.
Kappeler, Andreas, Ungleiche Brüder. Russen und Ukrainer vom Mittelalter bis zur Gegenwart, München 2017.
Kappeler, Andreas (Hg.), Die Russen. Ihr Nationalbewußtsein in Geschichte und Gegenwart, Köln 1990.
Karger, Adolf, Sowjetunion (Fischer Länderkunde Bd. 9), Frankfurt 4. Aufl. 1987.
Katzer, Nikolaus, Die Weiße Bewegung in Rußland. Herrschaftsbildung, praktische Politik und politische Programmatik im Bürgerkrieg, Köln/ Weimar/Wien 1999.
Keep, John L. H., Last of the Empires. A History of the Soviet Union, 1945–1991, Oxford 1995.
Keep, John L. H., The Russian Revolution. A Study in Mass Mobilization, London 1976.
Kenez, Peter, Cinema and Soviet Society, 1917–1953, Cambridge, Mass. 1992.
Kerblay, Basile, Modern Soviet Society, New York/Toronto 1983 (franz. Ausgabe 1977).
King, David, The Commissar Vanishes. The Falsification of Photographs and Art in Stalin's Russia, New York 1997.
Koenker, Diane P./Rosenberg, William G./Suny, Ronald Grigor (Hgg.), Party, State, and Society in the Russian Civil War. Explorations in Social History, Bloomington/Indianapolis 1989.
Kostyrchenko, Gennadi, Out of the Red Shadows. Antisemitism in Stalin's Russia, Amherst, N.Y. 1995.
Kotkin, Stephen, Magnetic Mountain. Stalinism as a Civilization, Berkeley/ Los Angeles/London 1995.
Kotkin, Stephen, Stalin, Bd. 1: Paradoxes of Power, 1878-1928, New York 2014; Bd.2: Waiting for Hitler, 1929-1942, New York 2017.
Krementsov, Nikolai, Stalinist Science, Princeton 1997.

Kretschmar, Dirk, Die sowjetische Kulturpolitik 1970–1985. Von der verwalteten zur selbstverwalteten Kultur, Bochum 1993.
Kuromiya, Hiroaki, Freedom and Terror in the Donbas. A Ukrainian-Russian Borderland, 1870s–1990s, Cambridge 1998.
Laird, Robbin F./Hoffmann, Erik P. (Hgg.), Soviet Foreign Policy in a Changing World, New York 1986.
Lampert, Nick/Rittersporn, Gábor T. (Hgg.). Stalinism: Its Nature and Aftermath. Essays in Honour of Moshe Lewin, Basingstoke/London 1992.
Lawton, Anna, Kinoglasnost. Soviet Cinema in our time, Cambridge 1992.
Lewin, Moshe, The Making of the Soviet System. Essays in the Social History of Interwar Russia, London 1985.
Lewin, Moshe, Russian Peasants and Soviet Power. A Study of Collectivization, London 1968 (franz. Ausg. 1966).
Lih, Lars T./Naumov, Oleg/Chlevnjuk, Oleg (Hgg.), Stalin, Briefe an Molotov, 1925–1936, Berlin 1996 (russ. Ausgabe 1995).
Lorenz, Richard, Sozialgeschichte der Sowjetunion 1, 1917–1945, Frankfurt am Main 1976.
Luks, Leonid, Entstehung der kommunistischen Faschismustheorie. Die Auseinandersetzung der Komintern mit Faschismus und Nationalsozialismus 1921–1935, Stuttgart 1985.
Luks, Leonid, Geschichte Rußlands und der Sowjetunion. Von Lenin bis Jelzin, Regensburg 2000.
Luukkanen, Arto, The Party of Unbelief. The Religious Policy of The Bolshevik Party, 1917–1929, Helsinki 1994.
Luukkanen, Arto, The Religious Policy of the Stalinist State. A Case Study: The Central Standing Commission on Religious Questions, 1929–1939, Helsinki 1997.
Lustiger, Arno, Rotbuch: Stalin und die Juden. Die tragische Geschichte des Jüdischen Antifaschistischen Komitees und der sowjetischen Juden, Berlin 1998.
MacKenzie, David/Curran, Michael W., A History of Soviet Union, Chicago 3. Aufl. 1986.
Maier, Robert, Die Stachanov-Bewegung 1935–1938. Der Stachanovismus als tragendes und verschärfendes Moment der Stalinisierung der sowjetischen Gesellschaft, Stuttgart 1990.
Mastny, Vojtech, Moskaus Weg zum Kalten Krieg, München/Wien 1980 (engl. Ausg. 1979).
Mawdsley, Evan, The Russian Civil War, London/Sydney/Wellington 1987.
McCagg, W. O., Stalin Embattled 1943–1948, Detroit 1978.
McCannon, John, Red Arctic. Polar Exploration and the Myth of the North in the Soviet Union, 1932–1939, Oxford 1998.
McCauley, Martin (Hg.), Khrushchev and Khrushchevism, Basingstoke/London 1987.
Meissner, Boris (Hg.), Das Parteiprogramm der KPdSU 1903–1961, Köln 3. Aufl. 1965.
Merl, Stephan, Bauern unter Stalin. Die Formierung des sowjetischen Kolchossystems 1930–1941, Berlin 1990.

Merl, Stephan, Rußland und die Sowjetunion 1914–1980, in: Handbuch der Europäischen Wirtschafts- und Sozialgeschichte Bd. 6, Stuttgart 1987, S. 640–728.

Merridale, Catherine, Lenins Zug. Die Reise in die Revolution, Frankfurt am Main 2017.

Mommsen, Margareta/Nußberger, Angelika, Das System Putin. Gelenkte Demokratie und politische Justiz in Russland, München 2007.

Naimark, Norman M., Die Russen in Deutschland. Die sowjetische Besatzungszone 1945 bis 1949, Berlin 1997 (amerik. Ausgabe 1995).

Nelson, Keith L., The Making of Detente. Soviet-American Relations in the Shadow of Vietnam, Baltimore 1995.

Neutatz, Dietmar, Die Moskauer Metro. Von den ersten Plänen bis zur Großbaustelle des Stalinismus (1897-1935), Köln 2001.

Neutatz, Dietmar, Träume und Alpträume. Eine Geschichte Russlands im 20. Jahrhundert, München 2013.

Noever, Peter (Hg.), Tyrannei des Schönen. Architektur der Stalin-Zeit, München/New York 1994.

Nove, Alec, An Economic History of the USSR, 1917–1991. New and final Edition, Harmondsworth 1992.

Nove, Alec, Stalinism and After, London 1975 (3. Aufl. mit Untertitel ‚The Road to Gorbachev' 1988).

Oberländer, Erwin, Sowjetpatriotismus und Geschichte. Eine Dokumentation, Köln 1967.

Parrish, Michael, The Lesser Terror. Soviet State Security, 1939–1953, Westport, Conn. 1996.

Penter, Tanja, Odessa 1917. Revolution an der Peripherie, Köln/Weimar/Wien 2000.

Peris, Daniel, Storming the Heavans. The Soviet League of Militant Godless, Ithaca, NY 1998.

Pietrow, Bianka, Stalinismus, Sicherheit, Offensive. Das Dritte Reich in der Konzeption der sowjetischen Außenpolitik 1933–1941, Melsungen 1983.

Pietrow-Ennker, Bianka (Hg.), Präventivkrieg? Der deutsche Angriff auf die Sowjetunion, Frankfurt am Main 2000.

Pipes, Richard, Die Russische Revolution, 3 Bände, Berlin 1991/93 (amerik. Ausgabe 1990/94).

Plaggenborg, Stefan, Revolutionskultur. Menschenbilder und kulturelle Praxis in Sowjetrußland zwischen Oktoberrevolution und Stalinismus, Köln/ Weimar/Wien 1996.

Plaggenborg, Stefan (Hg.), Stalinismus. Neue Forschungen und Konzepte, Berlin 1998.

Plamper, Jan, The Stalin Cult: A Study in the Alchemy of Power, New Haven 2012.

Pleines, Heiko / Schröder, Hans Henning (Hgg.), Länderbericht Russland, Bonn 2010.

Rapoport, Louis, Hammer, Sichel, Davidstern. Judenverfolgung in der Sowjetunion, Berlin 1992 (amerik. Ausgabe 1990).

Resis, Albert (Hg.), Molotov Remembers. Inside Kremlin Politics. Conversations with Felix Chuev, Chicago 1993.

Rees, E. A., Stalinism and Soviet Rail Transport, 1928–1941, New York 1995.
Rees, E. A. (Hg.), Decision-Making in the Stalinist Command Economy, 1932–37, New York 1997.
Reese, Roger R., Stalin's Reluctant Soldiers. A Social History of the Red Army, 1925–1941, Kansas 1996.
Rigby, T. H., Communist Party Membership in the U.S.S.R., 1917–1967, Princeton, N.J. 1968.
Robinson, Neil, Ideology and the Collapse of the Soviet System. A Critical History of Soviet Ideological Discource, Aldershot 1995.
Rolf, Malte, Das sowjetische Massenfest, Hamburg 2006.
Rosenberg, William G./Siegelbaum, Lewis H. (Hgg.), Social Dimensions of Soviet Industrialization, Bloomington/Indianapolis 1993.
Ruffmann, Karl-Heinz, Fragen an die sowjetische Geschichte. Von Lenin bis Gorbatschow, München 1987.
Ruge, Gert, Michail Gorbatschow. Biographie, Frankfurt am Main 1990.
Schattenberg, Susanne, Leonid Breschnew. Staatsmann und Schauspieler im Schatten Stalins. Eine Biographie, Köln / Weimar / Wien 2017.
Schlögel, Karl, Jenseits des Großen Oktober. Das Laboratorium der Moderne. Petersburg 1909–1921, Berlin 1988.
Schlögel, Karl, Terror und Traum, Moskau 1937, München 2008.
Schlögel, Karl, Das Sowjetische Jahrhundert. Archäologie einer untergegangenen Welt, 2. Aufl. München 2018.
Schramm, Gottfried (Hg.), Handbuch der Geschichte Rußlands. Band 3: 1856–1945. Von den autokratischen Reformen bis zum Sowjetstaat (in Einzellieferungen), Stuttgart 1981 ff.
Schröder, Hans-Henning, Arbeiterschaft, Wirtschaftsführung und Parteibürokratie während der Neuen Ökonomischen Politik. Eine Sozialgeschichte der bolschewistischen Partei 1920–1928 (Forschungen zur Osteuropäischen Geschichte Bd. 31), Berlin 1982.
Segbers, Klaus, Der sowjetische Systemwandel, Frankfurt am Main 1989.
Segbers, Klaus, Die Sowjetunion im Zweiten Weltkrieg. Die Mobilisierung von Verwaltung, Wirtschaft und Gesellschaft im ‚Großen Vaterländischen Krieg' 1941–1943, München 1987.
Service, Robert, Lenin. A Political Life, 3 Bände, Bloomington/Indianapolis 1985/1995.
Service, Robert (Hg.), Society and Politics in the Russian Revolution, Basingstoke/London 1992.
Service, Robert, Stalin. A Biography, London 2004.
Shearer, David R., Industry, State, and Society in Stalin's Russia, 1926–1934, Ithaca, NY 1996.
Siegelbaum, Lewis H./Suny, Ronald Grigor (Hg.), Making Workers Soviet. Power, Class, and Identity, Ithaca, NY/London 1994.
Simon, Gerhard, Nationalismus und Nationalitätenpolitik in der Sowjetunion. Von der totalitären Diktatur zur nachstalinistischen Gesellschaft, Baden-Baden 1986.
Simon, Gerhard (Hg.), Weltmacht Sowjetunion. Umbrüche, Kontinuitäten, Perspektiven, Köln 1987.

Slutsch, Sergej / Tischler, Carola (Hgg.), Deutschland und die Sowjetunion 1933–1941. Dokumente aus russischen und deutschen Archiven, Bd. 1: 30. Januar 1933 – 31. Dezember 1934, München 2014; Bd. 2: Januar 1935 – April 1937, Berlin/Boston 2019.

Smele, Jonathan D., Civil War in Siberia. The Anti-Bolshevik Government of Admiral Kolchak, 1918–20, Cambridge 1996.

Smith, Jeremy, The Bolsheviks and the National Question, 1917–1923, Houndmills/London 1999.

Smith, Katheleen E., Remembering Stalin's Victims. Popular Memory and the End of the USSR, Ithaca, NY/London 1996.

Solomon, Peter H., Soviet Criminal Justice under Stalin, Cambridge 1996.

Sowjetunion (mit wechselnden Untertiteln herausgegebene Jahresberichte des Bundesinstituts für ostwissenschaftliche und internationale Studien), München 1974–1991.

Soyfer, Valery N., Lysenko and the Tragedy of Soviet Science, New Brunswick 1994.

Stadelmann, Matthias, Isaak Dunaevskij – Sänger des Volkes. Eine Karriere unter Stalin, Köln 2003.

Stites, Richard, Revolutionary Dreams. Utopian Vision and Experimental Life in the Russian Revolution, New York/Oxford 1989.

Suny, Ronald Grigor, The Revenge of the Past. Nationalism, Revolution, and the Collapse of the Soviet Union, Stanford 1993.

Suny, Ronald Grigor, The Soviet Experiment. Russia, the USSR, and the Successor States, Oxford 1998.

Swain, Geoffrey, The Origins of the Russian Civil War, Essex 1996.

Taubman, William, Khrushchev. The Man, His Era, New York 2003.

Taubman, William, Gorbatschow. Der Mann und seine Zeit. Eine Biographie, München 2018 (engl. 2017).

Thompson, William J., Khrushchev. A Political Life, New York 1994.

Thurston, Robert W., Life and Terror in Stalin's Russia, 1934–1941, New Haven/London 1996.

Torke, Hans-Joachim (Hg.), Lexikon der sowjetischen Geschichte, München 1992.

Tschernajew, Anatoli, Die letzten Jahre einer Weltmacht. Der Kreml von innen, Stuttgart 1993.

Tucker, Robert C. (Hg.), Stalinism. Essays in Historical Interpretation, New York 1977.

Ueberschär, Gerd R./Bezymenskij, Lev A. (Hgg.), Der deutsche Angriff auf die Sowjetunion 1941. Die Kontroverse um die Präventivkriegsthese, Darmstadt 1998.

Ueberschär, Gerd R./Wette, Wolfram (Hgg.), „Unternehmen Barbarossa". Der deutsche Überfall auf die Sowjetunion 1941, Paderborn 1984.

Vatlin, Alexander, „Was für ein Teufelspack". Die Deutsche Operation des NKWD in Moskau und im Moskauer Gebiet 1936 bis 1941, Berlin 2013.

Vetter, Matthias, Antisemiten und Bolschewiki. Zum Verhältnis von Sowjetsystem und Judenfeindschaft 1917–1939, Berlin 1995.

Viola, Lynne, Peasant Rebels under Stalin. Collectivization and the Culture of Peasant Resistence, Oxford 1996.

Viola, Lynne, The Best Sons of the Fatherland. Workers in the Vanguard of Soviet Collectivization, Oxford 1989.

Vochmenceva, Galina/Luchterhandt, Otto, Die Genesis der politischen Vereinigungen, Bewegungen und Parteien in der RSFSR unter Berücksichtigung der übrigen UdSSR, Sankt Augustin 1991.

Watson, Derek, Molotov and Soviet Government, Sovnarkom, 1930–1941, London/New York 1996.

Wegner, Bernd (Hg.), Zwei Wege nach Moskau. Vom Hitler-Stalin-Pakt zum Unternehmen Barbarossa, München 1991.

Wehner, Markus, Bauernpolitik im proletarischen Staat. Die Bauernfrage als zentrales Problem der sowjetischen Innenpolitik 1921–1928, Köln/Weimar/Wien 1998.

Weinberg, Robert, Stalin's Forgotton Zion. Birobidzhan and the Making of a Soviet Jewish Homeland. An Illustrated History, 1928–1996, Berkeley/Los Angeles/London 1998.

Wentker, Hermann, Die Deutschen und Gorbatschow. Der Gorbatschow-Diskurs im doppelten Deutschland 1985-1991, Berlin 2020.

Werth, Alexander, Russia at War, 1941–1945, New York 1964.

Werth, Nicolas, Ein Staat gegen sein Volk. Gewalt, Unterdrückung und Terror in der Sowjetunion, in: Courtois, Stéphane/Werth, Nicolas/Panné, Jean-Louis/Paczkowski, Andrzej/Bartosek, Karel/Margolin, Jean-Louis, Das Schwarzbuch des Kommunismus. Unterdrückung, Verbrechen und Terror, München/Zürich 1998, S. 51–295 (franz. Ausgabe 1997).

Werth, Nicolas, Die Insel der Kannibalen. Stalins vergessener Gulag, München 2006.

White, Stephen, Gorbachev and After, Cambridge/New York/Melbourne 1991.

White, Stephen, The Bolshevik Poster, New Haven/London 1988.

Wolkogonow, Dimitri, Stalin. Triumph und Tragödie. Ein politisches Porträt, Düsseldorf 1989 (russ. Ausg. im gleichen Jahr).

Wolkogonow (hier: Volkogonov), Dimitri, Autopsy for an Empire. The seven Leaders Who Built the Soviet Regime, New York/London/Toronto/Sydney/Singapore 1998 (russ. Ausgabe im gleichen Jahr).

Young, Glennys, Power and the Sacred in Revolutionary Russia. Religious Activists in the Village, University Park, PA 1997.

Youngblood, Denise J., Movies for the Masses. Popular Cinema and Soviet Society in the 1920s, Cambridge 1992.

Zarusky, Jürgen (Hg.), Stalin und die Deutschen. Neue Beiträge der Forschung, München 2006.

Zeidler, Manfred, Reichswehr und Rote Armee 1920–1933. Wege und Stationen einer ungewöhnlichen Zusammenarbeit, München 1993.

Zubok, Vladislav/Pleshakov, Constantine, Inside the Kremlin's Cold War. From Stalin to Khrushchev, Cambridge, Mass. 1996.

Bildnachweise

Agitation zum Glück, Sowjetische Kunst der Stalinzeit, Bremen 1994: Abb. 14
Archiv Helmut Altrichter: Abb. 24, 27, 32
Bachet, Eric, Rußland 1904–1924. Eine historische Foto-Reportage, Kehl am Rhein 1978: Abb. 4, 6
Dreamstime, © Dimbar 76: Abb. 35
Moynahan, Brian, Das Jahrhundert Rußlands, 1884–1994, München 1994: Abb. 9
Mrázkowá, Daniela/Reneš Wladimir (Hrsg.), Die Sowjetunion zwischen den Kriegen. 175 Photographien aus den Jahren 1917–1941. Hamburg/München, 1981: Abb. 10, 11, 12, 13, 15
Noever, Peter (hrsg.), Tyrannei des Schönen. Architektur der Stalinzeit, München 1994: Abb. 19
Reuters, © Sergei Kapukhin: Abb. 36
Salisbury, Harrison E., Bilder der Russischen Revolution 1900–1930, Berlin 1978: Abb. 1
Süddeutscher Verlag, München: Abb. 2, 3, 5, 7, 8, 16, 17, 18, 20, 21, 22, 23, 25, 26, 28, 29, 30, 31
Wikimedia Commons, BY-SA 3.0, Fotograf: Dmitry A. Motti: Abb. 33
Wikimedia Commons, CCL 2.0, spoilt.exile: Abb. 34

Personenregister

Aus dem Verlagsprogramm

Geschichte Russlands und der Sowjetunion

Manfred Hildermeier
Die rückständige Großmacht
Russland und der Westen
272 Seiten. Klappenbroschur
Beck Paperback Band 6493

Manfred Hildermeier
Geschichte der Sowjetunion 1917–1991
Entstehung und Niedergang des ersten sozialistischen Staates
Mit einem zusätzlichen Kapitel über das postsowjetische
Russland 1991–2016
Historische Bibliothek der Gerda Henkel Stiftung
3., durchgesehene Auflage. 2022. 1348 Seiten mit 79 Tabellen,
10 Diagrammen und einer Karte. Leinen

Martin Aust
Die Russische Revolution
Vom Zarenreich zum Sowjetimperium
2. Auflage. 2019. 279 Seiten mit 10 Abbildungen und 2 Karten. Broschiert
Beck Paperback Band 6264

Stephan Lehnstaedt
Der vergessene Sieg
Der Polnisch-Sowjetische Krieg 1919–20 und die Entstehung
des modernen Osteuropa
5. Auflage. 2022. 221 Seiten mit 11 Abbildungen und 2 Karten. Broschiert
Beck Paperback Band 6356

Jörg Baberowski
Verbrannte Erde
Stalins Herrschaft der Gewalt
3. Auflage. 2012. 606 Seiten mit 74 Abbildungen. Gebunden

Verlag C.H.Beck München